개정 신판 기초 미얀마어

부산외국어대학교 교수 **최재현**

SAMJI BOOKS

머리말

   미얀마어는 1989년 6월 국가의 명칭이 버마 연방 사회주의 공화국 (Socialist Republic of the Union of Burma)에서 미얀마 연방(the Union of Myanmar)으로 공식적으로 바뀐 미얀마의 공용어로서 그 사용 인구수는 약 5,100만 명에 달하고 있다. 계통적으로는 차이나-티벳어족 (Sino-Tibetan)의 티벳-버마어계(Tibeto-Burman)에 속하며 12세기 초기 부터 문자로 쓰여지기 시작하였는데, 성조(tone)를 가지고 있는 점이나 어휘 의 대부분이 단음절이라는 점은 차이나-티벳어족의 언어에서 볼 수 있는 특 징이자 공통점으로 간주된다.

   미얀마어에는 일상 회화에서 사용되고 있는 구어체(spoken style)와 역사 적 문헌에서 쓰여져 지금도 신문, 잡지, 소설 등의 여러 인쇄물에서 광범위하 게 사용되고 있는 문어체(written style), 이렇게 두 종류가 있다. 따라서, 미 얀마어를 완전하게 습득하기 위해서는 구어체와 문어체 양자 모두를 학습할 필요가 있다. 그러나 미얀마어에서의 구어체와 문어체는 문장 전체가 서로 완 전히 다른 형태로 바뀌는 것이 아니라, 부분적으로 일부 단어에서 그 형태가 바뀌기 때문에 학습자가 학습하는 데는 그다지 어렵지 않다. 일반적으로 구어 체부터 시작하여 문어체로 이향 학습하는 패턴이 그 통례라고 할 수 있겠다. 저학년에서의 구어체 학습과 고학년에서의 문어체 학습, 이러한 학습 패턴이 야말로 가장 좋은 학습 방법이라고 말할 수 있겠다. 이 책에서의 예문 등은 이 책이 미얀마어 입문 성격을 띠고 있어 모두 구어체 문장을 사용하였음을 미리 밝혀 둔다.

   이 책은 미얀마어를 학습하고자 하는 초보자를 위하여 제작된 책자이다. 아무쪼록 이 책자가 미얀마어 기초 학습자들에게 있어서 없어서는 안 될 꼭 필요하고도 유용한 길잡이 지침서가 되었으면 하는 바람이다.

저자
최 재 현

차 례

제 1장 ——————————————————————

문자와 발음편

I. 기본 문자와 발음

미얀마어의 기본 문자에는 33개의 자음이 있다. 이들 자음은 자음 자체 그대로 발음할 경우에는 다음과 같이 모음 a를 동반하여 발음한다.

က	ka.	ခ	kha.	ဂ	gạ.	ဃ	ga.	င	nga.
စ	sa.	ဆ	hsa.	ဇ	zạ.	ဈ	za.	ည	nya.
ဋ	ta.	ဌ	hta.	ဍ	da.	ဎ	da.	ဏ	na.
တ	ta.	ထ	hta.	ဒ	da.	ဓ	da.	န	na.
ပ	pa.	ဖ	hpa.	ဗ	ba.	ဘ	ba.	မ	ma.
		ယ	ya.	ရ	ya.	လ	la.	ဝ	wa.
				သ	tha.	ဟ	ha.	ဠ	la.
						အ	a.		

이상 33개의 자음표에서 제 1단의 5문자는 연구개음, 제 2단의 5문자는 마찰음, 제 3단과 제 4단의 10문자는 치경음, 제 5단의 5문자는 양순음, 제 6단과 제 7단은 반모음(ယ।ရ।ဝ), 측면음(လ।ဠ), 치간음(သ), 성문음 (ဟ), 그리고 제 8단은 모음을 각각 나타낸다. 또한 제 5단까지 종(縱)으로 보았을 때, 제일 좌측인 제 1열의 5문자는 무성무기음, 좌측에서 제 2열의 5문자는 무성유기음, 제 3열과 제 4열의 10문자는 유성음, 그리고 제일 우측인 제 5열의 5문자는 비음을 각각 나타낸다.

연습문제

1. 다음의 자음들을 각각 발음하시오.

ဟ	ဆ	ဒ	ထ	ဖ	မ
ဝ	ခ	ဘ	က	ဠ	ဇ
င	ဗ	ယ	အ	ဈ	လ
ရ	တ	ဍ	ဌ	န	ပ
ဋ	ဃ	စ	သ	ဎ	ည
ဂ	ဏ	ဓ			

2. 다음의 발음에 해당하는 미얀마어 자음을 각각 쓰시오.

la.	ya.	sa.	hta.	na.	ha.
wa.	ka.	da.	za.	ba.	tha.
a.	ta.	pa.	kha.	ga.	ma.
nya.	hsa.	nga.	hpa.		

2. 기본 문자의 명칭

미얀마어의 기본 문자인 33개의 자음의 명칭은 각각 다음과 같다.

က	ကကြီး	ka.ji:		ခ	ခခွေး	kha.gwei:
ဂ	ဂငယ်	ga.nge		ဃ	ဃကြီး	ga.ji:
င	င	nga.		စ	စလုံး	sa.loun:
ဆ	ဆလိမ်	hsa.lein		ဇ	ဇကွေ့	za.gwe:
ဈ	ဈမျဉ်းဆွဲ	za.myinzwe:		ည	ည(ကြီး)	nya.(ji:)

*ဉ	ဉကလေး	nya.galei:
ဋ	ဋသန်လျင်းချိတ်	ta.talin:jei?
ဌ	ဌဝမ်းဘဲ	hta.wun:(win:)be:
ဍ	ဍရင်ကောက်	da.yingau?
ဎ	ဎရေမှုတ်	da.yeihmou?
ဏ	ဏကြီး	na.ji:
တ	တဝမ်းပူ	ta.wun:(win:)bu
ထ	ထဆင်ထူး	hta.hsindu:
ဒ	ဒထွေး	da.dwei:
ဓ	ဓအောက်ခြိုက်	da.au?chai?

န	နငယ်	na.nge	ပ	ပစောက်	pa.zau?
ဖ	ဖဦးထုပ်	hpa.ou?htou?	ဗ	ဗထက်ခြိုက်	ba.lachai?
ဘ	ဘကုန်း	ba.goun:	မ	မ	ma.
ယ	ယပက်လက်	ya.pa(pe?)le?	ရ	ရကောက်	ya.gau?
လ	လ(ငယ်)	la.(nge)	ဝ	ဝ(လုံး)	wa.(loun:)
သ	သ	tha.	*ဿ	သကြီး	tha.ji:
ဟ	ဟ	ha.	ဠ	ဠကြီး	la.ji:
အ	အ	a.			

연습문제

1. 다음 자음들의 명칭을 각각 쓰시오.

င	ဗ	ယ	အ	ဈ	လ
ဋ	ဃ	စ	သ	န	ည
ဟ	ဆ	ဒ	ထ	ဖ	မ
ရ	တ	ဍ	ဠ	ဎ	ပ
ဝ	ခ	ဘ	က	ဌ	ဇ
ဓ	ဂ	ဏ			

3. 기본 문자 쓰는 법

　미얀마어는 좌측에서 우측으로 횡서하는데, 각각의 자음의 모양은 원을 기초로 하여 그 상, 하, 좌, 우에 일부가 덧붙여져 이루어진다. 자음을 쓸 때의 원칙은 시계 방향으로 하고, 2개의 조합으로 이루어지는 자음은 좌측 부분을 먼저 쓴다.

　33개 자음의 필순은 각각 다음과 같다.

1. 미얀마어의 기본 문자인 33개의 자음들 중에서 1획의 자음, 2획의 자음, 3획의
   자음들을 각각 쓰시오.

   1획의 자음 :
   2획의 자음 :
   3획의 자음 :

4. 복합 문자와 발음

미얀마어에서의 복합 문자란 기본 둔자에 구개화 부호, 무성화 부호, 순음화 부호 등의 특정 부호인 개자음 부호가 첨가되어 이루어진 일종의 이중 자음을 말한다.

(1) 구개화 부호에 의한 복합 문자

미얀마어의 구개화 부호에는 자음 ယ ya.에서 파생된 ယပင့ ya.pin. (ျ)과 자음 ရ ya.에서 파생된 ရရစ် ya.yi? (◌ျ ¦ ◌ျ) 이렇게 2종류가 있다. 이 부호들이 33개 자음표 제 1단의 자음(연구개음)들과 결합하여 파찰음을 형성하는 것이다.

(A) ယပင့ ya.pin. (ျ)과 결합하는 경우

ကျ kya.	ချ cha.	ဂျ ja.
짜	차	자

(B) ရရစ် ya.yi? (◌ျ ¦ ◌ျ)과 결합하는 경우

ကြ kya.	ခြ cha.	ဂြ ja.	ငြ nya.
짜	차	자	냐

또한, 이 부호들이 33개 자음표 제 5단의 자음(양순음)들과 결합하면 양순음이 다음과 같이 구개화된다.

(A) ယပင့် ya.pin. (ျ)과 결합하는 경우

ပျ pya.	ဖျ hpya.	ဗျ bya.	မျ mya.
빠	퐈	뱌	먀

(B) ရရစ် ya.yi? (ြ)과 결합하는 경우

ပြ pya.	ဖြ hpya.	ဗြ bya.	မြ mya.
빠	퐈	뱌	먀

(2) 무성화 부호에 의한 복합 문자

미얀마어의 무성화 부호에는 자음 ဟ ha.에서 파생된 ဟထိုး: ha.htou: (ှ)라는 부호가 있다. 이 부호가 기본 문자 33개의 자음표 제일 우측의 비음과 제 6단과 제 7단 중 아래의 5문자와 결합하여 다음과 같이 복합 문자를 형성한다.

(A) 비음과 결합하는 경우

င hnga.	ဉ hnya.	န hna.	မ hma.
흥아	흐냐	흐나	흐마

이와 같이 비음이 무성화된다.

(B) 제6단과 제7단의 5문자와 결합하는 경우

ဏ္ဍ hla.　　ဝှ hwa.
흘라　　　　화

ရှ sha.　　ဟှ sha.　　ၐ s7a.　　ၐှ sha.
샤　　　　　샤　　　　　샤　　　　　샤

　앞의 2문자는 마찰화된 측면음과 무성화된 반모음을 각각 나타내고, 나머지 4문자는 경구개 마찰음을 나타낸다.

(3) 순음화 부호에 의한 복합 문자

　미얀마어의 순음화 부호에는 자음 ဝ wa.에서 파생된 ဝှွေ: wa.hswe: (ွ)라는 부호가 있다. 이 부호가 기본 문자 33개의 자음표 제3단의 5문자와 제1단, 제2단의 우측에서 제2열의 2문자, 그리고 자음 ဝ wa. 자체와의 결합을 제외하고는 기본 문자와 복합 문자 모두와 결합하여 다음과 같이 발음된다.

ကွ kwa.　ခွ khwa.　ဂွ gwa.　　　　ငွ ngwa.
꽈　　　　콰　　　　과　　　　　　　응와

စွ swa.　ဆွ hswa.　ဇွ zwa.　　　　ဉွ nywa.
쏴　　　　솨　　　　좌　　　　　　　뉴아

တွ twa.　ထွ htwa.　ဒွ dwa.　ဓွ dwa.　နွ nwa.
똬　　　　톼　　　　돠　　　　돠　　　　놔

ဥ pwa. 쁘와 ဖ hpwa. 퐈 ဗ bwa. 봐 ဘ bwa. 봐 ဝ mwa. 뫄

ယ ywa. 유아 ရ ywa. 유아 လ lwa. 롸 သ thwa. 똬 ဟ hwa. 화

ကျ kywa. 쫘 ကျ kywa. 쫘 ချ chwa. 촤 ချ chwa. 촤 ဇ jwa. 좌

ပြ pywa. 쀼아 မြ mywa. 뮤아 နှ hnwa. 흐놔 မှ hmwa. 흐뫄 ရှ shwa. 슈아

လှ hlwa. 흘롸

1. 다음 복합 문자들을 각각 발음하시오.

၉	ဩ	၅	၅	ကျ
၆	၅	၆	၅	လ
၈	၀	၈	၅	၃
၇	၈	၇	၈	လ
၈	၃	၈	၈	၈
၈	၈	၈	၈	၈
ကျ	ဩ	၃	၈	၈

2. 다음 발음에 해당하는 복합 문자를 각각 쓰시오.

hlwa.	cha.	bya.	hna.	gwa.
hwa.	bwa.	sha.	hnga.	twa.
kya.	hnya.	kywa.	hpya.	hla.
ywa.	ja.	chwa.	pya.	dwa.
hma.	khwa.	hnwa.	mya.	ngwa.
swa.	htwa.	jwa.	hmwa.	shwa.

5. 모음

미얀마어의 모음에는 단모음과 이중 모음이 있다. 단모음은 a, i, u, ei, e, o, ou 이렇게 7개로서 자음의 상, 하, 좌, 우 어느 위치에 올 수 있고, 중설 모음 a(atonic)는 문자로 나타나는 일은 없으나, 2음절어의 제 1음절, 3음절어의 제 1, 2음절 등이 약화되었을 때, 즉, 음절 약화 현상 때 나타난다(예를 들면, ထမင်း htamin:, မိ့ရထာ: mi:yahta: 등). 그리고 이중 모음(ai, au, ei, ou)은 폐음절의 경우, 즉, 종성이 성문폐쇄음 또는 비음으로 끝나는 경우에만 나타난다.

이것을 모음 삼각도로 나타내면 다음과 같다.

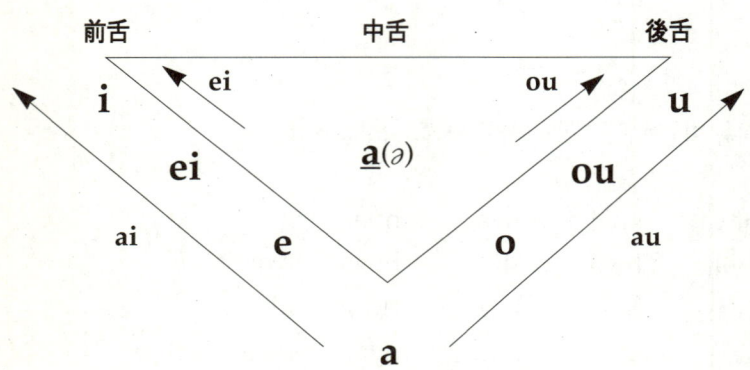

위 표의 단모음 가운데 a와 i는 한국어의 '아'와 '이'에 해당하지만, u는 한국어의 '우'보다 입술이 둥글게 된다. ei는 한국어의 '에'에 해당하고, e는 한국어의 '애'에 해당한다고 보면 좋겠다. 그리고 o는 입모양이

큰 한국어의 '오'의 발음이고, ou는 입모양이 작은 한국어의 '오'의 발음
으로 서로 비교해서 보면 좋겠다.

(1) 모음 부호의 발음과 명칭

미얀마어는 표음 문자의 일종으로 자음을 중심으로 하여 그 상, 하, 좌,
우에 모음 부호가 결합됨으로써 발음이 이루어진다. 이때 사용되는 미얀
마어 모음 부호의 발음과 명칭은 각각 다음과 같다.

-ာ   a   ရေးချ   yei:cha.

   (-ာ   ဝိုက်ချ   wai?cha.   -ါ   မောက်ချ   mau?cha.)

-ိ   i.   လုံးကြီးတင်   loun:ji:tin

-ီ   i   လုံးကြီးတင်ဆန့်ခတ်   loun:ji:tinhsankha?

-ု   u.   တစ်ချောင်းငင်   tachaun:ngin

-ူ   u   နှစ်ချောင်းငင်   hnachaun:ngin

ေ-   ei   သဝေထိုး   thaweihtou:

-ဲ   e   ယပက်လက်သတ်   ya.pale?tha?

-့   e: နောက်ပစ်   nau?pyi?

ေ-ာ   o: သဝေထိုးရေးချ   thaweihtou:yei:cha.

-ို   ou   လုံးကြီးတင်တစ်ချောင်းငင်   loun:ji:tintachaun:ngin

이들 모음 부호의 실례를 자음 က로 표시허 보면 다음과 같음을 알 수
있다.

က + -ာ = ကာ   ka

က + -ိ = ကိ   ki.

က + -ီ = ကီ   ki

က + -ု = ကု   ku.

က + -ူ = ကူ   ku

က + ေ- = ကေ   kei

က + -ယ် = ကယ်   ke

က + -ဲ = ကဲ   ke:

က + ေ-ာ = ကော   ko:

က + -ို = ကို   kou

(2) - ါ ‌မောက်ချ mau?cha. 모음 부호의 용법

a 모음은 일반적으로 자음에 -ာ ဝိုက်ချ wai?cha. 모음 부호를 첨가하여 나타내지만, -ာ ဝိုက်ချ wai?cha.를 첨가하면 모양이 다른 자음과 구별 불가능한 경우가 있다. 예를 들면, 양순무성무기음 ပ에 -ာ ဝိုက်ချ wai?cha.를 덧붙이는 경우 ပာ가 되어 성문음 ဟ와 혼동되기 쉬운 것이다. 그래서 이러한 경우에는 혼동을 피하기 위해서 -ာ ဝိုက်ချ wai?cha. 대신에 - ါ ‌မောက်ချ mau?cha. 모음 부호를 사용한다. - ါ ‌မောက်ချ mau?cha.가 사용되는 경우는 다음 6문자에 한한다.

ခ	ခာ 대신에 ခါ	kha
ဂ	ဂာ 대신에 ဂါ	ga
င	ငာ 대신에 ငါ	nga

ဒ	ဒၐ 대신에 ဒါ	da
ပ	ပၐ 대신에 ပါ	pa
ဝ	ဝၐ 대신에 ဝါ	wa

단, 자음 ပ와 자음 ဝ는 다음과 같이 -ၐ ဝိုက်ချ wai?cha.와 - ၟ ေမာက်ချ mau?cha.를 함께 병행할 수 있다.

ပ	ပၐ 또는 ပါ	da
ဝ	ဝၐ 또는 ဝါ	hpa

또한, - ၞ တစ်ေချာင်း:ငင် tachaun:ngin 모음 부호나 - ၟ ှစ်ချာင်း:ငင် hnachaun:ngin 모음 부호는 모양이 각각 -ၞ 나 -ၟ으로 길게 변형되는 경우가 있는데, 이것은 결합되는 자음이 구개화 부호나 무성화 부호 등의 개자음 부호에 의하여, 또는 특수 문자에 의하여 모양이 길면 거기에 맞추어 함께 모양이 변형되는 것이다. 자음 ဒ ဒငယ် na.nge도 무성화 부호인 ှ ဟထိုး ha.htou:나 - ၞ တစ်ေချာင်း:ငင် tachaun:ngin 모음 부호, - ၟ ှစ်ချာင်း:ငင် hnachaun:ngin 모음 부호와 결합하는 경우는 ဒ가 ဒ로 변형됨을 알아 두어야 한다. 그 예를 들면 각각 다음과 같다.

-ၞ	ပြု	pyu.	ချု	chou	ညု	hnyou	*ပုဿ်လ	pou?gou
-ၟ	ပြု	pyu	ဗြု	myu	ျု	s ̄u	မု:	hmu:
	လု	hlu	*စက္ကု	se?ku				
ဒ	ဒု	hna.	ဒု	nu.	ဒု	n ̄u		

(3) 독립 모음 문자

미얀마어 모음 중에서 일부 모음들은 모음 문자 그 자체만으로 발음되는 경우가 있다. 이것을 독립 모음 문자라고 하는데, 이를 열거하면 다음과 같다.

ဤ   i.(အိ)   ဤ   i(အီ)   ဧ   ei,ei:(ဧေ၊ဧေး)

ဥ   u.(အု)   ဦ   u(အူ)   ဦး   u:(အူး)

ဩ   o.(ဩော့)   ဪ   o(ဩော်)   ဩ   o:(ဩော)

연습문제

1. 다음 모음 부호의 발음과 명칭을 각각 쓰시오.

-ယ်	-ါ
-ု	-ီ
-ာ	-ဲ
-ိ	-ု
ေ-	-ို

2. -ာ 모음 부호와 -ါ 모음 부호를 비교 설명하시오.

3. 미얀마어에서의 독립 모음 문자를 그 발음과 함께 쓰시오.

6. 성조

미얀마어는 성조어이다. 같은 단어라 할지라도 성조가 바뀌면 그 의미가 변하기 때문에, 미얀마어 학습에 있어서 성조의 정확한 습득은 아주 중요하다.

(1) 성조의 종류

미얀마어의 성조에는 종성이 성문폐쇄음(glottal stop)으로 끝나는 폐음절의 경우를 제 4성조라고 하는 학설도 있지만, 일반적으로 제 1성조인 하강형(下降型, falling, creaky)과 제 2성조인 저평형(低平型, level), 그리고 제 3성조인 고평형(高平型, high, heavy)으로 구별되는 3개의 성조가 있다.

3개의 성조를 서로 비교해 보면, 제 1성조인 하강형은 높고 짧게 발음되고, 급속히 하강하는 동시에 성문의 긴장을 동반한다. 제 2성조인 저평형은 낮고 길게 높낮이가 거의 없이 발음되고, 제 3성조인 고평형은 높고 길게 끝은 약간 하강하듯 발음된다. 이와 같이 성조는 음정의 높낮이뿐만이 아니라, 모음의 장단과도 연관이 되어 있다. 이것을 구체적으로 설명해 보면, 제 1성조인 하강형에서의 모음은 단음이 되고, 제 2성조인 저평형과 제 3성조인 고평형에서의 모음은 장음이 되는 것이다.

(2) 성조 부호의 명칭과 결합

미얀마어에서의 성조는 a, i, u 3모음에서는 제 3성조를 제외하고 모음 부호를 바꿈으로써 성조를 구별하지만, ei, e, o, ou 4모음에서는 다음의 성조 부호를 덧붙여 3개의 성조를 각각 나타낸다.

제 1성조 부호	့	အောက်ကမြစ်	au?ka.myi?
		အောက်မြစ်	au?myi?
제 2성조 부호	ၚ	ရှေ့ထိုး	shei.htou:
제 3성조 부호	-း	ရှေကပေါက်	shei.ga.pau?
		ဝစ္စပေါက်	wi?sa.pau?
		ရှေဆီး	shei.zi:

제 1성조 부호 ့ 은 အောက်ကမြင် au?ka.myi? 또는 အောက်မြစ် au?myi?라고도 하고, 제 3성조 부호 -း 은 ရှေကပေါက် shei.ga.pau?나 ဝစ္စပေါက် wi?sa.pau?, 또는 ရှေဆီး shei.zi:라고도 한다.

7개의 단모음에 있어서 자음과 모음 부호와 그리고 성조 부호와의 결합을 각 성조별로 나타내면 다음과 같다.

제 1성조		제 2성조		제 3성조	
-	a.	-ာ(-ါ)	a	-ား(-ါး)	a:
-ိ	i.	-ီ	i	-ီး	i:
-ု (-ု)	u.	-ူ(-ူ)	u	-ူး(-ူး)	u:

ေ-ံ	ei.	ေ-	ei	ေ-း	ei:
-ႆ	e.	-ယ်	e	-ဲ	e:
ေ-ာ့(ေ-ႂ)	o.	ေ-ာ်(-ႀ)	o	ေ-ာ(ေ-ႁ)	o:
-ုိ့(-ုိ)	ou.	-ုိ(-ုိ)	ou	-ုိး(-ုိး)	ou:

　그러면, 자음과 모음 부호와 그리고 성조 부호와의 결합을 အ라는 문자를 예로 들어 각 성조별로 구체적으로 나타내 보자. 위 표의 자음란인 -란에 အ라는 문자만 집어 넣으면 될 것이다.

제 1성조		제 2성조		제 3성조	
အ	a.	အာ	a	အား	a:
အိ	i.	အီ	i	အီး	i:
အု	u.	အူ	u	အူး	u:
ေအ	ei.	ေအ	ei	ေအး	ei:
အဲ့	e.	အယ်	e	အဲ	e:
ေအာ့	o.	ေအာ်	o	ေအာ	o:
အို့	ou.	အို	ou	အိုး	ou:

　또한, ဝ라는 자음을 예로 들어 각 성조별로 나타내면 다음과 같음을 알 수 있을 것이다.

제 1성조		제 2성조		제 3성조	
ဝ	sa.	ဝာ	sa	ဝား	sa:
ဝိ	si.	ဝီ	si	ဝီး	si:
ဝု	su.	ဝူ	su	ဝူး	su:
ဝေ့	sei.	ဝေ	sei	ဝေး	sei:
ဝဲ့	se.	ဝယ်	se	ဝဲ	se:
ဝော့	so.	ဝော်	so	ဝော	so:
ဝို့	sou.	ဝို	sou	ဝိုး	sou:

그러면, 이번에는 ပ라는 자음을 그 예로 들어 보자.

제 1성조		제 2성조		제 3성조	
ပ	pa.	ပါ	pa	ပါး	pa:
ပိ	pi.	ပီ	pi	ပီး	pi:
ပု	pu.	ပူ	pu	ပူး	pu:
ပေ့	pei.	ပေ	pei	ပေး	pei:
ပဲ့	pe.	ပယ်	pe	ပဲ	pe:
ပော့	po.	ပေါ်	po	ပေါ	po:
ပို့	pou.	ပို	pou	ပိုး	pou:

여기에서 주의해야 할 점은 ပ의 경우는 ပာ가 아니라 ပါ, ပော်가 아 니라 ပေါ် 가 됨을 명심해야 할 것이다.

이와 같이 미얀마어는 자음과 모음 부호와 그리고 성조 부호가 서로 결합함으로써 미얀마어의 대부분의 단어들이 형성되는 것이다.

제 1성조		제 2성조		제 3성조	
လ	la.	လာ	la	လား	la:
က	ka.	ကာ	ka	ကား	ka:
ထိ	hti.	ထီ	hti	ထီး	hti:
ဖိ	hpi.	ဖီ	hpi	ဖီး	hpi:
လု	lu.	လူ	lu	လူး	lu:
ထု	htu.	ထူ	htu	ထူး	htu:
မေ့	mei.	မေ	mei	မေး	mei:
လေ့	lei.	လေ	lei	လေး	lei:
ပဲ့	pe.	ပယ်	pe	ပဲ	pe:
ကဲ့	ke.	ကယ်	ke	ကဲ	ke:
တော့	to.	တော်	to	တော	to:
ဖော့	hpo.	ဖော်	hpo	ဖော	hpo:
ပို့	pou.	ပို	pou	ပိုး	pou:
ဖို့	sou.	ဖို	sou	ဖိုး	sou:

1. 다음 성조 부호의 소속과 명칭을 각각 쓰시오.

   ⌐ ͻ

   ⌐ ͻ

   ⌐ ͻ

2. 자음 ҙ를 사용하여 단모음 7개를 그 발음과 함께 각 성조별로 나타내시오.

3. 복합 문자 ҙ|를 사용하여 단모음 7개를 그 발음과 함께 각 성조별로 나타내시오.

4. 다음 단어들을 각각 발음하시오.

ခေါ်	ကြယ်	မာ	အဲ့	ဒွိ	ပေါ့
ရေ	ဘယ်	ပယ်	စဲ့	ဝဲ	ချော်
လဲ	ကျိုး	၅	ပား	သွေး	ဟေ့
ပေး	ဘို့	၆း	ညိုး	တေ့	၇
ရား	မိုး	ျိုး	လဲ	သွား	ကျ
လှ	သူ	တော	ညီး	ၚါး	ဘူး
ရွေ	ညော	လွဲ	မျော	ညို	ကြ
မွာ	လှ	၇ိ	ခြေ	မျာ	ဒွေ့
ကျဲ	နော	လု	မို့	ဆွာ	၇
ယှာ	ရေ	၃ာ	ဆွဲ	ပဲ့	မွာ
ထို့	စွာ	လှဲ	ၚေ့	ဒွေ	ရွာ
ကျဲ	သွေ့	ၿ	ဗျာ	ကြ	ခြေ
မြ	ပြော	ကျို	ဗျော	ဖြ	ချာ
ၚ	ချော	အော	ရဲ့	ဝ	သော
ဘို့	အဲ	၉	လို့	ယာ	ရ
ဟော	လီ	ဝေ	ယှူ	သ	ၚ့
ကှ	ၚွေ	ကု	ၚ	၇ာ	ဟာ
ၚ့ာ	ကို့	၇ိ	၃	ဝေ	တိ
ကာ	စော	၉ိ	ယ	ၚေ	ဆိ
ၚါး	ခို့	ကို	စု	ညာ	ၚ

ေရွး   စိ   ေတာ   ဆာ   ညှ   ဆွ

ြိ်း   ပို့   ေမာ   ဒှ   သို့   ေဝ

ေသာ   ဲ   တာ   သာ   နှ   ွဲ

တွဲ   ကွာ   လျာ   ကျာ   ဒါ   ြ||း

5. 다음 발음에 해당하는 단어들을 미얀마어로 각각 쓰시오.

ne	pyo:	hei	yu.	tho.
kyo	le.	khwei:	lou.	hmou:
hsou.	htei:	byou.	kho:	shei.
hsou:	nga:	myi:	po:	si:
nyi.	ka.	hsu	shu	kha:
chei	hla.	hmu.	ywa	hnou
hle:	shwei	hlu.	lu	myi.
kya	chou	thwe:	ywe:	lwa
pwa.	kwi	nwe:	ngwa	kyu
hswei	kye:	kho	hpu.	mya:
myu	ji	kyou	cho:	chi
ba	nyou	htu	wa	thwa:
to:	hpei	te	di	zo:
pya.	zei:	hpyu	bwe.	pwe:
hma:	nge	kyi:	myei	thu
hpi.	pi	pyi:	pa:	nei.
sa	hsa	za	ja	nya
hpwa:	mwei:	twei.	sha:	hmwei:

7. 폐음절

미얀마어에서의 폐음절은 지금까지 학습해 온 모음으로 끝나는 음절인 개음절과는 뚜렷이 구별되는 성격의 것으로서 자음으로 끝나는 음절을 말한다. 폐음절 단어의 초성에는 기본 문자와 복합 문자의 자음이 오고, 중성에는 단모음과 이중 모음이 온다. 그리고 종성에는 성문폐쇄음과 비음의 자음이 온다.

폐음절의 결합과 발음을 표로 나타내면 다음과 같다.

	က်	င်	စ်	ည်(ဉ်)	တ်	ပ်	န့်	မ်(-ံ)
အ	အက် e?	အင် in	အစ် i?	အည်(အဉ်) i, ei, e(in)	အတ် a?	အပ် a?	အန့် an	အမ်(အံ) an(an)
အိ					အိတ် ei?	အိပ် ei?	အိန့် ein	အိမ် ein
အု					အုတ် ou?	အုပ် ou?	အုန့် oun	အုံ oun
အော	အောက် au?	အောင် aun						
အို	အိုက် ai?	အိုင် ain						
အွ					အွတ် u?	အွပ် u?	အွန့် un	အွမ်(အွံ) un(un)

위 표에서 중성에 오는 모음과 종성에 오는 자음과의 결합의 예는 각각 다음과 같음을 알 수 있다.

- 단모음과 성문폐쇄음의 결합
  a?   i?   u?   e?

- 이중 모음과 성문폐쇄음의 결합
  ai?   au?   ei?   ou?

- 단모음과 비음의 결합
  an   in   un

- 이중 모음과 비음의 결합
  ain   aun   ein   oun

또한, 위 표에서 보는 바와 같이 폐음절은 자음에 성문폐쇄음 부호 -ͨ အသတ် atha?를 붙임으로써 종성 자음을 나타낸다. 폐음절의 문자로서 종성에 올 수 있는 문자는 33개 자음표 제일 좌측의 4문자(က၊ခ၊ဂ၊ဃ)와 제일 우측의 4문자(ပ၊ဖ၊ဗ၊ဘ)로, 이들 자음에 성문폐쇄음 부호 -ͨ အသတ် atha?를 붙임으로써 전자는 성문폐쇄음, 후자는 비음이 형성되는 것이다.

종성이 성문폐쇄음으로 끝나는 경우에는 높고 지극히 짧게 발음된다는 특징이 있다. 그래서 이것을 독립하여 따로 제 4성조(고단형, 高短型)라고 하는 학설도 있다. 한편, 종성이 비음으로 끝나는 경우에는 개음절의 경우와 마찬가지로 3개의 성조, 즉, 제 1성조, 제 2성조, 제 3성조로 구별하여 다음과 같이 각각 발음한다.

제 1성조		제 2성조		제 3성조	
အင့်	in.	အင်	in	အင်း	in:
အဉ့်	in.	အဉ်	in	အဉ်း	in:
အန့်	an.	အန်	an	အန်း	an:
အမ့်	an.	အမ်	an	အမ်း	an:
အံ့	an.	အံ	an	(အမ်း	an:)
အိန့်	ein.	အိန်	ein	အိန်း	ein:
အိမ့်	ein.	အိမ်	ein	အိမ်း	ein:
အုန့်	oun.	အုန်	oun	အုန်း	oun:
အုံ့	oun.	အုံ	oun	အုံး	oun:
အောင့်	aun.	အောင်	aun	အောင်း	aun:
အိုင့်	ain.	အိုင်	ain	အိုင်း	ain:
အွန့်	un.	အွန်	un	အွန်း	un:
အွမ့်	un.	အွမ်	un	အွမ်း	un:
အွံ့	un.	အွံ	un	(အွမ်း	un:)
အည့်	i., ei., e.	အည်	i, ei, e	အည်း	i:, ei:, e:

이것을 실제의 단어를 예로 들어 각 성조별로 나타내면 다음과 같다.

제 1성조		제 2성조		제 3성조	
မြင့်	myin.	မြင်	myin	မြင်း	myin:
ရှင့်	shin.	ချင်	chin	မျင်း	myin:

ကန့်	kan.	ကန်	kan	ကန်း	kan:
ကျံ့	kyan.	ကံ	kyan	ကျမ်း	kyan:
မိန့်	mein.	စိန်	sein	သိန်း	thein:
ဆိမ့်	hsein.	အိမ်	ein	သိမ်း	thein:
မှုန့်	hmoun.	ယုန်	youn	အုန်း	oun:
ငုံ့	ngoun.	ဆုံ	hsoun	သုံး	thoun:
တောင့်	taun.	တောင	taun	တောင်း	taun:
ချိုင့်	chain.	ထိုင်	htain	လှိုင်း	hlain:
စွန့်	sun.	လွန်	lun	ပွန်း	pun:
ဖွံ့	hpun.	စွံ	sun	ကျမ်း	kun:
ကြည့်	kyi.	ချည်	chi	စည်း	si:
ပြည့်	pyei.	ရည်	shei	ပြည်း	hpyei:
လှည့်	hle.	ဆည်	hse	နည်း	ne:

　　폐음절의 결합과 발음표를 기초로 하여 폐음절의 단어들이 각각 다음
과 같이 발음됨을 알 수 있을 것이다.

(1) e?의 발음(-က်)

ငှ	+	က်	=	ငှက်	hnge?
ကြ	+	က်	=	ကြက်	kye?
လ	+	က်	=	လက်	le?

ပျ	+	က်	=	ပျက်	pye?	
ချ	+	က်	=	ချက်	che?	
ခ	+	က်	=	ခက်	khe?	
တ	+	က်	=	တက်	te?	
ထ	+	က်	=	ထက်	hte?	
န	+	က်	=	နက်	ne?	
မ	+	က်	=	မက်	me?	
ပ	+	က်	=	ပက်	hpe?	
ဝ	+	က်	=	ဝက်	we?	
ဆ	+	က်	=	ဆက်	hse?	
သ	+	က်	=	သက်	the?	
မျ	+	က်	=	မျက်	mye?	
စ	+	က်	=	စက်	se?	
အ	+	က်	=	အက်	e?	
ညှ	+	က်	=	ညှက်	hnye?	
တွ	+	က်	=	တွက်	twe?	

(2) au?의 발음 (ေ-ာက်)

ပေါ	+	က်	=	ပေါက်	pau?
တော	+	က်	=	တောက်	tau?

အော	+	က်	=	အောက်	au?
ကျော	+	က်	=	ကျောက်	kyau?
ခြော	+	က်	=	ခြောက်	chau?
မြော	+	က်	=	မြောက်	myau?
နော	+	က်	=	နောက်	nau?
ရော	+	က်	=	ရောက်	yau?
ဟော	+	က်	=	ဟောက်	hau?
သော	+	က်	=	သောက်	thau?
လော	+	က်	=	လောက်	lau?
ကော	+	က်	=	ကောက်	kau?
ဆော	+	က်	=	ဆောက်	hsau?
ယော	+	က်	=	ယောက်	yau?
ဖော	+	က်	=	ဖောက်	hpau?
မော	+	က်	=	မောက်	mau?
ထော	+	က်	=	ထောက်	htau?
ခေါ	+	က်	=	ခေါက်	khau?
ငေါ	+	က်	=	ငေါက်	ngau?
ပျော	+	က်	=	ပျောက်	pyau?

(3) ai?의 발음 (-ုိက်)

တို	+	က်	=	တိုက်	tai?
မို	+	က်	=	မိုက်	mai?
စို	+	က်	=	စိုက်	sai?
ပို	+	က်	=	ပိုက်	pai?
ဗို	+	က်	=	ဗိုက်	bai?
ကို	+	က်	=	ကိုက်	kai?
ကြို	+	က်	=	ကြိုက်	kyai?
ရို	+	က်	=	ရိုက်	yai?
မြို	+	က်	=	မြိုက်	myai?
အို	+	က်	=	အိုက်	ai?
ခို	+	က်	=	ခိုက်	khai?
ငို	+	က်	=	ငိုက်	ngai?
ဆို	+	က်	=	ဆိုက်	hsai?
ထို	+	က်	=	ထိုက်	htai?
လို	+	က်	=	လိုက်	lai?
သို	+	က်	=	သိုက်	thai?
ဝို	+	က်	=	ဝိုက်	wai?

(4) in의 발음 (-င်၊-ဉ်)

(A) -င်의 경우

က	+	င်	=	ကင်	kin
က	+	င်း	=	ကင်း	kin:
ကျ	+	င့်	=	ကျင့်	kyin.
ကျ	+	င်	=	ကျင်	kyin
ကျ	+	င်း	=	ကျင်း	kyin:
ခ	+	င်	=	ခင်	khin
ခ	+	င်း	=	ခင်း	khin:
စ	+	င်	=	စင်	sin
စ	+	င်း	=	စင်း	sin:
ဆ	+	င့်	=	ဆင့်	hsin.
ဆ	+	င်	=	ဆင်	hsin
ဆ	+	င်း	=	ဆင်း	hsin:
တ	+	င်	=	တင်	tin
ထ	+	င်	=	ထင်	htin
ပြ	+	င်	=	ပြင်	pyin
မ	+	င့်	=	မင့်	min.
မ	+	င်	=	မင်	min
မ	+	င်း	=	မင်း	min:

မ	+	င့်	=	မြင့်	myin.
မ	+	င်	=	မြင်	myin
မ	+	င်း	=	မြင်း	myin:
ဝ	+	င်	=	ဝင်	win
လ	+	င်	=	လင်	lin
ဖ	+	င့်	=	ဖြင့်	hpyin.
ခ	+	င်	=	ခြင်	chin
ခ	+	င်း	=	ခြင်း	chin:
ရ	+	င့်	=	ရင့်	yin.
ရ	+	င်	=	ရင်	yin
ရ	+	င်း	=	ရင်း	yin:
ရှ	+	င့်	=	ရှင့်	shin.
ရှ	+	င်	=	ရှင်	shin
ရှ	+	င်း	=	ရှင်း	shin:
ပ	+	င့်	=	ပင့်	pin.
ပ	+	င်	=	ပင်	pin
ပ	+	င်း	=	ပင်း	pin:

(B) -ဉ်의 경우

စ	+	ဉ့်	=	စဉ့်	sin.
စ	+	ဉ်	=	စဉ်	sin

စ	+	ဉ်း	=	စဉ်း	sin:
ပျ	+	ဉ်	=	ပျဉ်	pyin
ပျ	+	ဉ်း	=	ပျဉ်း	pyin:
မျ	+	ဉ်း	=	မျဉ်း	myin:
ချ	+	ဉ်	=	ချဉ်	chin

(5) aun의 발음 (ေ-၁င်)

တော	+	င့်	=	တောင့်	taun.
တော	+	င်	=	တောင်	taun
တော	+	င်း	=	တောင်း	taun:
ထော	+	င်	=	ထောင်	htaun
သော	+	င်း	=	သောင်း	thaun:
မော	+	င်	=	မောင်	maun
မော	+	င်း	=	မောင်း	maun:
ကော	+	င်း	=	ကောင်း	kaun:
ကျော	+	င်	=	ကျောင်	kyaun
ကျော	+	င်း	=	ကျောင်း	kyaun:
ဟော	+	င်း	=	ဟောင်း	haun:
လော	+	င်း	=	လောင်း	laun:
အော	+	င့်	=	အောင့်	aun.

ေအာ	+	င်	=	ေအာင်	aun	
ေအာ	+	င်း	=	ေအာင်း	aun:	
ေချာ	+	င်	=	ေချာင်	chaun	
ေချာ	+	င်း	=	ေချာင်း	chaun:	
ေခါ	+	င်း	=	ေခါင်း	khaun:/gaun:	
ေဆာ	+	င့်	=	ေဆာင့်	hsaun.	
ေဆာ	+	င်	=	ေဆာင်	hsaun	
ေဆာ	+	င်း	=	ေဆာင်း	hsaun:	
ေစာ	+	င့်	=	ေစာင့်	saun.	
ေစာ	+	င်	=	ေစာင်	saun	
ေစာ	+	င်း	=	ေစာင်း	saun:	
ေပါ	+	င်	=	ေပါင်	paun	
ေပါ	+	င်း	=	ေပါင်း	paun:	

(6) ain의 발음 (-ိုင်)

ဆို	+	င်	=	ဆိုင်	hsain
ဆို	+	င်း	=	ဆိုင်း	hsain:
ထို	+	င်	=	ထိုင်	htain
လို	+	င်း	=	လိုင်း	hlain:
ဝို	+	င်း	=	ဝိုင်း	wain:

လို	+	င်း	=	လိုင်း	lain:
ကို	+	င်	=	ကိုင်	kain
ကို	+	င်း	=	ကိုင်း	kain:
ခို	+	င်း	=	ခိုင်း	khain:
နို	+	င်	=	နိုင်	nain
ပို	+	င်	=	ပိုင်	pain
မို	+	င်	=	မိုင်	main
ရို	+	င်း	=	ရိုင်း	yain:

(7) i?의 발음(-စ်)

ချ	+	စ်	=	ချစ်	chi?
သ	+	စ်	=	သစ်	thi?
တ	+	စ်	=	တစ်	ti?
နှ	+	စ်	=	နှစ်	hni?
မြ	+	စ်	=	မြစ်	myi?
ဟ	+	စ်	=	ဟစ်	hi?
အ	+	စ်	=	အစ်	i?
ရှ	+	စ်	=	ရှစ်	shi?
ဝ	+	စ်	=	ဝစ်	si?
ဆ	+	စ်	=	ဆစ်	hsi?
ဇ	+	စ်	=	ဇစ်	zi?

လ	+	စ်	=	လစ်	li?
ည	+	စ်	=	ညစ်	nyi?
ြပ	+	စ်	=	ြပစ်	pyi?
*ပ	+	စ်	=	ပစ်	pyi?
*ခေ	+	တ်	=	ခေတ်	khi?

(8) i, ei, e의 발음(-ည်)

(A) i의 발음

ပ	+	ည်	=	ြပည်	pyi/pyei
တ	+	ည်	=	တည်	ti
ကျ	+	ည့်	=	ကျည့်	kyi.
ကျ	+	ည်	=	ကျည်	kyi
ကျ	+	ည်း	=	ကျည်း	kyi:
ချ	+	ည့်	=	ချည့်	chi.
ချ	+	ည်	=	ချည်	chi
ချ	+	ည်း	=	ချည်း	chi:
စ	+	ည့်	=	စည့်	si.
စ	+	ည်	=	စည်	si
စ	+	ည်း	=	စည်း	si:
ဆ	+	ည်း	=	ဆည်း	hsi:

(B) ei의 발음

ြ	+	ည့်	=	ြပည့်	pyei.
ြ	+	ည်း	=	ြပည်း	hpyei:
ရ	+	ည်	=	ရည်	shei

(C) e의 발음

လှ	+	ည့်	=	လှည့်	hle.
လ	+	ည်	=	လည်	le
လ	+	ည်း	=	လည်း	le:
လှ	+	ည်း	=	လှည်း	hle:
တ	+	ည်း	=	တည်း	te:
ဆ	+	ည်	=	ဆည်	hse
ရ	+	ည်း	=	နည်း	ne:/ni:
ထ	+	ည့်	=	ထည့်	hte.
ထ	+	ည်	=	ထည်	hte
*ေ	+	ည်	=	ေည်	e.

(9) a?의 발음(-တ်၊ -ပ်)

(A) -တ်의 경우

လ	+	တ်	=	လတ်	la?
င	+	တ်	=	ငတ်	nga?
သ	+	တ်	=	သတ်	tha?
ပ	+	တ်	=	ပတ်	pa?
န	+	တ်	=	နတ်	na?
ဆ	+	တ်	=	ဆတ်	hsa?
ဖ	+	တ်	=	ဖတ်	hpa?
*ခေ	+	တ်	=	ခေတ်	khi?

(B) -ပ်의 경우

စ	+	ပ်	=	စပ်	sa?
ဆ	+	ပ်	=	ဆပ်	hsa?
က	+	ပ်	=	ကပ်	ka?
ခ	+	ပ်	=	ခပ်	kha?
ရ	+	ပ်	=	ရပ်	ya?
တ	+	ပ်	=	တပ်	ta?
ထ	+	ပ်	=	ထပ်	hta?
ည	+	ပ်	=	ညပ်	hnya?
လ	+	ပ်	=	လပ်	la?
ကျ	+	ပ်	=	ကျပ်	kya?
အ	+	ပ်	=	အပ်	a?

(10) ei?의 발음 (-°တ်, -°δ)

(A) -°တ်의 경우

စိ	+	တ်	=	စိတ်	sei?
ဆိ	+	တ်	=	ဆိတ်	hsei?
ပိ	+	တ်	=	ပိတ်	pei?
ဖိ	+	တ်	=	ဖိတ်	hpei?
အိ	+	တ်	=	အိတ်	ei?
ရိ	+	တ်	=	ရိတ်	yei?
မိ	+	တ်	=	မိတ်	mei?
တိ	+	တ်	=	တိတ်	tei?

(B) -°δ의 경우

နှိ	+	δ	=	နှိδ	hnei?
လိ	+	δ	=	လိδ	lei?
အိ	+	δ	=	အိδ	ei?
ရိ	+	δ	=	ရိδ	yei?

(11) ou?의 발음 (-ုတ်, -ုδ)

(A) -ုတ်의 경우

နှို	+	တ်	=	နှိုတ်	hnou?	
ပြို	+	တ်	=	ပြိုတ်	pyou?	
သို	+	တ်	=	သိုတ်	thou?	
ဒို	+	တ်	=	ဒိုတ်	dou?	
ဟို	+	တ်	=	ဟိုတ်	hou?	

(B) - ိုင်의 경우

ထို	+	င်	=	ထိုင်	htou?	
ချို	+	င်	=	ချိုင်	chou?	
ရို	+	င်	=	ရိုင်	you?	
လို	+	င်	=	လိုင်	lou?	

(12) u?의 발음 (-ွတ်, -ွင်)

(A) -ွတ်의 경우

ချွ	+	တ်	=	ချွတ်	chu?	
လွ	+	တ်	=	လွတ်	lu?	
ကျွ	+	တ်	=	ကျွတ်	kyu?	
ပွ	+	တ်	=	ပွတ်	pu?	
*ဝ	+	တ်	=	ဝတ်	wu?	

(B) - ္ပ်의 경우

ကု	+	ပ်	=	ကွပ်	ku?
ခု	+	ပ်	=	ခွပ်	khu?
စု	+	ပ်	=	စွပ်	su?
ဖု	+	ပ်	=	ဖွပ်	hpu?
*ဝ	+	ပ်	=	ဝပ်	wu?

(13) an의 발음(-န်၊-မ်၊- ံ)

(A) -န်의 경우

လှ	+	န့်	=	လှန့်	hlan.
လှ	+	န်	=	လှန်	hlan
လှ	+	န်း	=	လှန်း	hlan:
က	+	န့်	=	ကန့်	kan.
က	+	န်	=	ကန်	kan
က	+	န်း	=	ကန်း	kan:
ဆ	+	န်	=	ဆန်	hsan
တ	+	န်	=	တန်	tan
ပ	+	န်း	=	ပန်း	pan:
အ	+	န်	=	အန်	an

*ဝ	+	နဲ့	=	ဝန့်		wun
*ဝ	+	နဲ့း	=	ဝန့်း		wun:

(B) -မ်의 경우

လ	+	မ်း	=	လမ်း		lan:
လှ	+	မ်း	=	လှမ်း		hlan:
နှ	+	မ်း	=	နှမ်း		hnan:
ဖ	+	မ်း	=	ဖမ်း		hpan:
ရှ	+	မ်း	=	ရှမ်း		shan:
အ	+	မ်း	=	အမ်း		an:
*ဝ	+	မ်	=	ဝမ်		wun/wan
*ဝ	+	မ်း	=	ဝမ်း		wun:/wan:

(C) - ့ 의 경우

ကျ	+	- ့	=	ကျံ့		kyan.
သ	+	- ံ	=	သံ		than
အ	+	- ့	=	အံ့		an.
အ	+	- ံ	=	အံ		an
လှ	+	- ံ	=	လှံ		hlan
ရှ	+	- ံ	=	ရှံ		shan
*ဝ	+	- ့	=	ဝံ့		wun.

*ဝ	+	-ုံ	=	ဝုံ	wun

(14) ein의 발음 (-ိ ်န္-ိ ်မ္)

(A) -ိ ်န္의 경우

မိ	+	န္	=	မိန္	mein.
စိ	+	န္	=	စိန္	sein
သ	+	န္း	=	သိန္း	thein:
ဘ	+	န္း	=	ဘိန္း	bein:

(B) -ိ ်မ္의 경우

ဆ	+	မ္	=	ဆိမ္	hsein.
အိ	+	မ္	=	အိမ္	ein
သ	+	မ္း	=	သိမ္း	thein:
ရွ	+	မ္း	=	ရွိမ္း	shein:

(15) oun의 발음 (-ုန္-ုံ)

(A) -ုန္의 경우

မု	+	န္	=	မုန္	moun.

53

မု	+	န်	=	မုန်	moun
မု	+	န်း	=	မုန်း	moun:
မှု	+	န့်	=	မှုန့်	hmoun.
ကု	+	န်	=	ကုန်	koun
ယု	+	န်	=	ယုန်	youn
အု	+	န်း	=	အုန်း	oun:

(B) -ုံ 의 경우

ငု	+	-ံ့	=	ငုံ့	ngoun.
ဆု	+	-ံ	=	ဆုံ	hsoun
သု	+	-ံး	=	သုံး	thoun:
ရှု	+	-ံ့	=	ရှုံ့	shoun.
ရှု	+	-ံး	=	ရှုံး	shoun:

(16) un의 발음 (-ွန်၊-ွမ်၊-ွံ)

(A) -ွန်의 경우

စွ	+	န့်	=	စွန့်	sun.
စွ	+	န်	=	စွန်	sun
စွ	+	န်း	=	စွန်း	sun:
လွ	+	န်	=	လွန်	lun

လ	+	﹖:	=	လုန်:	lun:
ကျူ	+	﹖:	=	ကျုန်:	kyun:
ပု	+	﹖:	=	ပုန်:	pun:

(B) - ﹐မ်의 경우

က	+	မ်:	=	ကုမ်:	kun:/kwan:
ဂ	+	မ်:	=	ဂုမ်:	gun:/gwan:
သ	+	မ်:	=	သုမ်:	sun:/swan:

(C) - ﹒ 의 경우

ရှ	+	- °	=	ရှုံ	shun.
ခ	+	- °	=	ခုံ	khun
ပ	+	- °	=	ပုံ	hpun.
သ	+	- °	=	သုံ	sun

1. 다음 폐음절의 단어들을 각각 발음하시오.

မှန်	လပ်	ဆန်း	ဝတ်	သံ	တတ်
ပိတ်	ချိန်	နှိပ်	မုန့်	ရှီး	စုံ
လှပ်	လှတ်	ကျွန်	ပြတ်	ဝံ	စွပ်
မျက်	ဝတ်	ကြက်	ရှေ့	ညွှန်း	မိုက်
ကိုင်း	လောက်	အောင်	ဟုတ်	ဝပ်	စုံ
ဝမ်း	ဆောင်း	စိုက်	ခွက်	စွမ်း	ညဉ်း
ပစ်	ညွှန့်	ဝက်	မြင်	နှိုင်	ညစ်
ပြည်း	ချစ်	ည့	ပြည့်	ဝမ်း	သိမ်း
ခေတ်	ရှုပ်	မုန့်	ခြောက်	ကြိုက်	ညှပ်

2. 다음 발음에 해당하는 폐음절의 단어를 각각 쓰시오.

kye? nau? lai? thi? nga? ei?

thou? kyu? hnya? lei? you? su?

lou? ya? lu? hnou? sei? pa?

56

khi?	kyai?	myau?	taun.	hnge?	myin.
htain	chi	pyi	chin	ne:	hpyei:
hle.	kan	mein.	thein:	oun:	lun
shei	kyan.	wu?	ein	thoun:	shun.
wun	sun	min:	pein	kyau?	hmoun.

8. 기타 부호와 문자

(1) 기타 부호의 명칭

	- °	သေးသေးတင်	thei:dhei:tin
비음 부호	- ́	ကင်းစီး	kin:si:
성문폐쇄음 부호	- ̀	အသတ်	atha?
	(က်	ကသတ်	ka.tha?)
휴지부	I	ပုဒ်ငယ်	pou?nge
		ပုဒ်ကလေး	pou?khalei:
종지부	II	ပုဒ်မ	pou?ma.
		ပုဒ်ကြီး	pou?kyi:
괄호	( )	ကွင်း	gwin:
		ကွင်းစကွင်းပိတ်	gwin:za.gwin:bei?
		လက်သည်းကွင်း	le?the:gwin:

(2) 문어체 전용 문자와 발음

ဤ　　i

ဝှါ   i.

ရှွါ   ywei.

ဌှိ   hnai?

ရင်း   l<u>a</u>gaun:

(3) 숫자와 발음

၁	တစ်	ti?
၂	နှစ်	hni?
၃	သုံး	thoun:
၄	လေး	lei:
၅	ငါး	nga:
၆	ခြောက်	chau?
၇	ခုနှစ်	khunhni?/khun
၈	ရှစ်	shi?
၉	ကိုး	kou:
၀	သုည	thounnya.

연습문제

1. 다음 부호의 명칭을 각각 쓰시오.

　-ံ　　　　　　　　　( )

　။　　　　　　　　　-ၟ

　ဩ　　　　　　　　ၚ

　-ၓ　　　　　　　　ၣ

2. 미얀마어에서 문어체 전용 문자와 그 발음을 각각 쓰시오.

3. 다음 숫자의 발음을 각각 쓰시오.

　၀　　　　　　　　　၁

　၆　　　　　　　　　၄

　၅　　　　　　　　　၃

　၇　　　　　　　　　၂

　၉　　　　　　　　　၈

9. 음절 구조

미얀마어에는 모음으로 끝나는 개음절과 자음으로 끝나는 폐음절, 이렇게 2종류의 음절이 있다. 폐음절에서의 종성 자음은 성문폐쇄음과 비음뿐이었음을 이미 학습한 바 있다.

자음을 C, 모음을 V라고 할 때(이중 자음과 이중 모음에서는 뒤에 오는 문자를 소문자 c, v로 한다), 미얀마어의 음절 구조는 다음과 같이 설명할 수 있겠다.

(1) 개음절 구조

V	အား	a:	ဥ	u.
CV	ကား	ka:	တူ	tu
CcV	ကြား	kya:	ပွဲ	pwe:

(2) 폐음절 구조

VC	အက်	e?	အင်	in
VvC	အိုက်	ai?	အောင်	aun
CVC	လက်	le?	တင်	tin

CVvC	နောက်	nau?	ပေါင်း	paun:
CcVC	မျက်	mye?	မြင်း	myin:
CcVvC	ပျောက်	pyau?	မြောင်း	myaun:

연습문제

미얀마어의 음절 구조에 대하여 설명하시오.

10. 발음 현상

(1) 음절 약화 현상

미얀마어는 단음절인 경우에는 성조에 따라서 규칙적으로 발음되지만, 2음절 이상이 되면 a.나 기타 문자가 무성조인 a로 발음되는 경우가 많다. 이러한 현상을 음절 약화 현상이라고 하는데, 2음절 단어의 1음절에서, 3음절 단어의 1음절이나 2음절에서 이러한 현상이 발생하곤 한다. 그러나 단어의 끝음절에서 이러한 현상이 발생하는 길은 없다. 그 예를 들어 보면 다음과 같다.

(A) a.가 a로 발음되는 경우

အလုပ်	alou?	အမျိုး	amyou:
အခန်း	akhan:	အတွင်း	atwin:
အနာ	ana	အဖြ	ahpyu
အသား	atha:	အခု	akhu.
ခရီး	khayi:	ခရု	khayu.
စနစ်	sani?	ဆရာ	hsaya
တရား	taya:	ထမင်း	htamin:

စနေနေ့	saneinei.	မနေ့က	manei.ga.
အင်မတန်	inmatan	မီးရထား	mi:yahta:
သောက်စရာ	thau?saya	အလုပ်သမား	alou?thama:

(B) 기타 문자가 a로 발음되는 경우

ဖိနပ်	hpana?	နိမိတ်	namei?
ကုလား	kala:	ကုလားထိုင်	kalahtain
ပုရစ်	payi?	ပုလဲ	pale:
ပုလင်း	palin:	ဘုရား	hpaya:
မုယော	mayo:	သေနတ်	thana?
သူငယ်ချင်း	thangejin:	သူကြီး	thaji:
သူကြွယ်	thajwe	သူခိုး	thakhou:
ဘယ်သူ	bedhu/badhu	ဘယ်လောက်	belau?/balau?
ဓားမ	dama.	ပါးချိုင့်	pachain.
ငါးပိ	ngapi.	ငါးစိမ်းသည်	ngazein:dhe
ငါးမျှားချိတ်	ngahmya:jei?	ငါးခြောက်	ngachau?
နားရွက်	naywe?	နားကပ်	naga?
နွားအို	naou	နွားချေး	nachi:/nau?chi:
နားဖာချေး	nahpaji:	နှာခေါင်း	hnakhaun:
စားပို	sahpou	သားရေ	thayei
သွားပုံး	thahpoun:	သွားရည်	thayei

မျက်နှာပုံး	mye?hnahpoun:	မျက်နှာပြူ	mye?hnahpyu
လင်းကွင်း	lin:gwin:/lagwin:	လင်းပိုင်	lin:bain/labain
အစ်ကို	akou	အစ်မ	ama.
ငှက်ပျောသီး	ngapyo:dhi:	လက်ဖက်ရည်	lahpe?yei
သတ္တဝါ	tha?tawa/dhadawa		
ကျွန်မ	kyunma./kyama.		
နှုတ်ခမ်း	hnou?khan:/hnakhan:		

숫자 1, 2, 7이 유별사(classifier)를 동반하는 경우도 다음과 같이 음절 약화 현상이 일어난다.

တစ်	ti?	တစ်ခု	takhu.
		တစ်ခါ	takha
		တစ်ချက်	tache?
		တစ်ဆူ	tahsu
		တစ်ထပ်	tahta?
		တစ်ဖီး	tahpi:
		တစ်ယောက်	tayau?
နှစ်	hni?	နှစ်ခု	hnakhu.
		နှစ်ယောက်	hnayau?
ခုနှစ်	khunhni?	ခုနှစ်ခု	khunhnakhu.
		ခုနှစ်ယောက်	khunhnayau?

(2) 유성음화 현상

미얀마어에서는 동일 자음이라 할지라도 무성음(k/kh, ky/ch, s/hs, t/ht, p/hp, th)과 유성음(g, j, z, d, b, dh), 이렇게 2종류로 발음된다. 이 것은 무성음이 인접하는 음의 영향을 받아 유성음으로 발음되기 때문인데, 이러한 현상을 유성음화 현상이라고 한다. 유성음화 현상은 대개 2음절어 이상에서 개음절이나 비음으로 끝나는 폐음절 다음의 자음에서 발생하고, 성문폐쇄음 다음의 자음에서는 발생하지 않는다. 그 예를 들어 보면 다음과 같다.

သမား	thama:	လယ်သမား	ledhama:
		*အလုပ်သမား	alou?thama:
ဆိုင်	hsain	ထမင်းဆိုင်	htamin:zain
		*စာအုပ်ဆိုင်	saou?hsain
ကြီး	kyi:	ဝန်ကြီး	wunji:
		*လက်ကြီး	le?kyi:
စာ	sa	ပြန်စာ	pyanza
		*ကျောက်စာ	kyau?sa
ဆီ	hsi	နှမ်းဆီ	hnan:zi
		*ဝက်ဆီ	we?hsi
ကောင်	kaun	သုံးကောင်	thoun:gaun
		*ခြောက်ကောင်	chau?kaun
အသီး	athi:	ပန်းသီး	pan:dhi:
		*နာနတ်သီး	nana?thi:

အခ	akha.	လခ	la.ga.
		*လုပ်ခ	lou?kha.
အခန်း	akhan:	ရေချိုးခန်း	yeichou:gan:
		*အိပ်ခန်း	ei?khan:
အသား	atha:	အမဲသား	ame:dha:
		*ကြက်သား	kye?tha:
တယ်	te	သွားတယ်॥	thwa:de
		*ဟုတ်တယ်॥	hou?te
တိုက်	tai?	ပြတိုက်	pya.dai?
တောင်	taun	မီးတောင်	mi:daun
ဆိပ်	hsei?	လေဆိပ်	leizei?

성문폐쇄음 다음에서는 본래의 유성을조차 다음과 같이 무성음으로 발음된다.

ဘူး	bu:	မလာဘူး॥	malabu:
		*မလုပ်ဘူး॥	malou?hpu:
		*မဟုတ်ဘူး॥	mahou?hpu:

(3) 음절 약화 현상 + 유성음화 현상

일부 단어들에서는 음절 약화 현상과 유성음화 현상이 동시에 일어나는 경우가 있다.

Burmese	Romanization	Burmese	Romanization
ကစား	gaza:	ကတိ	gadi.
ကတော်	gado	သတင်းစာ	dhadin:za
စကား	zaga:	စကားထာ	zagahta
စကားချီး	zagachi:	စပါး	zaba:
စပါးကျီ	zabaji	တပည့်	dabe./dabyi.
စားပွဲ	zabwe:	စားတော်ပဲ	zadobe:
ပါးစပ်	baza?	ပါးကွက်	bagwe?
ပါးဟက်	bahe?	ခါးပတ်	gaba?
ခါးပိုက်နှိုက်	gabai?hnai?	ခါးပန်းကြိုး	gaban:jou:
သိတင်း	dhadin:	ပုစဉ်း	bazin:
ပုစွန်	bazun	ပုတီး	badi:
သူပုန်	dhaboun	ကန့်စွန်း	gazun:
တန်ခူးလ	dagu:la.	တန်ခိုး	dagou:
ဆန်ကွဲ	zagwe:	ပန်းကန်	bagan
ပန်းချီ	baji	ပန်းပု	babu.
ခံတွင်း	gadwin:	ဆံထိုး	zadou:
ဆံထုံး	zadoun	ဆံပင်	zabin
တံခါး	daga:	တံတား	dada:
ကြမ်းပိုး	jabou:	လှေကားထစ်	hleigadi?
ပတ္တမြား	badamya:	မေတ္တာစာ	myi?daza
သတ္တဝါ	dhadawa/tha?tawa	ပိတောက်	badau?

숫자 1 တစ် ti?에서 초성 자음 တ ta.는 후속하는 유별사의 초성 자음
이 유기음인 경우에는 무성음 တ ta. 그대로 발음되지만, 무기음인 경우
에는 유별사의 초성 자음과 တ ta. 모두 유성음으로 발음된다.

(A) 유별사의 초성 자음이 무기음인 경우

တစ်ကိုက်	dagai?	တစ်ကြိမ်	dajein
တစ်ဝင်း	dazin:	တစ်တင်း	dadin:
တစ်ပတ်	daba?	တစ်ပိုင်း	dabain:

위와 같이 유성음화 한다.

(B) 유별사의 초성 자음이 유기음인 경우

တစ်ခု	takhu.	တစ်ခါ	takha
တစ်ချက်	tache?	တစ်ဆူ	tahsu
တစ်ထပ်	tahta?	တစ်ဖီး	tahpi:

위와 같이 유성음화 하지 않는다.

(4) 비음화 현상

비음화 현상이란 인접하는 비음의 영향을 받아 성문폐쇄음 등이 비음
으로 발음되는 현상을 말한다. 그 예를 들면 다음과 같다.

လင်းလေ	lin:lei/lin:nei	ပင်ပန်း	pinban:/pinman:
ကျွန်တော်	kyundo/ky<u>a</u>no	ခင်ဗျာ:	kh<u>a</u>mya:
အောက်မေ့	au?mei./aun:mei.	အိပ်မက်	ei?me?/einme?
ယောက်မ	yaun:ma.		
ကောက်ညှင်း	kau?hnyin:/kaunhnyin:		

연습문제

1. 다음 단어들을 각각 발음하시오.

ခုမ	ရန်ကုန်သား	အိမ်ကို	ကိုးထောင်
နောက်ကို	အမဲသား	လုပ်ချင်တယ်။	ငါးဆယ်
ကျယ်ကျယ်	ခြောက်ဆယ်	ရှစ်ထောင်	ကြက်သား
လိုချင်တယ်။	ရာသီ	မီးဖိုချောင်	နှင်းခဲ
ရှုပ်ရှင်ပွဲ	အေးဆေး	ရေတွင်း	ကျောင်းသူ
ဖိနပ်ဆိုင်	ကုလားထိုင်	ဘုရား	သေနတ်
သားရေ	၎င်ပျောသီး	သတ္တဝါ	ခုနစ်ခါ
စားပွဲ	သတင်းစာ	ပုစွန်	သူပုန်
တန်ခိုး	ပန်းကန်	ပန်းချီ	တံခါး

ကြမ်းပိုး	တံတား	ခါးပိုက်နှိုက်	ဆံပင်
ခံတွင်း	ကစား	တင်ထပ်	နားကပ်
တစ်ပတ်	မေတ္တာစာ	အပြာရောင်	မျက်နှာပုံး
စကားထာ	လေးကောင်	အောက်မေ့	အိပ်မက်

2. 다음 발음에 해당하는 단어를 각각 쓰시오.

yaun:ma.	einme?	hseɡaun	hnakhu.
zagachi	hnakhaun:	thakhou:	ngachau?
dajein	tahsu	gaba?	zadoun:
dada:	babu.	dagu:la.	thaji:
thajwe	gadi.	zaba:	baza?
khunhnayau?	thoun:gu.	lahɽe?	akou
hnakhan:	ama.	lagwin:	dama.
naywe?	thayei	balau?	thangejin:
palin:	pale:	khaʋu.	hsaya
kala:	ana	ei?kʰan:	we?tha:
lou?kha.	yeichou:gan:	yeidwin:	ame:dha:
sadai?	mi:daun	kyau?sa	yeiboun:
leizei?	wunji:	htamin:zain	kyama.
atwin:	hnan:zi	zabwe:	zadou:

II. 특수 문자와 발음

(1) 같은 문자나 다른 문자가 상하로 겹친 경우

စက္ကူ	seʔku	တက္ကသိုလ်	teʔkathou
လက္ခဏာ	leʔkhana	အက္ခရာ	eʔkhaya
ရိက္ခာ	yeiʔkha	သိက္ခာ	theiʔkha
ဒုက္ခ	douʔkha.	ယောက္ခမ	yauʔkhama.
ပုဂ္ဂိုလ်	pouʔgou	သစ္စာ	thiʔsa
ကိစ္စ	keiʔsa.	အနိစ္စ	aneiʔsa.
ပစ္စည်း	pyiʔsi:	ဥစ္စာ	ouʔsa
ပုစ္ဆာ	pouʔhsa	တိရစ္ဆာန်	tareiʔhsan
ဝိဇ္ဇာ	weiʔza	သတ္တိ	thaʔti.
သတ္တု	thaʔtu.	ယုတ္တိ	youʔti.
ခေတ္တ	khiʔta.	မေတ္တာ	myiʔta
သေတ္တာ	thiʔta	ပတ္တမြား	badamya:
ဝတ္ထု	wuʔhtu.	ဗုဒ္ဓ	bouʔda.
အဓိပ္ပာယ်	adeiʔp(b)e	ပုပ္ပါး	pouʔpa:
ပုဏ္ဏား	pounna:	ဂဏ္ဌိ	gandi./ganhti.

ဒဏ္ဍာရီ	dandayi	ဗန္ဒာရေး	bandayei:
ဓမ္မ	d<u>a</u>ma.	သမ္မတ	th<u>a</u>m<u>a</u>da.
လိမ္မော်သီး	leinmodhi:	ဦးပဇဉ်း	u:b<u>a</u>zin:
ပလ္လင်	p<u>a</u>lin	မိလ္လာ	meinla
ဝိဿကုဏ်	gei?z<u>a</u>gou?	ဂန္ဓဝင်	gand<u>a</u>win
ဂန္ထန္တရ	ganhtand<u>a</u>ra.	အန္တရာယ်	and<u>a</u>ye
မန္တလေး	man:d<u>a</u>lei:	အိန္ဒိယ	eindi.ya.
စန္ဒရား	san:d<u>a</u>ya:	စန္ဒြမာသ	sand<u>a</u>ra.matha.
တ္တန္ဒာ	einda	တ္တရေ	eind<u>a</u>rei

(2) 비음 부호 - ် ကင်းစီး kin:si:가 붙은 경우

အင်္ကျီ	in:ji	အင်္ဂတေ	in:gadei
အင်္ဂလန်	ingalan	အင်္ဂလိပ်	in:g<u>a</u>lei?
အင်္ဂနေ	inganei.	မင်္ဂလာ	ming<u>a</u>la
သင်္ဂ	thinga	သင်္ဂန်း	thingan:
သင်္ချာ	thincha	သင်္ကြန်	thin:jan/dh<u>a</u>jan
သင်္ချိုင်း	thin:jain:	သင်္ဘော	thin:bo:
သင်္ဘောသီး	thin:bo:dhi:	တနင်္လာနေ	t<u>a</u>nin:lanei.

(3) 특수 종성 자음이 붙은 경우

-ို ou가 특수 종성 자음과 결합한 경우, 그때의 특수 종성 자음의 발음은 묵음이 된다.

-ယ်	ကိုယ်	kou
-လ်	ဗိုလ်	bou
	တက္ကသိုလ်	te?kathou
	ပုဂ္ဂိုလ်	pou?gou
-ဃ်	မိုဃ်း	mou:
-ဟ်	ဂြိုဟ်	jou
-ဠ်	သီဟိုဠ်	thihou
-ရ်	မြင်းမိုရ်	myin:mou

그러나 다음 단어는 예외이다.

-ဏ်	လိုဏ်ဂူ	hlaingu
	ဂိုဏ်း	gain:

(4) 외래어 r 발음의 경우

외래어, 산스크리트어, 발리어에 있어서의 r 발음은 ရ ရကောက် ya.gau? 나 ြ ရရစ် ya.yi?으로 표시한다.

အမေရိကန်	ạmeiri.kan	미국인
အာရပ်	ara?	아랍
အီရန်	iran	이란
ပါရီ၊ပဲရစ်	pari/pe:ri?	파리
တိ	ṭari./tri.	**three**
ဒြပ်	ḍara?	물질
ကရုဏာ	kạru.na/gạyu.na	동정, 자비
တိရစ္ဆာန်	ṭarei?hsan	동물

(5) 성조가 변하는 경우

미얀마어의 성조는 일반적으로 규칙적이지만, 다음과 같은 경우에는 성조가 저평형인 제 2성조나 고평형인 제 3성조에서 하강형인 제 1성조로 바뀐다.

(A) 연속되는 숫자에서의 십, 백, 천 등

တစ်ဆယ်	၁၀	ṭahse 10
ဆယ့်နှစ်	၁၂	hse.hni? 12
တစ်ရာ	၁၀၀	ṭaya 100
သုံးရာ့လေးဆယ်	၃၄၀	thoun:ya.lei:ze 340
တစ်ထောင်	၁၀၀၀	ṭahtaun 1,000

ခြောက်ထောင်ငါးရာ့ရှစ်ဆယ်ကို: ၆၅၈၉

chau?htaun.nga:ya.shi?hse.kou: 6,589

위와 같이 연속되는 숫자에서 십, 백, 천의 성조가 제 2성조에서 제 1성조
로 바뀐다.

(B) 주격 이외 소유격이나 목적격, 여격 등으로 사용되는 인칭 대명사

인칭 대명사가 소유격으로 사용되거나 목적격, 여격 등으로 사용되어 조사
가 후속하는 경우에는 성조가 제 1성조로 바뀐다.

ကျွန်တော်	kyano	남성 1인칭

ကျွန်တော့်နာမည်　　　　kyano.name　　　저의 이름

ကျွန်တော့်ကိုခွင့်လွှတ်ပါ။　　저를 용서해 주십시오.
kyano.goukhwin.hlu?pa

ကျွန်တော့်ကိုပေးပါ။　　　저에게 주십시오.
kyano.goupei:ba

ကျွန်တော့်မှာစာအုပ်တစ်အုပ်ရှိပါတယ်။
kyano.hmasaou?taou?shi.bade
저에게 책이 한 권 있습니다.

ကျွန်တော့်အတွက်အစား:အစာဝယ်လာပါတယ်။
kyano.atwe?asa:asawelabade
저를 위하여 음식을 사 왔습니다.

ကျွန်တော့်အနေနဲ့စိုးရိမ်စရာမရှိပါဘူး။
kyano.aneine.sou:yeinzayamashi.babu:
저로서는 염려할 것 없습니다.

위와 같이 ကျွန်တော် kyano의 성조가 제 2성조에서 제 1성조로 바뀐다. 마찬가지로 성조가 제 2성조인 여성 2인칭 대명사 ရှင် shin, 3인칭 대명사 သူ thu(그, 그녀), 의문사 ဘယ်သူ bedhu,°badhu (누구)도 이에 적용이 된다.

ခင်ဗျား	khamya: 남성 2인칭

ခင်ဗျာ့အမေ   당신의 어머니
khamya.amei

ကျွန်တော်ခင်ဗျာ့ကိုကြောက်ပါတယ်။
kyanokhamya.goukyau?pade
저는 당신을 무서워합니다.

ခင်ဗျာ့ကိုပြောပါသလား။   당신에게 말하였습니까?
khamya.goupyo:badhala:

ခင်ဗျာ့မှာအိမ်ရှိပါသလား။   당신에게 집이 있습니까?
khamya.hmaeinshi.badhala:

ခင်ဗျာ့အတွက်လုပ်ပါတယ်။   당신을 위하여 했습니다.
khamya.atwe?lou?pade

ခင်ဗျားအနေနဲ့လောစရာမရှိပါဘူး။

khamya.aneine.lo:zayamashi.babu:

당신으로서는 서두를 것 없습니다.

위와 같이 ခင်ဗျား: khamya:의 성조가 제 3성조에서 제 1성조로 바뀐
다. 그러나 여성 1인칭 대명사인 ကျွန်မ kyama.의 경우는 성조가 본래
제 1성조이기 때문에 조사가 후속해도 성조에는 아무런 변함이 없다.

ကျွန်မ	kyama.	여성 1인칭

ကျွန်မအဖေ   저의 아버지

kyama.ahpei

သူကျွန်မကိုချစ်ပါတယ်။   그는 저를 사랑합니다.

thukyama.gouchi?pade

ကျွန်မကိုပြောပါသလား။   저에게 말하였습니까?

kyama.goupyo:badhala:

ကျွန်မမှာအစ်မတစ်ယောက်ရှိပါတယ်။

kyama.hmaama.tayau?shi.bade

저에게 언니가 한 명 있습니다.

ကျွန်မအတွက် kyama.atwe?, ကျွန်မအနေနဲ့ kyama.aneine.의 경우
도 마찬가지이다. 이와 같이 ကျွန်မ kyama.의 경우는 성조가 변하지 않
는다.

(C) 화자의 의지를 나타내는 존경의 조동사 ပါ pa

'꼭, 반드시, 틀림없이' 라는 화자의 의지를 나타낼 때에는 존경의 조동
사 ပါ pa가 제 2성조에서 제 1성조로 성조가 바뀐다.

ပြောပါမယ်॥

pyo:bame

말하겠습니다.

နောက်မပြောပါ့မယ်॥

nau?hma.pyo:ba.me

나중에 틀림없이 말하겠습니다.

ကျွန်တော်လုပ်ပေးပါမယ်॥

kyanolou?pei:bame

제가 해 드리겠습니다.

ကျွန်တော်လုပ်ပေးပါ့မယ်॥

kyanolou?pei:ba.me

제가 꼭 해 드리겠습니다.

ကျွန်မယူသွားပါမယ်॥

kyama.yuthwa:bame

제가 가지고 가겠습니다.

ကျွန်မယူသွားပါ့မယ်॥

kyama.yuthwa:ba.me

제가 반드시 가지고 가겠습니다.

(6) 기타 특수 문자와 발음

ယင်	yi?	သက္ကရာင်	the?kayi?/dhagayi?
ခေတ်	khi?	မင်	me?
သိသ်	thei?	ဥပုသ်	u.bou?
ပုဒ်	pou?	မုခ်	mou?
ဘက်တိုက်	bandai?	ဉာဏ်	nyan
ပလ်(ပန်)	hpan	မာန်	man

Burmese	Transliteration	Burmese	Transliteration
အဓိဌာန်	adei?htan	ဓာတ်	da?
ဆုလာဘ်	hsu.la?	အဓိမာသ်	adi.ma?
ဥပဒ်	u.ba?	အပါယ်	ape
ဥယျာဉ်	u.yin	လေယာဉ်ပျံ	leiyinbyan
လိင်	lein	ဂိုက်း	gain:
ဂုက်	goun	မုဆိုး	mou?hsou:
ကလေး	khalei:	ခက်ရင်း	khayin:
အစေ့	asi./asei.	ချေး	chi:/chei:
ယောက်ျား	yau?kya:	စကြာဝဠာ	se?kyawala
သောကြာနေ့	thau?kyanei.	ဝါကျ	we?kya.
ပရိသတ်	parei?tha?	ဗိသုကာ	bi.thu.ka/bei?dhaga
ပိဿာ	pei?tha	ဦးထုပ်	ou?htou?
ဥသျှစ်	ou?shi?	ဥဩ	ou?o:
ပညာ	pyinnya	ဝိညာဉ်	weinnyin
ပဒိညာဉ်	badeinnyin	ဦးနှောက်	oun:hnau?
စစ်တုရင်	si?bayin	နှင်း	nanwin:/hsanwin:
တောင်ဝေး	taunmwei:	တံတွေး	dadwei:/zadwei:
ယေဘုယျ	yeibounya.	ဝေးဇ	hwei:zi./gwei:zi.
ကြက်သီး	kye?thein:	ဗိမာန်	bei?hman
ဘီး	bein:	ထဘီ	htamein
ပဋိသန္ဓေ	pati.htandei/badei?dhadei
ဥစ္စာစောင့်	ou?sazaun./ou?dazaun.

ဦး	oun:	ရယ်	yi
ဆက်တိုက်	ze?tai?	တိုက်ရိုက်	dai?yai?
ခေါင်း	gaun:	ကိုက်	gai?
ပျံလွှား	byanhlwa:	ပြောင်းပြန်	byaun:byan
ထောင့်	daun.	ကြား	ja:
ဓားပြ	damya.	ပဲခူး	bagou:
တံမြက်စည်း	dabye?si:	မွှေ	mwei
အမှီး	ami:	အမွှာ	ahmwa
ပစ်	pyi?	မေတ္တာ	myi?ta
မင်	hmin	မြှား	hmya:

1. 미얀마어에서 종성 자음의 발음이 묵음인 경우의 예를 드시오.

2. 미얀마어에서 성조가 변하는 특별한 경우의 예를 드시오.

3. 다음 단어들을 각각 발음하시오.

တိုက်ရိုက်	ပျုံလွှား	ပြောင်းပြန်	ဆက်တိုက်
ေား:ပြ	ထဘီ	ဦးထုပ်	တိရစ္ဆာန်
ဦးနှောက်	တံမြက်စည်း	တံတွေး	ပရိသတ်
ဂြိုဟ်	ဆုလာဘ်	ခက်ရင်း	ဘတ်စကား
ဗန္ဓုလ	ဥက္ကဋ္ဌ	ပြက္ခဒိန်	ဘဏ္ဍာရေး
စစ်ဗိုလ်	ပတ္တမြား	ယောက်ျား	ပညာ
စကြဝဠာ	မြွေ	သောကြာနေ့	အမြီး
ဝါကျ	စက္ကူ	လင်္ကာ	သစ္စာ
အဓိပ္ပာယ်	အင်္ဂါနေ့	သင်္ဘော	သင်္ချိုင်း

ပစ္စည်း   ယဉ်   မဂ်   ဘက်တိုက်

ရိက္ခာ   ကိစ္စ   ဝိဇ္ဇာ   လိင်

ဒုက္ခ   ပုဂ္ဂိုလ်   ဗုဒ္ဓ   ပုက္ကား

တ္ထရေခြေ   တောင်ဝေး   ကြက်သီး   မုခ်

ပလ္လင်   မိလ္လာ   ဥစ္စာ   ပဋိညာဉ်

4. 다음 발음에 해당하는 단어를 각각 쓰시오.

u.yin	leiyinbyan	yeibounya.	te?ka̱thou
e?kha̱ya	tha?tu.	you?ti.	minga̱la
thingan:	ta̱nin:lanei.	dha̱jan	a̱nei?sa.
myi?ta	thi?ta	kha̱lei:	pyinnya
weinnyin	ou?htou?	oun:hɾau?	bei?dha̱ga
in:ga̱lei?	in:ji	kha̱mya:	ta̱ri.
da̱bye?si:	dai?yai?	yau?kya:	hta̱mein
ba̱da̱mya:	thau?kyanei.	ɲwei	ze?tai?
pa̱rei?tha?	za̱dwei:	ɾarei?hɔan	byanhlwa:

83

제 2장 ─────────────

문 법 편

I. 문장의 종류

미얀마어의 기본 문형은 주어 + 목적어 + 술어의 어순으로 되어 있고, 인칭이나 시제에 따라 동사의 변화가 없다. 문장을 분류할 때 크게 단문과 복문으로 구분한다.

(1) 단문

단문이라 함은 각각 하나씩의 주어와 술어로 구성된 문장을 말한다. 단문은 다시 평서문, 부정문, 의문문, 명령문, 감탄문으로 구분한다.

(A) 평서문

(가) 등위문

등위문이라 함은 주어와 보어로 구성된 문장으로 주어가 항상 보어에 선행한다. 미얀마어에서 등위문의 종조사 기능으로서 존경의 ပါ pa나 강조의 ပဲ pe: 가 사용되지만, 이것들이 생략되기도 한다.

ကျွန်တော်ကျောင်းသားပါ။   저는 학생입니다.
kyanokyaun:dha:ba

ဒါသူ့တာဝန်ပဲ။   이것은 그의 책임이다.

dathu.tawunbe:

သူကခင်ဗျာ:တို့ရဲ့ဆရာပါ။   그가 당신들의 선생입니다.

thuga.khamya:dou.ye.hsayaba

ဒီအလုပ်ဟာကျွန်တော့်အလုပ်ပါပဲ။

dialou?hakyano.alou?pabe:
이 일은 저의 일입니다.

ဒီနေ့တနင်္ဂနွေနေ့။   오늘은 일요일이다.

dinei.tanin:ganweinei.

(나) 서술문

서술문이라 함은 주어와 술어로 구성된 문장으로 주어가 항상 술어에
선행한다. 미얀마어에서 서술문에 쓰이는 대표적인 종조사로는 서술형 종
조사 တယ် te(과거형, 현재형), 의지 또는 추측형 종조사 မယ် me(미래
형), 그리고 어떤 상황이 이미 발생하여 그것이 현재까지 계속되고 있는
상태를 나타내는 현재 완료 성격의 종조사 ပြီ pyi가 사용된다.

ကျွန်တော်နေကောင်:ပါတယ်။   저는 건강합니다.

kyanoneikaun:bade

သူဟာကျွန်တော့်ကိုသိနေတယ်။   그녀는 나를 알고 있다.

thuhakyano.gouthi.neide

ကျွန်တော်စဉ်းစားကြည့်တယ်။   나는 생각해 보았다.

kya_nosin:za:kyi.de

မနေ့ကသူသဘောတူပါတယ်။   어제 그는 찬성했습니다.

ma_nei.ga.thudha_bo:tubade

မနက်ပြန်ကျွန်တော်သွားပါမယ်။   내일 저는 가겠습니다.

ma_ne?hpyankya_nothwa:bame

သူကခဲတံကိုပေးမယ်။   그가 연필을 줄 것이다.

thuga.khe:dangoupei:me

ဆရာလာပါပြီ။   선생님이 오셨습니다(와 계십니다). 〈와 있는 상태〉

hsa_yalababyi

ကျွန်တော်ထမင်းဆာပြီ။   나는 배가 고프다. 〈고픈 상태〉

kya_nohta_min:hsabyi

ကျွန်မစောင့်နေတာကြာပြီ။

kya_ma.saun.neidakyabyi

나는 오랫 동안 기다리고 있다. 〈기다리고 있는 상태〉

သူအသက်လေးဆယ်ကျော်ပြီ။

thu.a_the?lei:zehni?kyobyi

그의 나이는 40세가 넘었다. 〈넘은 상태〉

미래형 종조사 မယ် me는 의지나 추측을 나타내는데, 일반적으로 주어

가 1인칭인 경우에는 화자의 의지를, 1인칭 이외의 경우에는 추측을 나타
낸다.

ကျွန်တော်တစ်ယောက်တည်းသွားမယ်။   나는 혼자서 가겠다.
kyanotayau?hte:thwa:me

သုံးလေးရက်အတွင်းကျွန်မပြန်ပေးပါမယ်။
thoun:lei:ye?atwin:kyama.pyanpei:ba.me
3, 4일 이내에 저는 틀림없이 돌려 드리겠습니다.

위와 같은 의지형 문장들에서 '꼭, 반드시, 틀림없이' 라는 화자의 의지
를 좀더 강화하기 위해서는 존경의 조동사 ပါ pa가 제 2성조에서 제 1성
조로 성조가 바뀐다는 사실은 문자와 발음편에서 이미 설명한 바 있다.

ကျွန်တော်အတတ်နိုင်ဆုံးကူညီပါမယ်။
kyanoata?nainzoun:kunyiba.me
제가 힘 닿는 대로(능력이 있는 한) 꼭 돕겠습니다.

ခင်များပြောတဲ့အတိုင်းဆောင်ရွက်ပါမယ်။
khamya:pyo:de.atain:hsaunywe?pa.me
당신이 말씀하신 대로 반드시 실행하겠습니다.

다음과 같은 예문들은 주어가 1인칭이 아닌 문장들로서 추측을 나타냄
을 알 수 있다.

အလွန်ဆုံးငါးယောက်ခြောက်ယောက်ပဲရှိမယ်။
alunzoun:nga:yau?chau?yau?pe:shi.me
많아야 5, 6명밖에 없을 것이다.

မကြာခင်သူလာပါမယ်။ 그녀는 곧 올 것입니다.
m<u>a</u>kyaginthulabame

특히, 추측형은 종조사 မယ် me 대신에 လိမ့်မယ် lein.me를 사용하기도 한다. လိမ့်မယ် lein.me는 종조사 မယ် me 앞에 추측의 조동사 လိမ့် lein.을 덧붙인 것으로 보아도 좋다.

ဒီနှစ်စပါးအထွက်အင်မတန်ကောင်းလိမ့်မယ်။
dihni?z<u>a</u>ba:<u>a</u>htwe?inm<u>a</u>tankaun:lein.me
올해 벼 수확은 아주 좋을 것이다.

သန်ဘက်ခါသူဆေးရုံတက်ပါလိမ့်မယ်။
dh<u>a</u>be?khathuhsei:younte?palein.me
모레 그는 병원에 입원할 것입니다.

ကိုးမိုင်လောက်ရှိလိမ့်မယ်။ ၉마일 정도 될 것이다.
kou:mainlau?shi.lein.me

'~ 다 마쳤다', '~ 다해 버렸다' 라는 과거 완료 성격의 문장은 종조사 ပြီ pyi 앞에 조동사 ပြီး pyi:나 보조 동사 သွား thwa:를 덧붙여 표현한다.

သူထမင်းစား ပြီး ပါ ပြီ။ 그녀는 식사를 다 마쳤습니다.
thuht<u>a</u>min:sa:pyi:(pi:)babyi(bi)

သူ့ဆီကိုစာရေး ပြီး ပြီ။ 그 있는 곳에 편지를 다 썼다.
thu.zigousayei:pyi:byi

အစ်ကိုဆယ်နာရီလောက်အိပ်ပြီးပြီ။

hsenayilau?akouei?pyi:byi

10시 경에 형은 잠들어 버렸다.

နိုင်ငံကူးလက်မှတ်မှာလက်မှတ်ထိုးပြီးပါပြီ။

nainganku:le?hma?hmale?hma?htou:pyi:babyi

여권에 서명을 다했습니다.

အချိန်တော်တော်ကြာသွားပြီ။　시간이 꽤 지나가 버렸다.

acheintodokyathwa:byi

ဆန်နဲ့ဆီကုန်သွားပြီ။　　　쌀과 기름이 다 떨어져 버렸다.

hsanne.hsikounthwa:byi

သူပြန်သွားပြီ။　　　　　그는 돌아가 버렸다.

thupyanthwa:byi

종조사 ပြီ pyi 앞에 보조 동사 နေ nei가 오면, '이미 ~ 하고 있다' 라
는 계속되고 있는 상태가 좀더 사실적임을 나타낸다.

ထမင်းစားချိန်လွန်နေပြီ။　식사 시간이 이미 넘어 있다.

htamin:sa:jeinlunneibyi

ကျွန်မသဘောပေါက်နေပါပြီ။　저는 이미 이해하고 있습니다.

kyama.dhabo:pau?neibabyi

ဒီငှက်ပျောသီးတွေမှည့်နေပြီ။　이 바나나들은 이미 익어 있다.

dingapyo:dhi:dweihme.neibyi

또한, 종조사 ပြီ pyi 앞에 조동사 နိုင် nain이 오면, '~ 해도 좋다'라는 허가 또는 승인을 나타낸다.

မင်းအိမ်ကိုပြန်နိုင်ပြီ။　　　너는 집에 돌아가도 좋다.
min:eingoupyannainbyi

မင်းအခုအနားယူနိုင်ပြီ။　　　너는 지금 쉬어도 좋다.
min:akhu.ana:yunainbyi

မင်းငါးနာရီမှာသွားနိုင်ပြီ။　　　너는 5시에 가도 좋다.
min:nga:nayihmathwa:nainbyi

이외에 '~ 하는 것이다', '~ 한 것이다'의 단정형 종조사 တာတဲ့ tabe: (여기서 တာ ta는 တယ် te의 명사형 또는 연용형), '확실히(당연히) ~ 할 것이다', '~ 함에 틀림이 없다'의 확신형 종조사 မှာတဲ့ hmabe:(여기서 မှာ hma는 မယ် me의 명사형 또는 연용형), 그리고 '~ 하지만…'이라는 화자의 애매 모호한 감정을 나타내는 종조사 ပါရဲ့ paye.도 서술문에 사용되는 종조사들이다.

ဒီကလေးကဒီလိုရေးတာပဲ။　　　이 어린이가 이렇게 쓴 것이다.
dikha.lei:ga.dilouyei:dabe:

ထောပတ်ဆိုတာနွားနို့ကဖြစ်တာပါပဲ။
hto:ba?hsoudanwa:nou.ga.hpyi?tababe:
버터라는 것은 우유로부터 생긴 것이다.

ကနေ့မနက်လဲတံမြက်စည်းလှည်းတာပဲ။
ganei.mane?le:dabye?si:hle:dabe:
오늘 아침도 빗자루로 쓸었던 것이다.

တယ်လီဖုန်းနဲ့အကြောင်းကြားထားတာပါပဲ။

telihpoun:ne.akyaun:kya:hta:dababe:

전화로 연락을 해 두었던 것이다.

တော်တော်ဈေးကြီးမှာပဲ။

todozei:kyi:hmabe:

꽤나 값이 비쌈에 틀림이 없다.

မကြာခင်သက်သာသွားမှာပဲ။

makyaginthe?thathwa:hmabe:

머지 않아 곧 확실히 회복될 것이다.

မနက်ပြန်တွေ့နိုင်မှာပဲ။   내일 당연히 만날 수 있을 것이다.

mane?hpyantwei.nainhmabe:

နာမည်ကိုတော့သိပါရဲ့။   이름은 알고 있지만…

namegoudo.thi.baye.

အခုသတိထားမိပါရဲ့။   지금 은근히 주의하고 있지만…

akhu.dhadi.hta:mi.baye.

ရုပ်ရည်တော့ချောမောပါရဲ့။   용모는 수려하지만…

you?yido.cho:mo:baye.

(B) 부정문

부정문은 모든 시제에서 동사의 앞에 부정사 မ ma.를, 뒤에 ဘူး bu:를 붙여 표현한다. 바꾸어 말하면, 동사를 မ - ဘူး ma - bu: 사이에 놓는 것이다. ဘူး bu:는 선행하는 동사의 종성 자음이 성문폐쇄음인 경우에는 유기음인 hpu:로 발음한다.

(가) 부정 등위문

등위문을 부정할 때에는 동사 ဟုတ် hou?를 မ - ဘူး ma - bu: 사이에 놓음으로써 보어 + မဟုတ်ဘူး mahou?hpu: 형태를 취한다.

ကျွန်မကျောင်းသူမဟုတ်ဘူး။   나는 학생이 아니다.
kyama.kyaun:dhumahou?hpu:

ဒါဟာအိပ်မက်မဟုတ်ပါဘူး။   이것은 꿈이 아닙니다.
dahaeinme?mahou?pabu:

ဒါဟာကြောက်စရာမဟုတ်ဘူး။   이것은 두려운 일이 아니다.
dahakyau?sayamahou?hpu:

(나) 부정 서술문

서술문을 부정할 때에는 부정하는 동사가 단음절인 경우, 그 동사를 မ - ဘူး ma - bu: 사이에 놓기만 하면 된다.

ကျွန်တော်မသိပါဘူး။   저는 모릅니다.
kyanomathi.babu:

အချိန်မရှိဘူး။   시간이 없다.

acheinma̲shi.bu:

그러나 2음절 이상의 복합 동사를 부정할 때에는 부정사 မ ma.를 음절과 음절 사이(명사와 동사 사이 또는 동사와 동사 사이)에 놓는다. '~하고 있다' 등의 동사에 보조 동사가 붙는 경우에도 부정사 မ ma.는 양자 사이에 놓여진다.

နားလည်တယ်။ na:lede 이해하다

ကျွန်တော်နားမလည်ပါဘူး။   저는 모르겠습니다.

kya̲nona:ma̲lebabu:

သည်းခံတယ်။ thi:khande 참다

ကျွန်မသည်းမခံနိုင်ဘူး။   나는 참을 수 없다.

kya̲ma.thi:ma̲khannainbu:

အရေးကြီးတယ်။ a̲yei:kyi:de 중요한

ဒီကိစ္စသိပ်အရေးမကြီးဘူး။

dikei?sa.thei?a̲yei:ma̲kyi:bu:

이 용건은 그다지 중요하지 않다.

လိုက်ပို့တယ်။ lai?pou.de 전송하다

ကျွန်တော်ခင်ဗျာ့ကိုလိုက်မပို့နိုင်ပါဘူး။

kya̲nokha̲mya.goulai?ma̲pou.nainbabu:

저는 당신을 전송할 수 없습니다.

စိတ်ဝင်စားတယ်။ sei?winza:de 흥미(관심)를 갖다

သူဒီအလုပ်ကိုစိတ်မဝင်စားဘူး။ 그녀는 이 일에 흥미가 없다.
thudi̱a̱lou?kousei?ma̱winza:bu:

ကျွန်တော်ရေသောက်မနေဘူး။ 나는 물을 마시고 있지 않다.
kya̱noyeithau?ma̱neibu:

ကျွန်မကောင်းကောင်းမှတ်မိမနေတော့ဘူး။
kya̱ma.kaun:gaun:hma?mi.ma̱neido.bu:
나는 이제 잘 기억하고 있지 않다.

'(아마) ~ 하지 않을 것이다' 등의 추측의 부정문은 မှာ hma로 문장을 명사구 또는 명사절로 유도한 다음, 부정 등위문처럼 မဟုတ်ဘူး mahou?hpu:를 붙인다. 여기서 မှာ hma는 추측형 종조사 မယ် me의 변형이다.

မင်းကိုသူသိမှာမဟုတ်ဘူး။   (아마) 너를 그는 모를 것이다.
min:gouthuthi.hmama̱hou?hpu:

ရုတ်တရက်တွေ့နိုင်မှာမဟုတ်ဘူး။
you?ta̱ye?twei.nainhmama̱hou?hpu:
갑자기 만날 수는 없을 것이다.

နည်းနည်းမှအံ့ဩမိမှာမဟုတ်ပါဘူး။
ne:ne:hma.an.o:mi.hmama̱hou?pa̱u:
조금도 놀라지 않을 것입니다.

(C) 의문문

의문문은 문장 형태상 의문사가 없는 보통 의문문과 의문사가 있는 의문사 의문문, 그리고 부가 의문문 이와 같이 셋으로 나눈다.

(가) 보통 의문문

보통 의문문은 문장 끝에 의문형 종조사 လား la:를 붙임으로써 이루어진다. 이때 서술형 종조사 တယ် te는 သ tha.로 변형되고(တာ ta나 ရဲ့ ye.로 변형되기도 한다), 의지 또는 추측형 종조사 မယ် me는 မ ma.로 변형된다(မှာ hma로 변형되기도 한다). 완료형 종조사 (ပြီး)ပြီ (pyi:)byi 나 부정문에서의 မ - ဘူး ma. - bu:는 아무런 변함이 없이 문장 끝에 그대로 လား la:만 붙이면 된다.

ဒီစာအုပ်ကောင်းသလား။ 이 책은 좋습니까?

disaou?kaun:dhala:

မနေ့ကတစ်နေ့လုံးအိမ်မှာရှိပါသလား။

manei.ga.tanei.loun:einhmashi.badhala:
어제 하루 종일 집에 있었습니까?

ခင်ဗျားတစ်ယောက်တည်းလာတာလား။

khamya:tayau?hte:ladala:
당신 혼자서 왔습니까?

ကျွန်တော်ပြောတာနားလည်ရဲ့လား။

kyanopyo:dana:leye.la:
내가 말한 것을 정말 알아들었니?

အခန်းနံပါတ်ကိုသိရဲ့လား။   방 번호를 확실히 압니까?

akhan:nanba?kouthi.ye.la:

여기에서 ရဲ့လား: ye.la:는 '정말로 ~ 합니까?', '확실히 ~ 합니까?' 등의 강조 용법으로 쓰인다.

အခုချက်ချင်းရနိုင်မလား။   지금 즉시 얻을 수 있을까요?

akhu.che?chin:ya.nainmala:

ရုပ်ရှင်ကိုကြည့်မလား။   영화를 보시겠습니까?

you?shingoukyi.mala:

သုံးနာရီသူတို့ထွက်ကြမှာလား။ 3시에 그들은 나갑니까?

thoun:nayithudou.htwe?kya.hmala:

ရှင်ထမင်းဆာပြီလား။   당신은 배가 고픕니까?

shinhtamin:hsabyila:(bala:)

အဝတ်တွေမိုးစိုပြီလား။   옷들이 비에 젖었나요?

awu?tweimou:soubyila:(bala:)

ခင်ဗျားမေ့ပြီလား။   당신은 잊었나요?

khamya:mei.byila:(bala:)

သတင်းစာဖတ်ပြီးပြီလား။   신문을 다 읽으셨습니까?

dhadin:zahpa?pyi:byila:(bala:)

အဖေကောင်းနေကောင်းသွားပြီလား။

ahpeigo:neikaun:thwa:byila:(bala:)

아버지는 건강이 좋아지셨습니까?

ဒီနေရာကိုမမှတ်မိဘူးလား။　　이 장소를 기억하지 않으십니까?

dineiyagoumahma?mi.bu:la:

လက်မှတ်မဝယ်ဘူးလား။　　표를 사지 않니?

le?hma?mawebu:la:

ရှင်လက်ဖက်ရည်မသောက်ဘူးလား။

shinlahpe?yeimathau?hpu:la:

당신은 홍차를 마시지 않습니까?

등위문을 의문문으로 하는 경우도 문장 끝에 그대로 의문형 종조사 လား la: 를 붙이면 된다. 부정 등위문을 의문문으로 하는 경우도 마찬가지로 လား la: 만 붙임으로써 문장 끝이 မဟုတ်ဘူးလား mahou?hpu:la: 형태를 취한다.

ခင်ဗျားကျောင်းသားလား။　　당신은 학생입니까?

khamya:kyaun:dha:la:

ဒါအမဲသားလား။　　이것은 쇠고기입니까?

daame:dha:la:

သောက်ချင်တာကော်ဖီလား။　　마시고 싶은 것이 커피입니까?

thau?chindakohpila:

ရောဂါသည်ဟာမိန်းမမဟုတ်ဘူးလား။။
yo:gadhehamein:ma.ma̱hou?hpu:la̱:
환자는 여자가 아닙니까?

ရှင်သူကြွယ်မဟုတ်ဘူးလား။။   당신은 부자가 아닙니까?
shintha̱jwema̱hou?hpu:la̱:

(나) 의문사 의문문

의문 대명사나 의문 부사가 들어 있는 의문사 의문문은 문장 끝에 보통 의
문문에서 쓰여졌던 의문형 종조사 လား la̱: 대신에 လဲ le:를 붙임으로써 이
루어진다(친한 사이 친근하게 တုံး toun:이 쓰여지기도 한다).

ဒါဘာပန်းလဲ။။   이것은 무슨 꽃입니까?
dabapan:le:

သူဘယ်သူလဲ။။   그는 누구입니까?
thubedhule:

ဒီနေ့ဘယ်နှရက်နေ့လဲ။။   오늘은 며칠입니까?
dinei̱behna̱ye?nei.le:

အဲဒါဘာတုံး။။   그것은 무엇이지?
e:dabadoun:

ခင်ဗျားအခုဘာလုပ်နေသလဲ။။
kha̱mya̱:akhu.balou?neidha̱le:
당신은 지금 무엇을 하고 있습니까?

ဘယ်ကိုသွားချင်သလဲ။   어디에 가고 싶습니까?
begouthwa:jindhale:

ဒါဘယ်ကရတာလဲ။   이것은 어디로부터 입수한 것입니까?
dabega.ya.dale:

ခင်ဗျားဘယ်ကလာတာတုံး။   당신은 어디에서 왔습니까?
khamya:bega.ladadoun:

မင်နာမည်ဘယ်နှယ်ခေါ်သတုံး။   너의 이름은 어떻게 부르니?
min.namebe.hnekhodhadoun:

ရှင်ဘယ်တော့လာမလဲ။   당신은 언제 옵니까?
shinbedo.lamale:

ခင်ဗျားဘယ်သူကိုရွေးမတုံး။   당신은 누구를 선택합니까?
khamya:be(ba)dhu.gouywei:madoun:

ဘာကူညီပေးရမှာလဲ။   무엇을 도와 드려야만 하죠?
bakunyipei:ya.hmale:

ခင်ဗျားဘယ်လိုလုပ်မှာတုံး။   당신은 어떻게 할 것입니까?
khamya:beloulou?hmadoun:

အခုအသက်ဘယ်လောက်ရှိပြီလဲ။
akhu.athe?ba(be)lau?shi.byile:
지금 나이가 몇 살입니까?

အခုဘယ်နှနာရီရှိပြီလဲ။　　　　　지금 몇 시입니까?

akhu.behnanayishi.byile:

의문사가 들어 있지 않은 보통 부정 의문문은 မ - ဘူး လာ: ma - bu:la: 형태로서 문장 끝에 의문형 종조사 လာ: la:만 그대로 붙이면 되었다. 그러나 의문사가 들어 있는 의문사 부정 의문문의 경우는 부정사 မ - ဘူး ma - bu: 중 မ ma.는 그대로 사용되지만, ဘူး bu:는 သ tha.(တာ ta)로 바꾼 다음 의문형 종조사 လဲ le:(တုံး toun:)를 붙인다. 즉, မ - သလဲ ma - thale: 형태가 되는 것이다.

ဘာလို့ရုံးမတက်သလဲ။　　　　　왜 출근하지 않았니?

balou.youn:mate?thale:

ဘာဖြစ်လို့အိမ်ကိုမလာသလဲ။　　　어찌서 집에 오지 않았니?

bahpyi?lou.eingoumaladhale:

ဘာပြုလို့မလိုချင်သလဲ။　　　　　왜 원하지 않니?

bapyu.lou.maloujindhale:

ဘာကြောင့်အဲဒီလိုမလုပ်သတုံး။

bajaun.e:diloumalou?thadoun:
어째서 그처럼 하지 않았니?

ခင်ဗျားဘာကိုသဘောမတူတာတုံး။

khamya:bagoudhabo:matudadoun:
당신은 무엇을 찬성하지 않습니까?

(다) 부가 의문문

상대방에게 확인을 요하는 부가 의문문의 경우는 문장 끝에 မဟုတ်လား mahou?la:를 붙여 표현한다. 시제는 어느 것이나 상관이 없고, 문장도 긍정문, 부정문 어느 것이나 상관이 없다.

ခင်ဗျားမြန်မာစကားကိုကောင်းကောင်းပြောတတ်တယ်
မဟုတ်လား။
khamya:myanmazaga:goukaun:gaun:pyo:da?temahou?la:
당신은 미얀마어를 유창하게 말할수 있어요. 그렇죠?

ည့်သည်တွေလာမှာမဟုတ်လား။
e.dhedweilahmamahou?la:
손님들이 올 거예요. 그렇죠?

မတွေ့ရတာကြာပြီမဟုတ်လား။
matwei.ya.dakyabyimahou?la:
오래간만이다. 그렇지?

ခင်ဗျားဘယ်ကိုမှမသွားဘူးမဟုတ်လား။
khamya:begouhma.mathwa:bu:mahou?la:
당신은 어디에도 가지 않아요. 그렇죠?

အချိန်လဲမရှိတော့ဘူးမဟုတ်လား။
acheinle:mashi.do.bu:mahou?la:
시간도 이제 없어. 그렇지?

(D) 명령문

(가) 긍정 명령문

긍정 명령문의 형태는 세 가지가 있다. 첫째는 동사 뒤에 존경의 조동사 ပါ pa를 붙이는 경우, 둘째는 동사 뒤에 명령의 조동사 လိုက် lai?를 붙여서 명령의 강도를 더 높힌 경우, 셋째는 강제성을 띤 아주 강한 명령의 형태로서 아무런 종조사를 쓰지 않고 동사만으로 나타내는 경우이다.

နွားနို့ယူခဲ့ပါ။
nwa:nou.yuge.ba

우유 가져오세요.

မျက်စိဖွင့်ကြည့်ပါ။
mye?si.hpwin.kyi.ba

눈을 떠 보세요.

ကားတစ်စီးခေါ်ပေးပါ။
ka:dazi:khopei:ba

차 한 대 불러 주세요.

အဲဒီလိုပြောလိုက်။
e:diloupyo:lai?

그렇게 말해.

အခုချက်ချင်းမီးကိုငြိမ်းလိုက်။
akhu.che?chin:mi:gouhnyein:lai?

지금 즉시 불을 꺼.

ညနေဆေးရုံကိုသွား။
nya.neihsei:youngouthwa:

오후에 병원에 가.

ဒီမှာရပ်။   여기에서 멈춰.
dihmaya?

စားပွဲအောက်မှာထား။   책상 밑에 놓아.
za̱bwe:au?hmahta:

သောက်ချင်တာသောက်။   마시고 싶은 것 마셔.
thau?chindathau?

မြန်မြန်လုပ်။   빨리 해.
myanmyanlou?

တိတ်တိတ်နေ။   조용히 해.
tei?tei?nei

(나) 부정 명령문

부정 명령문은 '~ 하지 마'라는 금지 명령문으로 부정형 မ - ဘူး
ma̱ - bu: 의 ဘူး bu: 위치에 နဲ့ ne.를 놓음으로써 မ - (ပါ) နဲ့ ma̱ -
(pa) ne. 형태를 취한다.

ကျွန်မအနားကိုမလာပါနဲ့။   내 곁에 오지 마세요.
kya̱ma̱.ana:goumala̱bane.

ဆေးလိပ်မသောက်ပါနဲ့။   담배 피우지 마세요.
hsei:lei?ma̱thau?pane.

ဒီနေရာမှာမကစားကြနဲ့။ 이곳에서 놀지 마.

dineiyahmamagaza:ja.ne.

ဒီမှာမအိပ်နဲ့။ 여기에서 자지 마.

dihmamaei?ne.

복합 동사나 보조 동사가 있는 경우의 မ ma.의 위치는 부정문 때의 용법에 적용한다.

စိတ်မဆိုးပါနဲ့။ 화내지 마세요.

sei?mahsou:bane.

စိတ်ပူမနေပါနဲ့။ 염려하지 마세요.

sei?pumaneibane.

ဝမ်းမနည်းနဲ့။ 슬퍼하지 마.

wun:(wan:)mane:ne.

ဘာမှကြောက်မနေနဲ့။ 아무것도 무서워하지 마.

bahma.kyau?maneine.

(다) 권유문

상대방에게 '~ 하자', '~ 합시다' 등의 권유문은 동사에 (ကြ)စို့ (kya.)zou. 나 (ကြ)ရအောင် (kya.)ya.aun을 붙여서 표현한다. 전자는 상대방이 자신과 동년배이거나 자신보다 연하의 경우에 쓰이고, 후자는 상대방이 자신보다 연상의 경우에 쓰인다. ကြ kya.는 동작, 행위의 주체가 복수임을 나타내는 조동사이지만 생략되기도 한다.

အိမ်ကိုပြန်ကြစို့။

집에 돌아가자.

eingoupyanja.zou.

အပေါ်ထပ်တက်ကြစို့။

윗층에 올라가자.

apoda?te?kya.zou.

အောက်ထပ်ဆင်းစို့။

아랫층에 내려가자.

au?hta?hsin:zou.

ကနေ့ညရုပ်ရှင်သွားကြည့်ကြရအောင်။

ganei.nya.you?shinthwa:kyi.ja.ya.aun
오늘 밤 영화 보러 갑시다.

ဒီမှာထိုင်ကြရအောင်။

여기에 앉읍시다.

dihmahtainja.ya.aun

အေးအေးဆေးဆေးတိုင်ပင်ရအောင်။

조용히 상담합시다.

ei:ei:hsei:zei:tainbinya.aun

(라) 청원문

상대방에게 '~ 하게 해 주세요'의 청원문은 동사 뒤에 ပါရစေ
paya.zei를 붙여 표현한다.

ကျွန်တော်ခကအိပ်ပါရစေ။

khana.kyanoei?paya.zei
잠깐 저를 잠자게 해 주세요.

တစ်ရက်နှစ်ရက်စဉ်းစားပါရစေ၊

taye?hnaye?sin:za:baya.zei

하루 이틀 생각하게 해 주세요.

ဒီညတစ်ညပဲတည်းခိုပါရစေ။

dinya.tanya.be:te:khoubaya.zei

오늘 밤 하루만 머무르게 해 주세요.

ကျွန်မသိချင်တာကိုမေးပါရစေ။

kyama.thi.jindagoumei:baya.zei

제가 알고 싶은 것을 묻게 해 주세요.

상대방에게 '~ 하지 않게 해 주세요'의 부정의 청원문은 청원형 ပါရစေ paya.zei에 금지 명령형 မ - နဲ့ ma - ne.를 덧붙여 표현한다.

ကျွန်မမသွားပါရစေနဲ့။

kyama.mathwa:baya.zeine.

저를 가지 않게 해 주세요.

ဒီစကားမျိုးမကြားပါရစေနဲ့။

dizaga:myou:makya:baya.zeine.

이와 같은 이야기를 듣지 않게 해 주세요.

ကိုယ်မတတ်နိုင်တဲ့အလုပ်ကိုကျွန်တော်မလုပ်ပါရစေနဲ့။

koumata?nainde.alou?koukyanomalou?paya.zeine.

자신이 할 수 없는 일을 내가 하지 않게 해 주세요.

(마) 기원문

상대방에게 '부디 ~ 하시기를 빕니다'의 기원문은 동사에 ပါစေ pazei를 붙여 표현한다.

ကျန်းမာချမ်းသာပါစေ။   부디 건강하시고 행복하시기를 빕니다.
kyan:machan:thabazei

အသက်ရှည်ပါစေ။   부디 장수하시기를 빕니다.
athe?sheibazei

အနာသက်သာပါစေ။   부디 쾌유하시기를 빕니다.
anathe?thabazei

ကောင်းတဲ့နေ့ဖြစ်ပါစေ။   부디 좋은 날 되시기를 빕니다.
kaun:de.nei.hpyi?pazei

(E) 감탄문

미얀마어에서 감탄문은 문장 끝에 လိုက်တာ lai?ta, လှချည်လား hla.jila:, ပါလား pala:, ပါကလား pagala: 등을 붙여 표현한다. 여기에서 လိုက်တာ lai?ta는 동사와 형용사와 결합하고, လှချည်လား hla.jila:는 주로 형용사와만 결합한다. 그리고 ပါလား pala:나 ပါကလား pagala:는 동사, 형용사, 명사, 부사 어느 것이나 상관 없이 결합한다.

လိုက်တာ lai?ta

သူ့ကိုတွေ့ချင်လိုက်တာ။   그를 만나고 싶구나!
thu.goutwei.jinlai?ta

အဲဒီအကြောင်းကိုသိချင်လိုက်တာ။
e:diakyaun:gouthi.jinlai?ta
그것에 관하여 알고 싶구나!

အဲဒါထူးဆန်းလိုက်တာ။   그것 이상하구나!
e:dahtu:hsan:lai?ta

ဒီနေ့ပူအိုက်လိုက်တာ။   오늘 찌는 듯이 덥구나!
dinei.puai?lai?ta

သနားစရာကောင်းလိုက်တာ။ 불쌍하구나!
thana:zayakaun:lai?ta

ဒီကလေးချစ်စရာကောင်းလိုက်တာ။   이 아이 귀엽구나!
dikhalei:chi?sayakaun:lai?ta

ဟိုမိန်းမလှလိုက်တာ။   저 여자 아름답구나!
houmein:ma.hla.lai?ta

လှချည်လား hla.jila:

စာအုပ်တွေများလှချည်လား။ 책들이 많구나!
saou?tweimya:hla.jila:

ဒီနေ့နောက်ကျလှချည်လား။   오늘 늦었구나!
dinei.nau?kya.hla.jila:

ဆူလှချည်လား။   시끄럽구나!
hsuhla.jila:

ပါလား   pala:

    သိပ်မြန်ပါလား။   매우 빠르구나!
    thei?myanbala:

    တယ်ပိုက်ဆံတွေအများကြီးပါလား။ 돈이 아주 많구나!
    tepai?hsandweiamya:ji:bala:

    တယ်ကောင်းတဲ့ကားကြီးပါလား။   아주 좋은 차구나!
    tekaun:de.ka:ji:bala:

    စိတ်ရှုပ်စရာကြီးပါလား။   마음이 혼란스럽구나!
    sei?shou?sayaji:bala:

    ဒီနေ့မျက်နှာသိပ်မသာပါလား။
    dinei.mye?hnathei?mathabala:
    오늘 안색이 별로 좋지 않구나!

ပါကလား   pagala:

    ဘယ်သူမှမရှိပါကလား။   아무도 없구나!
    bedhuhma.mashi.bagala:

ကျွန်တော်လဲမသိရပါကလား။   나도 몰랐었구나!
kyanole:mathi.ya.bagala:

တယ်ကြီးကျယ်တဲ့စကားပါကလား။ 아주 대수로운 이야기이구나!
tekyi:kyede.zaga:bagala:

ရှက်စရာပါကလား။   부끄럽구나!
she?sayabagala:

ဒီလမ်းတယ်ကြမ်းတမ်းပါကလား။ 이 길 아주 험악하구나!
dilan:tekyan:dan:bagala:

တယ်ခက်ပါကလား။   매우 어렵구나!
tekhe?pagala:

(2) 복문

복문이라 함은 주절과 명사절, 형용사절, 부사절의 종속절로 구성된 문장을 말한다. 흔히 부사절의 종속절이 들어 있는 복문은 접속 조사가 사용된다.

(A) 명사절의 종속절이 들어 있는 복문

<u>ကျွန်တော်ပြောချင်တာက</u>
<u>ကျွန်တော်တို့မှာမွေးနေ့လက်ဆောင်ပေးရိုးမရှိဘူးဆိုတာပါပဲ။</u>

kyanopyo:jindaga.kyanodou.hmamwei:nei.le?hsaunpei:you:mashi.bu: hsoudababe:

제가 말하고 싶은 것은 저희들에게는 생일 선물을 주는 습관이 없다는 것입니다.

အလုပ်လုပ်ရမှာကို ငါဘယ်တော့မှမကြောက်ဘူး။

alou?lou?ya.hmagoungabedo.hma.makyau?hpu:

일을 해야만 하는 것을 나는 절대로 두려워하지 않는다.

(B) 형용사절의 종속절이 들어 있는 복문

ဒီနေ့ပန်းလာဝယ်ကြတဲ့

လူတွေတော်တော်များများကနှင်းဆီပန်းဝယ်ကြတယ်။

dinei.pan:laweja.de.ludweitodomya:mya:ga.hnin:ziban:weja.de

오늘 꽃을 사러 온 꽤 많은 사람들이 장미를 샀다.

(C) 접속 조사로 연결된 복문

လို့ lou.

ကျွန်တော်ကပင်လယ်ကူးသင်္ဘောစီးဖူးလို့မမူးပါဘူး။

kyanoga.pinleku:thin:bo:si:bu:lou.mamu:babu:

저는 외항선에 탄 경험이 있기 때문에 멀미를 하지 않습니다.

သူ့ကိုဘယ်တုန်းကလာသလဲလို့မေးတယ်။

thu.goubedoun:ga.ladhale:lou.mei:de

그에게 언제 왔느냐고 물었다.

ဆေးရုံမှာသေသွားပြီလို့ကြားခဲ့ရတယ်။
hsei:younhmatheithwa:byilou.kya:ge.ya.de
병원에서 사망하였다고 들었다.

မယူနိုင်ဘူးလို့ငြင်းပါတယ်။　가질 수 없다고 거절했습니다.
mayunainbu:lou.nyin:bade

ဘဲ　be:

လက်စွပ်ကိုမချွတ်ဘဲရေချိုးပါတယ်၊
le?su?koumachu?hpe:yeichou:bade
반지를 빼지 않고 목욕을 했다.

ရုံရဲ့　younne.

ခင်ဗျားအာမခံရုံရဲ့မလုံလောက်ပါဘူး။
khamya:ama.khanyounne.malounlau?pabu:
당신이 보증하는 것만으로 불충분합니다.

ရင်　yin

ခင်ဗျားမလိုက်ရင်ကျွန်တော်လဲမသွားချင်ပါဘူး။
khamya:malai?yinkyanole:mathwa:jinpabu:
당신이 동행하지 않으면 저도 가고 싶지 않습니다.

အတွက်　atwe?

သေတ္တာကြီးကိုထမ်းလာရတဲ့အတွက်အတော်မောနေတယ်။
thi?taji:gouhtan:laya.de.atwe?atomo:neide
커다란 상자를 메고 왔기 때문에 꽤 피곤해 있다.

ဖို့ hpou.

ဒီရုပ်ရှင်ကိုကြည့်ဖို့ရန်ကုန်ကိုလာတာပါပဲ။

diyou?shingoukyi.bou.yangoungouladababe:

이 영화를 보기 위하여 양공에 온 것입니다.

ဒါလောက်ဂရုစိုက်နေဖို့မလိုပါဘူး။

dalau?gayu.sai?neibou.maloubabu:

이 정도 주의를 기울이고 있을 필요는 없습니다.

ပေမဲ့ peime.

အနံ့လိုက်ရှာပေမဲ့ဘယ်နေရာမှာမှမတွေ့ရတော့ဘူး။

ahnan.lai?shabeime.beneiyahmahma.matwei.ya.do.bu:

모든 곳을 구석구석 찾았지만, 어느 곳에서도 이제 발견할 수 없다.

ရင်း yin:

လက်ဖက်ရည်သောက်ရင်းစကားပြောကြရအောင်။

lahpe?yeithau?yin:zaga:pyo:ja.ya.aun

홍차를 마시면서 이야기합시다.

ပြီး pyi:

အိပ်ရာကထပြီးမျက်နှာသစ်တယ်။

ei?yaga.hta.byi:mye?hnathi?te

잠자리에서 일어나 세수를 하였다.

2. 명사

(1) 명사의 종류

미얀마어에서의 명사는 유럽어들에서 나타나는 성·수·격 등에 의한 어형의 변화가 없고, 그 종류는 대개 보통 명사, 대명사, 수사 이렇게 세 종류로 분류한다.

(A) 보통 명사

보통 명사는 단어의 구조에 따라서 단순 명사, 서로 다른 2개의 명사 등으로 합성된 복합 명사, 그리고 동사나 형용사에서 파생된 동명사로 분류한다.

(가) 단순 명사

단순 명사는 원래부터 미얀마어에서 명사로서 존재하고 있었다고 생각되는 것으로, 그것에는 다음절어도 적지는 않지만 단음절어인 경우가 많다.

① 단음절어 명사

လူ   lu   사람   သား:   tha: 아들

ေန	nei	해	လ.	la.	달
ေရ	yei	물	မိ:	mi:	불
မြက်	mye?	풀	ေမြ	myei	땅
မြစ်	myi?	강	ေတာင်	taun	산
လက်	le?	손	ေခြ	chei/chi	발
ေခွး	khwei:	개	မြင်:	myin:	말
ေရွှ	shwei	금	ေငွ	ngwei	은

② 다음절어 명사

ⓐ 제 1음절이 အ로 시작하지 않는 음절 비분리 다음절어 명사

음절을 분리하면 의미가 상실되어 음절을 분리할 수 없는 경우를 말한다.

ထမင်း	htamin:	밥	စကား:	zaga:	말, 언어
စပါး:	zaba:	벼	ခရု	khayu.	조개
ခရမ်း:	khayan:	가지	နဖူး:	nahpu:	이마
ပခုံ:	pakhoun:	어깨	မိေကျာင်း	mi.jaun:	악어
ဗိေတာက်	badau?	미얀마 國花	ပုစွန်	bazun	새우
ပုရစ်	payi?	귀뚜라미	ပုလင်း	palin:	병
ပန်း:ချီ	baji	그림	ပန်း:ပု	babu.	조각
ပန်း:ကန်	bagan	접시	နိုင်ငံ	naingan	국가
ေခါင်း:ေလာင်း	khaun:laun:	종			

ကောင်းကင်	kaun:gin	하늘
မုန်တိုင်း	moundain:	폭풍우, 태풍
မုဆိုး	mou?hsou:	사냥꾼

ⓑ 제1음절이 အ로 시작하는 다음절어 명사

㉮ 친족어

အဖေ	ahpei	아버지		အမေ	amei	어머니
အဖိုး	ahpou:	할아버지		အဘေး	abei:	증조부
အဘီ	abi	고조부		အဖွား	ahpwa:	할머니
အဒေါ်	ado	이모		အရီး	ayi:	고모

㉯ 동식물의 기관명

동물의 신체나 식물의 기관을 나타내는 경우를 말한다. 구체적인 명사가 들어갈 때에는 အ의 위치에 들어감으로써 그에 따른 복합 명사가 다음과 같이 형성된다.

အသား atha: 고기

| ဝက်သား | we?tha: | 돼지고기 |
| ကြက်သား | kye?tha: | 닭고기 |

အခွံ akhun 껍질

| ခရုခွံ | khayu.gun | 조개 껍질 |

119

ခေါင်းခွံ   gaun:gun   두개골

အပွင့်   apwin.   꽃

 နှမ်းပွင့်   hnan:bwin.   참깨꽃
ပဲပွင့်   pe:bwin.   콩꽃

အသီး   athi: 열매

သရက်သီး   thaye?thi: 망고열매
အုန်းသီး   oun:dhi: 야자열매

အရွက်   aywe?   잎

စပါးရွက်   zaba:ywe?   볏잎
ကွမ်းရွက်   kun:ywe?   '꽁' 잎

㉓ 기타

동식물의 기관명은 아니지만, 단어의 성격은 이 범주에 포함된다고 할
수 있겠다.

အခန်း   akhan: 방

အိပ်ခန်း ei?khan: 침실   ည့်ခန်း e.gan: 응접실

အရည်   ayei/ayi   액체

ဘိလပ်ရည် bi.la?yei 청량음료수   မျက်ရည် mye?yei 눈물

အနံ့ a̱nan. 냄새

    ဓာတ်ဆီနံ့ da?hsinan. 가솔린냄새

    အရက်နံ့ aye?nan. 술냄새

အသံ a̱than 소리

    သေနတ်သံ tha̱na?than 총소리

    သီချင်းသံ tha̱chin:dhan 노랫소리

အရောင် a̱yaun 색깔

    အနီရောင် a̱niyaun 빨간색

    အဖြူရောင် ahpyuya̱un 하얀색

အမျိုး a̱myou: 종류

    လူမျိုး lumyou: 민족   ဆွေမျိုး hsweimyou: 친척

အခ a̱kha. 보수

    လခ la.ga. 월급

    ဘတ်စကားခ ba?sa̱ka:ga. 버스값

အငွေ့ a̱ngwei. 증기, 열기

    ကိုယ်ငွေ့ koungwei. 체온

    ရေနွေးငွေ့ yeinwei:ngwe. 증기

အထီး <u>a</u>hti: 수컷(네 발 달린 짐승)

နွားထီး <u>n</u>ahti: 황소   ခွေးထီး khwei:hti: 수캐

အဖို <u>a</u>hpo 수컷(새)

ဒေါင်းဖို daun:bou   공작의 수컷

အဖ <u>a</u>hpa. 수컷(닭)

ကြက်ဖ kye?hpa.   수탉

အမ <u>a</u>ma. 암컷

နွားမ <u>n</u>ama. 암소   ခွေးမ khwei:ma. 암캐

ဒေါင်းမ daun:ma.   공작의 암컷

ကြက်မ kye?ma.   암탉

그러나 다음 단어들은 양음절이 분리되면 그 의미를 상실하거나 다른 뜻으로 변하기 때문에 양음절을 분리할 수 없는 경우로, 위 단어들과는 그 성격을 달리한다.

အဖိုး <u>a</u>hpou: 가격, 가치   အမှိုက် <u>a</u>hmai? 쓰레기
အတိတ် <u>a</u>tei? 과거   အနာဂတ် <u>a</u>naga? 미래
အရှေ့ <u>a</u>shei. 동   အနောက် <u>a</u>nau? 서

(나) 복합 명사

① 2음절 동사(형용사)의 양음절에 접두사 အ가 붙은 복합 명사

ကူညီ kunyi 돕다   အကူအညီ <u>a</u>ku<u>a</u>nyi 협력

ခက်ခဲ	khə?khe:	어려운
အခက်အခဲ	akʰe?akhe:	곤란
စည်းဝေး	si:wei:	집회하다
အစည်းအဝေး	asi:awei:	회의
တွေ့ကြုံ	twei.kyoun	경험하다
အတွေ့အကြုံ	atwei.akyɔun	경험
ထောက်ထား	htau?hta:	의거하다
အထောက်အထား	ahtau?ahta:	근거
လုပ်ကိုင်	lou?kain	일하다
အလုပ်အကိုင်	alou?akain	직업

그러나 다음 단어들은 အ가 붙은 2음절 명사가 2개 결합한 것으로서, 위와 같은 2음절 동사의 명사형은 아니다.

အခွင့် akhwin. 기회, 허가 + **အရေး** ayei: 사항
   အခွင့်အရေး   akhwin.ayei: 권리, 기회

အစ asa. 시작 + **အဆုံး** ahsoun: 끝
   အစအဆုံး   asa.ahsoun: 시종

အစဉ် asin 연속 + **အလာ** ala 도래
   အစဉ်အလာ   asinala   전통

အစိတ် asei? 백의 $\frac{1}{4}$, 25+ **အပိုင်း** apain: 부분
   အစိတ်အပိုင်း   asei?apain: 부분

အဆင့် ahsin. 단계 + အတန်း atan: 列, 단계

အဆင့်အတန်း　　ahsin.atan:　수준

အထည် ahte 옷감, 천 + အလိပ် alei? 두루마리

အထည်အလိပ်　　ahtealei?　　옷감, 천

အနာ ana 아픔 + အဆာ ahsa 상처, 흠

အနာအဆာ　　anaahsa　　결점, 결핍

အပူ apu 더위 + အေး aei: 추위

အပူအေး:　　apuaei:　　寒暑

အလား: ala: 모양 + အလာ ala 도래

အလား:အလာ　　ala:ala　　가망, 장래성

② 상이한 단어들의 결합에 의한 복합 명사

ⓐ 상이한 명사간의 결합에 의한 복합 명사

㉮ 2음절 복합 명사

ကြက် kye? 닭 + ခြေ chei/chi 발

ကြက်ခြေ　　kye?chei(chi)　가위표

ကြေး kyei: 구리 + နန်း nan: 전선, 銅線

ကြေးနန်း　　kyei:nan:　　전보, 전신

ကျမ်း kyan: 마루 + ပိုး pou: 벌레

    ကျမ်းပိုး   jabou: 빈대

ခြင် chin 모기 + ထောင် htaun 감옥

    ခြင်ထောင်   chindaun   모기장

ငွေ ngwei 돈 + ဒဏ် dan 형벌

    ငွေဒဏ်   ngweidan   벌금

ဆီး hsi: 소변 + အိမ် ein 집

    ဆီးအိမ်   hsi:ein   방광

မီး mi: 불 + အိမ် ein 집

    မီးအိမ်   mi:ein   랜턴, 提燈

ပန်း pan: 꽃 + ခြံ chan 정원

    ပန်းခြံ   pan:jan   공원

စာ sa 편지 + အိတ် ei? 가방, 주머니

    စာအိတ်   saei?   봉투

လက် le? 손 + အောက် au? 아래

    လက်အောက် le?au?   브하, 지배

④ 3음절 복합 명사

ကင်း kin: 독충 + ခြေ chei/chi 발 + များ mya: 많은
ကင်းခြေများ   kin:chimya: 지네

ကင်း kin: 독충 + မြီး myi: 꼬리 + ကောက် kau? 굽다
ကင်းမြီးကောက် kin:mi:gau?   전갈

ကုန် koun 상품 + ဈေးနှုန်း zei:hnoun: 가격
ကုန်ဈေးနှုန်း   kounzei:hnoun: 물가

ကုန် koun 상품 + သင်္ဘော thin:bo: 배
ကုန်သင်္ဘော   kounthin:bo: 화물선

ကျောက် kyau? 돌 + မီးသွေး mi:dhwei: 숯
ကျောက်မီးသွေး kyau?mi:dhwei: 석탄

ကျောင်း kyaun: 학교 + ဆရာ hsaya 선생
ကျောင်းဆရာ   kyaun:hsaya   교사

ငွေ ngwei 돈 + စက္ကူ se?ku 종이
ငွေစက္ကူ   ngweise?ku   지폐

စက် se? 기계 + လှေကား hleiga: 계단
စက်လှေကား   se?hleiga: 에스컬레이터

ဓာတ် da? 전기, 동력 + လှေကား hleiga: 계단

ဓာတ်လှေကား da?hleiga: 엘리베이터

ⓓ 4음절 복합 명사

ကကန်း ganan: 게 + လက်မ le?ma. 엄지(집게발)

ကကန်းလက်မ ganan:le?ma. 스패너

ထုံးတမ်း htoun:dan: 습관 + စဉ်လာ sinla 관례

ထုံးတမ်းစဉ်လာ htoun:dan:sinla 전통

သင်္ဘော thin:bo: 파파야 + နာနတ် nana? 파인애플

သင်္ဘောနာနတ် thin:bo:nana? 사이잘(시살)삼, 용설란

အတွင်း atwin: 내부 + လူနာ luna 환자

အတွင်းလူနာ atwin:luna 입원 환자

အတိတ် atei? 징후 + နိမိတ် namei? 징조

အတိတ်နိမိတ် atei?namei? 前兆

ပုစဉ်း bazin: 잠자리 + ရင် yin 가슴 + ကွဲ kwe: 갈리다

ပုစဉ်းရင်ကွဲ bazin:yingwe: 매미

ⓑ 유사한 의미를 갖는 명사간의 결합에 의한 병렬 복합 명사

ညီ nyi 동생 + အစ်ကို akou 형

ညီအစ်ကို   nyiakou   형제

ထုံး htoun: 전례 + စံ san 표준

    ထုံးစံ   htoun:zan   관습

အမိ ami. 어머니 + အဘ aba. 아버지

    မိဘ   mi.ba.   부모

မျက် mye? 눈 + နှာ hna 코

    မျက်နှာ   mye?hna   얼굴

ရှေ shei. 앞 + နောက် nau? 뒤

    ရှေနောက်   shei.nau?   전후

လယ် le 논 + ယာ ya 밭

    လယ်ယာ   leya   전답, 농지

သား tha: 아들 + သမီး thami: 딸

    သားသမီး   tha:dhami: 자녀

ⓒ 동사와 명사의 결합에 의한 복합 명사

ခန့် khan. 임명하다 + စာ sa 편지, 글

    ခန့်စာ   khan.za   임명장, 사령장

ထွက် htwe? 나가다, 생산하다 + ကုန် koun 상품

ထွက်ကုန်   htwe?koun   생산물, 수출품

ထိုင် htain 앉다 + ခုံ khoun 벤치
ထိုင်ခုံ   htaingoun   벤치

ပြ. pya. 보이다 + ပွဲ pwe: 연회, 회합
ပြပွဲ   pya.bwe: 전람회

ဖတ် hpa? 읽다 + စာ sa 편지, 글
ဖတ်စာ   hpa?sa   독본

ဖိတ် hpei? 초청하다 + စာ sa 편지, 글
ဖိတ်စာ   hpei?sa   초청장

ဖြတ် hpya? 자르다 + အပိုင်း apain: 부분
ဖြတ်ပိုင်း   hpya?pain: 영수증

လုပ် lou? 일하다 + အား a: 힘
လုပ်အား   lou?a: 노동력

အိပ် ei? 자다 + အခန်း akhan: 방
အိပ်ခန်း   ei?khan: 침실

ⓓ 명사와 동사(형용사)의 결합에 의한 복합 명사

ကုန် koun 상품 + ကြမ်း kyan: 거친, 조잡한

ကုန်ကြမ်း	kounjan:	원료

ကျောက် kyau? 돌 + စိမ်း sein: 녹색의
ကျောက်စိမ်း	kyau?sein:	비취

ငွေ ngwei 돈 + ထိန်း htein: 관리하다
ငွေထိန်း	ngweidein:	회계원, 출납원

စကား zaga: 말 + ပြန် pyan 되돌리다
စကားပြန်	zagabyan	통역관

ဆန် hsan 쌀 + ပြုတ် pyou? 삶다, 끓이다
ဆန်ပြုတ်	hsanbyou?	죽

ထမင်း htamin: 밥 + ကြော် kyo 튀기다
ထမင်းကြော်	htamin:jo	볶음밥

ထမင်း htamin: 밥 + ချက် che? (밥을) 짓다
ထမင်းချက်	htamin:je?	요리사

ဓား da: 칼 + ပြ pya. 보이다
ဓားပြ	damya.	강도

ဘုရား hpaya: 부처 + ဖူး hpu: 참배하다
ဘုရားဖူး	hpaya:bu:	참배객, 순례자

မီး mi: 불 + ပူ pu 뜨거운
မီးပူ　　　　　　mi:bu　　　　다리미

မီး mi: 불 + ခြစ် chi? 긋다
မီးခြစ်　　　　　mi:ji?　　　　성냥

လေ lei 바람 + ညင်း nyin: 부드러운
လေညင်း　　　　leinyin:　　　미풍

ရေ yei 물 + နွေး nwei: 따뜻한
ရေနွေး　　　　　yeinwe :　　　온수

ရေ yei 물 + ခဲ khe: 얼다
ရေခဲ　　　　　　yeige:　　　　얼음

လူ lu 사람 + ဆင်းရဲ hsin:ye: 가난한
လူဆင်းရဲ　　　　luhsin:ye:　　빈민

လမ်း lan: 길 + ပြ pya. 가리키다
လမ်းပြ　　　　　lan:bya.　　　안내인

လက် le? 손 + စွပ် su? 끼다
လက်စွပ်　　　　　le?su?　　　　반지

လက် le? 손 + ထောက် htau? 떠받치다
လက်ထောက်　　　le?htau?　　　조수

ⓔ 명사와 동사와 명사의 결합에 의한 복합 명사

စာ sa 편지, 글 + ရေး yei: 쓰다 + ကိရိယာ k<u>a</u>ri.ya 도구
စာရေးကိရိယာ sayei:k<u>a</u>ri.ya   문방구

စာ sa 편지, 글 + ရေး yei: 쓰다 + ဆရာ hs<u>a</u>ya 선생
စာရေးဆရာ   sayei:hs<u>a</u>ya   작가

စားပွဲ z<u>a</u>bwe: 책상 + တင် tin 놓다 + နာရီ nayi 시계
စားပွဲတင်နာရီ z<u>a</u>bwe:dinnayi   탁상시계

တိုင် tain 기둥 + ကပ် ka? 붙다 + နာရီ nayi 시계
တိုင်ကပ်နာရီ   tainga?nayi   벽시계

ထမင်း ht<u>a</u>min: 밥 + စား sa: 먹다 + အခန်း <u>a</u>khan: 방
ထမင်းစားခန်း   ht<u>a</u>min:sa:gan: 식당방

ဘုရား hp<u>a</u>ya: 부처 + ဖူး hpu: 참배하다 + ခရီးသည်
khayi:dhe 객

ဘုရားဖူးခရီးသည်   hp<u>a</u>ya:hpu:kh<u>a</u>yi:dhe 참배객, 순례자

ဘုရား hp<u>a</u>ya: 神 + ရှိခိုး shi?khou: 예배하다 + ကျောင်း
kyaun: 절

ဘုရားရှိခိုးကျောင်း   hp<u>a</u>ya:shi?khou:jaun: 교회(기독교)

မျက်နှာ mye?hna 얼굴 + သုတ် thou? 닦다 + ပဝါ p<u>a</u>wa
스카프, 쇼올

မျက်နှာသုတ်ပဝါ   mye?hn<u>a</u>thou?p<u>a</u>wa 수건

လူနာ luna 환자 + တင် tin 놓다 + ကား ka: 자동차

လူနာတင်ကား lunadinka: 구급차

လက် le? 손 + ကိုင် kain 쥐다 + ပဝါ pawa 스카프, 쇼올

လက်ကိုင်ပဝါ le?kainpawa 손수건

လက် le? 손 + ကိုင် kain 쥐다 + အိတ် ei? 가방

လက်ကိုင်အိတ် le?kainei? 손가방

(다) 동명사

① 접두사 အ가 붙은 동명사

က	ka.	춤추다	အက	aka.	춤
ကြီး	kyi:	큰	အကြီး	akyi:	크기
ကျန်	kyan	남다	အကျန်	akyan	나머지
ချို	chou	단	အချို	achou	단맛
စ	sa.	시작하다	အစ	asa.	시작
နိမ့်	nein.	낮은	အနိမ့်	anein.	낮음
များ	mya:	많은	အများ	amya:	다수
မြင့်	myin.	높은	အမြင့်	amyin.	높이
လင်း	lin:	밝은	အလင်း	alin:	밝기
လုပ်	lou?	일하다	အလုပ်	alou?	일
သစ်	thi?	새로운	အသစ်	athi?	새 것

② 접미사 ကြောင်း이 붙은 동명사

ကျေးဇူးတင်   kyei:zu:tin   감사하다

ကျေးဇူးတင်ကြောင်းပြောပြတယ်။   감사함을 언급했다.
kyei:zu:tinjaun:pyo:pya.de

နှုတ်ဆက်   hnou?hse?   인사하다

ခင်ဗျာ့မိဘများကိုကျွန်တော်ကနှုတ်ဆက်ကြောင်းတစ်ဆင့်
ပြောပေးပါဦး။
khamya.mi.ba.mya:goukyanoga.hnou?hse?kyaun:tahsin.pyo:pei:baoun:
당신 부모님께 안부 전해 주십시오.

မှန်   hman   정당한, 올바른

ကျွန်တော်ကမှန်ကြောင်းရှင်းပြတယ်။

kyanoga.hmanjaun:shin:pya.de
내가 정당함을 설명했다.

③ 접미사 ချက်이 붙은 동명사

ကြေညာ   kyeinya   공고하다, 발표하다
    ကြေညာချက်   kyeinyaje?   공고 (사항)
ဆုံးဖြတ်   hsoun:hpya?   결정하다
    ဆုံးဖြတ်ချက်   hsoun:hpya?che?   결정 (사항)
ညွှန်ကြား   hnyunkya: 지시하다
    ညွှန်ကြားချက်   hnyunkya:je?   지시 (사항)

တားမြစ်	ta:myi?	금지하다
တားမြစ်ချက်	ta:myi?che?	금지 (사항)
တောင်းဆို	taun:hsou	요구하다
တောင်းဆိုချက်	taun:hsouje?	요구 (사항)
ထင်မြင်	htinmy n	생각하다, 견해를 갖다
ထင်မြင်ချက်	htinmy nje?	견해, 의견
ပြုပြင်	pyu.byin	개정하다, 정정하다
ပြုပြင်ချက်	pyu.byinje?	개정, 정정
မျှော်လင့်	hmyoli n.	희망하다
မျှော်လင့်ချက်	hmyoli n.je?	희망
ရည်ရွယ်	yiywe	목적으로 하다
ရည်ရွယ်ချက်	yiyweje?	목적
ဟောပြော	ho:pyo:	연설하다, 강연하다
ဟောပြောချက်	ho:pyo:je?	연설, 강연
အကြံပေး	akyanpei:	조언하다
အကြံပေးချက်	akyanpei:je?	조언

④ 접미사 ခြင်း이 붙은 동명사

ကြောက်လန့်	kyau?lan.	무서워하다
ကြောက်လန့်ခြင်း	kyau?lan.jin:	공포
ချမ်းသာ	chan:dha	행복한
ချမ်းသာခြင်း	chan:dhajin:	행복

စုံစမ်း	sounzan:	조사하다
စုံစမ်းခြင်း	sounzan:jin:	조사
ဆောင်ရွက်	hsaunywe?	수행하다
ဆောင်ရွက်ခြင်း	hsaunywe?chin:	수행
နားထောင်	na:htaun	듣다
နားထောင်ခြင်း	na:htaunjin:	청취
ပျက်စီး	pye?si:	부서지다
ပျက်စီးခြင်း	pye?si:jin:	파괴
ဖော်ပြ	hpopya.	설명하다
ဖော်ပြခြင်း	hpopya.jin:	설명
ရဲရင့်တည်ကြည်	ye:yin.tikyi	용감무쌍한
ရဲရင့်တည်ကြည်ခြင်း	ye:yin.tikyijin:	용감무쌍
ရှင်ပြု	shinpyu.	득도하다
ရှင်ပြုခြင်း	shinpyu.jin:	득도
အောင်မြင်	aunmyin	성공하다
အောင်မြင်ခြင်း	aunmyinjin:	성공

⑤ 접미사 စရာ가 붙은 동명사

ကြည်နူး	kyinu:	기뻐하다, 황홀해지다
ကြည်နူးစရာ	kyinu:zaya	매력적인 일
ချစ်	chi?	사랑하다
ချစ်စရာ	chi?saya	사랑할 만한 일

စား	sa:	먹다
စားစရာ	sa:zaya	먹을 것, 음식
စိုးရိမ်	sou:yein	걱정하다
စိုးရိမ်စရာ	sou:yeinzaya	걱정거리
ပြော	pyo:	말하다
ပြောစရာ	pyo:zaya	이야깃거리
ရယ်	yi	웃다
ရယ်စရာ	yizaya	웃음거리
ရှက်	she?	부끄러워하다
ရှက်စရာ	she?saya	부끄러운 일
ဝယ်	we	사다
ဝယ်စရာ	wezaya	살 것, 살 물건
ဝမ်းနည်း	wun:(wan:)ne:	슬퍼하다
ဝမ်းနည်းစရာ	wun:(wan:)ne:zaya	슬픔거리
သနား	thana:	불쌍히 여기다
သနားစရာ	thana:zaya	동정거리
သွား	thwa:	가다
သွားစရာ	thwa:zaya	갈 일, 갈 용건
အားနာ	a:na	사양하다, 어렵게 여기다
အားနာစရာ	a:nazaya	사양, 어렵게 여김
အံ့သြ	an.o:	놀라다
အံ့သြစရာ	an.o:zaya	놀랄 만한 일

⑥ 접미사 ုံ이 붙은 동명사

ေနထိုင်	neihtain	생활하다
ေနပုံထိုင်ပုံ	neibounhtainboun	생활 양식
ေပြာဆို	pyo:hsou	말하다
ေပြာပုံဆိုပုံ	pyo:bounhsouboun	말하는 태도
လုပ်ကိုင်	lou?kain	일하다
လုပ်ပုံကိုင်ပုံ	lou?pounkainboun	일하는 태도
အိမ်ေဆာက်	einhsau?	집을 짓다
အိမ်ေဆာက်ပုံ	einhsau?poun	가옥 건축 양식

⑦ 접미사 မှု가 붙은 동명사

ေကျနပ်	kyeina?	만족하다
ေကျနပ်မှု	kyeina?hmu.	만족
ေကြာက်ရွံ့	kyau?yun.	무서워하다
ေကြာက်ရွံ့မှု	kyau?yun.hmu.	무서움
ခံစား	khanza:	느끼다
ခံစားမှု	khanza:hmu.	느낌, 인상
စိုးရိမ်	sou:yein	걱정하다
စိုးရိမ်မှု	sou:yeinhmu.	걱정
ေထာက်ခံ	htau?khan	지지하다
ေထာက်ခံမှု	htau?khanhmu.	지지

ထိတ်လန့်	htei?lan.	경악하다
ထိတ်လန့်မှု	htei?lan.hmu.	경악
ယဉ်ကျေး	yinkyei:	우아한, 고상한
ယဉ်ကျေးမှု	yinkyei:hmu.	문화
ဝတ်စားဆင်ယင်	wu?sa:hsinyin	입다, 몸치장하다
ဝတ်စားဆင်ယင်မှု	wu?sa:hsinyinhmu.	복장

⑧ 접미사 ရေး가 붙은 동명사

이 경우는 동사나 형용사뿐만 아니라 명사에도 접미사 ရေး가 붙기도 한다.

ကူးသန်းရောင်းဝယ်	ku:than:yaun:we	무역하다
ကူးသန်းရောင်းဝယ်ရေး	ku:than:yaun:weyei:	통상, 무역, 상업
ကျန်းမာ	kyan:ma	건강한
ကျန်းမာရေး	kyan:mayei:	건강
ငြိမ်းချမ်း	nyein:jan:	평화로운
ငြိမ်းချမ်းရေး	nyein:jan:yei:	평화
စားဝတ်နေ	sa:wu?nei	생계를 꾸리다
စားဝတ်နေရေး	sa:wu?neiyei:	의식주
စီးပွား	si:bwa:	번영
စီးပွားရေး	si:bwa:yei:	경제
စိုက်ပျိုး	sai?pyou:	재배하다, 경작하다
စိုက်ပျိုးရေး	sai?pyou:yei:	재배, 농업

ဆက်ဆံ	hse?hsan	교제하다, 관계하다
ဆက်ဆံရေး	hse?hsanyei:	교제, 관계
ဆက်သွယ်	hse?thwe	연락하다, 통신하다
ဆက်သွယ်ရေး	hse?thweyei:	연락, 통신
ဆောက်လုပ်	hsau?lou?	건설하다
ဆောက်လုပ်ရေး	hsau?lou?yei:	건설
တော်လှန်	tohlan	혁명을 일으키다, 저항하다
တော်လှန်ရေး	tohlanyei:	혁명, 저항
တိုးတက်ဖွံ့ဖြိုး	tou:te?hpun.hpyou:	발전하다, 진보하다
တိုးတက်ဖွံ့ဖြိုးရေး	tou:te?hpun.hpyou:yei:	발전, 진보
တည်ထောင်	tidaun	건설하다
တည်ထောင်ရေး	tidaunyei:	건설
နေထိုင်	neihtain	생활하다
နေထိုင်ရေး	neihtainyei:	생활
နိုင်ငံ	naingan	국가
နိုင်ငံရေး	nainganyei:	정치
နိုင်ငံခြား	nainganja:	외국
နိုင်ငံခြားရေး	nainganja:yei:	외교
ပညာ	pyinnya	학문, 지식
ပညာရေး	pyinnyayei:	교육
ပြည်တွင်း/ပြည်ထဲ	pyidwin:/pyide:	국내
ပြည်တွင်းရေး/ပြည်ထဲရေး	pyidwin:yei:/pyide:yei:	內政

ဘဏ္ဍာ	banda	재산
ဘဏ္ဍာရေး	bandayei:	재정
လူမှု.	luhmu.	사회
လူမှုရေး	luhmu.yei:	사회
လုံခြုံ	lounjoun	안전한
လုံခြုံရေး	lounjounyei:	안전
လွတ်မြောက်	lu?myau?	해방이 되다
လွတ်မြောက်ရေး	lu?myau?yei:	해방
လွတ်လပ်	lu?la?	자유가 되다
လွတ်လပ်ရေး	lu?la?yei:	독립

⑨ 접미사 ရာ가 붙은 동명사

이 경우 ရာ는 장소를 나타내는 경우가 많다.

ထွက်ပြေးရာမရှိဘူး။　　　도망 갈 곳이 없다.

htwe?pyei:yam<u>a</u>shi.bu:

ကြိုက်ရာသွားနိုင်ပြီ။

kyai?yathwa:nainbyi

마음에 드는 곳으로 가도 좋다.

ခြေဦးတည့်ရာလမ်းလျှောက်တယ်။

chi(chei)u:te.yalan:shau?te

발 닿는 대로 걸었다.

ထင်ရာမြင်ရာပြောတယ်॥   생각나는 대로 말했다.
htinyamyinyapyo:de

သက်သာရာရမယ်॥   편안하게 될 것이다.
the?thayaya.me

အားကိုးရာမရှိတော့ဘူး॥   의지할 데가 이제 없다.
a:kou:yam<u>a</u>shi.do.bu:

(B) 대명사

대명사는 인칭 대명사, 지시 대명사(지시 형용사 포함), 의문 대명사(의문 부사 포함) 이와 같이 세 가지로 분류한다.

(가) 인칭 대명사

인칭 대명사에는 1인칭, 2인칭, 3인칭의 구별이 있다. 특히, 미얀마어 인칭대명사는 남성과 여성이 쓰는 인칭 대명사가 각각 따로 있고, 화자와 청자간의 연령이나 사회적 지위를 고려하여 그 용법이 다르기 때문에 사용시 주의해야 한다.

		남 성 용	여 성 용
1인칭	단수	ကျွန်တော်(ကျ‌နော်) ကျုပ်(ကျွန်ုပ်) ငါ၊ ကိုယ်	ကျွန်မ(ကျမ) ငါ၊ ကိုယ်
	복수	ကျွန်တော်တို့(ကျ‌နော်တို့) ကျုပ်တို့(ကျွန်ုပ်တို့) ငါတို့၊ တို့(ဒို့)	ကျွန်မတို့(ကျမတို့) ငါတို့၊ တို့(ဒို့)
2인칭	단수	ခင်ဗျား၊ မင်း၊ နင်	ရှင်၊ ညည်း၊ နင်
	복수	ခင်ဗျားတို့၊ မင်းတို့ နင်တို့	ရှင်တို့၊ ညည်းတို့၊ နင်တို့
3인칭	단수	သူ	သူ
	복수	သူတို့	သူတို့

① 1인칭 대명사

남성용 1인칭 대명사로서는 상대방이 연장자이거나, 모르는 사람인 경우에는 ကျွန်တော်(ကျ‌နော်)가 쓰이는 것이 일반적이다. ကျုပ်(ကျွန်ုပ်)는 친구들간에, ငါ는 동년배 또는 연하인 경우에, 그리고 ကိုယ်는 '자신'이라는 뜻이지만 화자가 자신을 가리키는 1인칭으로도 쓰인다. 소유격, 목적격, 여격 등에서 ကျွန်တော်가 ကျွန်တော့်처럼, ငါ가 ငါ့처럼, ကိုယ်가 ကိုယ့်처럼 성조가 제 2성조에서 제 1성조로 바뀐다는 사실은 문자와 발음편에서 설명한 바 있다.

여성용 1인칭 대명사의 경우에는 일반적으로 ကျွန်မ(ကျမ)가 널리 사용되지만, 상대방이 동년배 또는 연하인 경우에는 ငါ를 사용하기도 한다.

ကိုယ်는 남성의 경우와 마찬가지이다.

복수형은 남녀 공히 인칭 대명사 뒤에 복수형 접미사 တို့를 붙임으로써 표현되지만, 인칭 대명사를 생략하고 복수형 접미사 တို့(ဒို့)만으로도 나타낼 수 있다.

ကျွန်တော်တောသားပါ။   저는 시골 사람입니다.
kyanoto:dha:ba

ကျွန်တော်ကဘာလုပ်ရမလဲ။   제가 무엇을 해야만 할까요?
kyanoga.balou?ya.male:

ကျွန်တော်လဲမသေချာပါဘူး။   저도 확실치는 않습니다.
kyanole:matheijababu:

ကျွန်တော့်မှာပိုက်ဆံအများ ကြီး ရှိပါတယ်။
kyano.hmapai?hsanamya:ji:shi.bade
저에게 돈이 많이 있습니다.

ကျွန်တော်လဲ ကြာ ကြာ မစောင့်နိုင်ပါဘူး။
kyanole:kyajamasaun.nainbabu:
저도 오랫 동안 기다릴 수 없습니다.

ကျွန်တော်တို့ကျောင်းသားတွေပါ။   저희들은 학생입니다.
kyanodou.kyaun:dha:dweiba

ကျွန်တော်တို့အင်မတန်ရိုးသား ကြ ပါတယ်။
kyanodou.inmatanyou:tha:ja.bade
저희들은 매우 성실합니다.

ကျွန်တော်တို့ရဲ့လုပ်ငန်းစဉ်နဲ့ဆိုင်ပါသလား။

kya̠nodou.ye.lou?ngan:zinne.hsainbadha̠la:

저희들의 사업 계획과 관계가 있습니까?

ကျုပ်ဟာ၁ဝမ၁လူမျိုးအစစ်ပါ။ 나는 순수한 버마족입니다.

kyou?haba̠malumyou:a̠si?pa

ကျွန်ုပ်ကိုမလိမ်မဲ့။ 나를 속이지 마.

kya̠nou?kouma̠leinne.

ကျုပ်တို့နဲ့လိုက်မလား။ 우리들과 동행하겠니?

kyou?tou.ne.lai?ma̠la:

ကျွန်ုပ်တို့မှ၁အရေးကြီးတဲ့အလုပ်ရှိတယ်။

kya̠nou?tou.hma̠a̠yei:kyi:de.a̠lou?shi.de

우리들에게 중요한 일이 있다.

ငါပြော၁မှ၁ကိုန၁းထောင်ပါဦး။

ngapyo:hma̠gouna:htaunbaoun:

내가 말하려고 하는 것을 들으세요.

ဟိုလူင့်မိတ်ဆွေပါ။ 저 사람은 나의 친구이다.

houlunga.mei?hsweiba

ငါတို့ကိုနှင်းပန်းတစ်ပွင့်ပေးပါ။

ngadou.gouhnin:ban:da̠bwin.pei:ba

우리들에게 백합 한 송이를 주세요.

ကျွန်မဟာဒီကြောင်ကလေးကိုချစ်တယ်။
kyama.hadikyaungalei:gouchi?te
나는 이 새끼 고양이를 사랑한다.

ကျွန်မကိုအချိန်ပေးပါ။　　　　　저에게 시간을 주세요.
kyama.gouacheinpei:ba

ကျွန်မတို့ရန်ကုန်မှာနေကြတယ်။　우리들은 양공에서 산다.
kyama.dou.yangounhmaneija.de

တို့ရွာဟာလယ်ယာစိုက်ပျိုးရေးနဲ့အသက်မွေးနေတယ်။
dou.ywahaleyasai?pyou:yei:ne.athe?mwei:neide
우리 마을은 농업으로 생계를 유지하고 있다.

မင်းကြီးလာရင်ဒို့လိုအလုပ်ရမယ်။
min:kyi:layindou.loualou?ya.me
네가 크면 우리들처럼 일을 얻을 것이다.

ဒါထက်ကောင်းတဲ့အလုပ်ကိုကိုယ်ရှာမယ်။
dade?kaun:de.alou?koukoushame
이것보다 좋은 일을 내가 찾겠다.

ကိုယ့်အဖေဟာအလုပ်ကထွက်လိုက်ပြီ။
kou.ahpeihaalou?ka.htwe?lai?pyi
나의 아버지는 일을 그만두셨다.

② 2인칭 대명사

남성용 2인칭 대명사로서 ခင်ဗျား는 상대방이 연장자인 경우에, ဗင်း은 친한 사이이거나 동년배인 경우에, 그리고 ခင် 은 동년배 또는 연하의 경우에 각각 쓰인다. 한편, 여성용 2인칭 대명사 ရှင် 은 상대방이 남성이거나 자신보다 연상의 여성인 경우에 쓰이고, 상대방이 자신과 동년배이거나 연하인 경우에는 ညည်း nyi: 또는 ခင် 이 각각 쓰인다. 특히, ညည်း는 상대방이 자신과 동년배이거나 연하의 여성인 경우에만 친근하게 쓰이는 경향이 있다.

복수형은 1인칭 대명사 때와 마찬가지로 인칭 대명사 뒤에 복수형 접미사 တို့ 를 붙여 나타낸다.

ခင်ဗျားလမ်းမှားနေပြီထင်ပါတယ်။

kha̲mya:lan:hma:neibyihtinbade

당신은 길을 잃은 것 같군요.

ခင်ဗျာ့နာမည်ဘယ်လိုခေါ်ပါသလဲ။

kha̲mya.namebeloukhobadha̲le:

당신의 이름은 무엇입니까?

ခင်ဗျားတို့ကိုကျွန်တော်တစ်ခုမေးချင်ပါတယ်။

kha̲mya:dou.goukya̲notakhu.mei:jinbade

당신들에게 하나 묻고 싶습니다.

မင်းသူ့ကိုစာမပြန်ချင်ဘူးလား။

min:thu.gousamapyanjinbu:la:

너는 그에게 답장을 쓰고 싶지 않니?

မင်းရဲ့သတ္တိကိုငါသဘောကျတယ်။ 너의 용기가 마음에 들어.
min:ye.tha?ti.goungadh<u>a</u>bo:kya.de

မင်းတို့ကမလာတာကြာပြီ။
min:dou.ga.m<u>a</u>ladakyabyi
너희들이 오지 않은 지도 오래 되었다.

နင်ကငါ့ကိုအလွန်ဒုက္ခပေးတယ်။ 네가 나에게 많은 폐를 끼쳤다.
ninga.nga.gou<u>a</u>lundou?kha.pei:de

နင့်ကိုငါနိုင်ပြီ။   너를 내가 이겼다.
nin.goung<u>a</u>nainbyi

နင်တို့ရဲ့တာဝန်ကိုသူကယူမှာပဲ။
nindou.ye.tawungouthuga.yuhmabe:
너희들의 책임을 그가 당연히 질 것이다.

ရှင်သန်ဘက်ခါတကယ်သွားရမလား။
shindh<u>a</u>be?khad<u>a</u>gethwa:ya.m<u>a</u>la:
당신은 모레 정말 가셔야만 하나요?

ရှင့်အဖေဘယ်မှာအလုပ်လုပ်နေပါသလဲ။
shin.ahpeibehma<u>a</u>lou?lou?neibadh<u>a</u>le:
당신의 아버님은 어디에서 일을 하고 계십니까?

ကျွန်မလဲရှင်တို့လိုကိုရီးယားပြည်ကိုသွားချင်ပါတယ်။
ky<u>a</u>ma.le:shindou.loukouri:ya:pyigouthwa:jinbade
저도 당신들처럼 한국에 가고 싶어요.

ညည်းတကယ်ယုံကြည်သလား။   니는 정말 믿니?
nyi:dageyounkyidhala:

ညည်းကိုငါတစ်ခုပြောစရာရှိတယ်။
nyi:goungatakhu.pyo:zayashi.de
너에게 한 가지 말할 것이 있어.

သူတို့ကညည်းကိုဘာပေးကြမလဲ။   二들이 너에게 무엇을 주니?
thudou.ga.nyi:goubapei:ja.male:

이와 같은 인칭 대명사 이외에 자신과 상대방의 관계로부터 친족명이나 직업 등을 인칭 대명사 대신에 사용하는 경우도 적지 않다. 예를 들면, 교사는 학생과 이야기를 할 때 자신을 ကျွန်တော်(나)라고 하지 않고 ဆရာ(မ)(선생)라고 하고, 상인의 경우는 손님이 연상의 여성 같으면 အစ်မ(누나, 언니)를 사용하는 것이다. 또한, 부모의 경우는 자식들에 대하여 သား(아들) 나 သမီး(딸) 등의 친족명을 2인칭 대명사로서 사용하고, 자신들은 ဖေဖေ(아버지), မေမေ(어머니) 등을 1인칭 대명사로서 사용하는 것이다. 일반 신도가 승려에 대해서는 1인칭으로서 တပည့်တော်
(မ)(제자), 2인칭으로서는 အရှင်ဘုရား(부처), ဦးပဇင်း u:bazin:(승려)이라는 특수한 용어를 사용하고, ဆရာ(မ)(선생)라는 용어는 교사는 말할 것도 없고, 의사, 상사에 대한 2인칭 대명사로서도 사용된다.

③ 3인칭 대명사

3인칭 대명사는 남녀의 구별 없이 သူ를 사용한다. 다시 말해서 သူ는 '그' 또는 '그녀'가 동시에 될 수 있는 것이다. 이외에 당사자들이 없는 경우 '그놈', '그녀석' 등의 경멸적인 막된 표현으로서 သင်း dhin:/ဒင်း din:이 사용되기도 한다. 복수형은 1인칭, 2인칭 때와 마찬가지로 복수형 접미사 တို့를 인칭 대명사 뒤에 붙임으로써 표현된다.

သူကကျွန်တော့်ညီပါ။ 그가 저의 남동생입니다.
thuga.kya̱no.nyiba

သူကကျွန်တော့်နှမပါ။ 그녀가 저의 여동생입니다.
thuga.kya̱no.hna̱ma.ba

သူကကျွန်မမောင်ပါ။ 그가 저의 남동생입니다.
thuga.kya̱ma.maunba

သူကကျွန်မညီမပါ။ 그녀가 저의 여동생입니다.
thuga.kya̱ma.nyima.ba

သူ့ကိုဒီလိုပြောသလား။ 그(그녀)에게 이처럼 말했니?
thu.goudiloupyo:dha̱la:

သူ့မျက်နှာကခပ်တည်တည်ဖြစ်တယ်။
thu.mye?hnaga.kha?tidihpyi?te
그(그녀)의 얼굴이 다소 경직되었다.

သူတို့ဟာသဘောလဲကောင်းတယ်။ 그들은 성격도 좋다.
thudou.hadha̱bo:le:kaun:de

(나) 지시 대명사

지시 대명사에는 한국어에서처럼 근칭, 중칭, 원칭의 세 가지 구분이 있다. 그러나 이 세 가지 구분은 한국어에서의 '이것, 그것, 저것'에 꼭 해당되는 것이 아니라, 상황에 따라서 미얀마어의 근칭이 한국어의 중칭에, 중칭이 원칭에 해당되는 경우도 가끔 있어 한국어의 지시 대명사와는 약간의 차이가 있을 수 있다.

근칭과 원칭에는 각각 ေဟာ라는 접두사가 붙음으로써 ေဟာ가 붙지 않은 보통의 지시 대명사와 구별이 되기도 하는데, 이것은 특별히 대상을 가리키면서 말할 때 사용하는 강조적인 용법에 해당한다. 그리고 근칭과 중칭에는 단수형 이외에 복수형도 존재하는데, 이것은 단수형에 복수형 접미사 ေတွ를 붙여 표현한다.

	지시 대명사	지시 형용사	복수
근칭	ဒါ(=ဒီဟာ)၊ ေဟာဒါ (이것)	ဒီ၊ ေဟာဒီ (이)	ဒါေတွ
중칭	အဲဒါ (그것)	အဲဒီ (그)	အဲဒါေတွ
원칭	ဟိုဟာ၊ ေဟာဟိုဟာ (저것)	ဟို၊ ေဟာဟို (저)	

① 근칭 지시 대명사

ဒီဟာဘာလဲ။   이것은 무엇입니까?
dihabale:

ဒါသူ့တာဝန်ပဲ။   이것은 그(그녀)의 책임이다.
dathu.tawunbe:

ဒါကျွန်မရဲ့မဆိုင်ဘူး။   이것은 나와 관계가 없다.

dakya̲ma.ne.ma̲hsainbu:

ဒါကကျွန်တော်တို့ဆိုင်မှာမရှိဘူး။ 이것이 우리 상점에 없다.

daga.kya̲nodou.hsainhmama̲shi.bu:

ဒါကိုကျွန်တော်စိတ်မဝင်စားပါဘူး။

dagouykya̲nosei?ma̲winza:babu:

이것에 저는 흥미가 없습니다.

ဒါတွေတောင်းဆိုရဦးမယ်။

dadweitaun:hsouya.oun:me

그것들은 거듭(더욱 더) 요구해야만 할 것이다.

ဒါတွေကိုသူ့ပွင့်မပြောခဲ့ဘူး။

dadweigouthuhpwin.ma̲pyo:ge.bu:

그것들을 그(그녀)는 털어 놓고 이야기하지 않았다.

ဟောဒါကကျွန်တော်ရဲ့သားနဲ့သမီးပါ။

ho:daga.kya̲noye.tha:ne.tha̲mi:ba

이 아이들이 저의 아들과 딸입니다.

ဟောဒါကခင်များစီးဖို့ရှူးဖိနပ်ပါပဲ။

ho:daga.kha̲mya:si:bou.shu:hpa̲na?pabe:

이것이 당신이 신을 구두입니다.

ဒီဟင်းနည်းနည်းစပ်တယ်။   이 반찬은 조금 맵다.

dihin:ne:ne:sa?te

ဒီလူ့ကိုကျွန်တော်ကောင်းကောင်းသိပါတယ်။

dilugoukya̱nokaun:gaun:thi.bade

이 사람을 저는 잘 압니다.

ဒီအပေါ်ထပ်မှာဆရာဝန်နေပါတယ်။

dia̱poda?hmahsa̱yawunneibade

이 윗층에 의사가 살고 있습니다.

ဟောဒီနေရာမှာလက်မှတ်ထိုး။   여기에 서명해.

ho:dineiyahmale?hma?htou:

ဟောဒီလမ်းကသွားရမယ်။   이 길에서 가야 할 것이다.

ho:dilan:ga.thwa:ya.me

ဟောဒီခေါက်ထီးဘယ်ကဝယ်လာသလဲ။

ho:dikhau?hti:bega.weladha̱le:

이 2단우산(접는 우산)을 어디에서 사 왔니?

② 중칭 지시 대명사

အဲဒါနောက်မှစား။   그것은 나중에 먹어라.

e:danau?hma.sa:

အဲဒါဘယ်ဈေးဆိုတာပြောပါ။

e:dabezei:hsoudapyo:ba

그것이 값이 얼마인지 말하시오.

အဲဒါကိုလဲစဉ်းစားခဲ့ပါရဲ။   그것도 생각하고 왔지만…

e:dagoule:sin:za:ge.baye.

အဲဒါတွေကဈေးကြီးတယ်။   그것들은 값이 비싸다.

e:dadweiga.zei:kyi:de

အဲဒါတွေကိုသူ့ကိုပြောထားရင်ကောင်းမယ်။

e:dadweigouthu.goupyo:hta:yinkaun:me

그것들을 그에게 말해 두면 좋을 것이다.

အဲဒီနာမည်ဘယ်သူမှည့်သလဲ။   그 이름을 누가 지었니?

e:dinamebedhuhme.dh<u>a</u>le:

အဲဒီငှက်ဟာဒီကျွန်းမှာမရှိဘူး။   그 새는 이 섬에 없다.

e:dihnge?hadikyun:hmamam<u>a</u>shi.bu:

အဲဒီနေ့ကတော့သူငယ်ချင်းနဲ့အတူတူအပြင်ကိုထွက်သွား
တယ်။

e:dinei.ga.do.th<u>a</u>ngejin:ne.<u>a</u>tudu<u>a</u>pyingouhtwe?thwa:de

그 날은 친구와 함께 밖에 나갔다.

③ 원칭 지시 대명사

ဟိုဟာသစ်ခွပန်းပါ။   저것은 난초입니다.

houhathi?khwa.ban:ba

ဟိုစာအုပ်စင်မှာပုံပြင်စာအုပ်တွေအများကြီးရှိတယ်။

housaou?sinhmapounbyinsaou?twei<u>a</u>mya:ji:shi.de

저 책장에 민화책(우화책)들이 많이 있습니다.

ဟိုဘက်ကသေတ္တာဖွင့်ပါ။   저쪽의 상자를 여십시오.
hoube?ka.thi?tahpwin.ba

ဟောဟိုဟာထောက်ခံစာပါ။   저것은 추천장입니다.
ho:houhahtau?khanzaba

တစ်နေ့ကဟောဟိုတံတား ကြီး အထိလမ်းလျှောက်ခဲ့ပါတယ်။
ta̱nei.ga.ho:houda̱da:ji:a̱hti.lan:shau?khe.bade
그저께 저 큰 다리까지 산보하고 왔었습니다.

ဟောဟိုမှာ ရေတွင်းရှိတယ်။   저기에 우물이 있다.
ho:houhmayeidwin:shi.de

(다) 의문 대명사

① ဘာ 무엇

ခင်ဗျာ့အဖေအလုပ်အကိုင်ဘာလဲ။
khamya.ahpeia̱lou?akainbale:
당신의 아버지는 직업이 무엇입니까?

ခင်ဗျာ့အဓိကဘာသာရပ်ဘာလဲ။
khamya.a̱di.ka.badhaya?bale:
당신의 전공은 무엇입니까?

ခင်ဗျား ဘာလိုချင်သေးသလဲ။
kha̱mya:baloujindhei:dha̱le:
당신은 무엇을 아직 더 원합니까?

ဘာကူညီပေးရမလဲ။ 무엇을 도와 드릴까요?

bakunyipei:ya.male:

ဒါဘာခေါ်သလဲ။ 이것은 무엇이라고 부르니?

dabakhodhale:

ရှင်အခုဘာလုပ်နေသလဲ။ 당신은 지금 무엇을 하고 있습니까?

shinakhu.balou?neidhale:

မင်းဘာစားချင်သလဲ။ 너는 무엇을 먹고 싶니?

min:basa:jindhale:

ခင်ဗျားကဘာကိုသဘောမတူသလဲ။

khamya:ga.bagoudhabo:matudhale:

당신은 무엇에 동의하지 않습니까?

ဒါဘာအရောင်လဲ။ 이것은 무슨 색입니까?

dabaayaunle:

ခင်ဗျားဘာစာအုပ်ဖတ်ချင်ပါသလဲ။

khamya:basaou?hpa?chinbadhale:

당신은 무슨 책을 읽고 싶습니까?

ဘာကိစ္စနဲ့သွားပါမလဲ။ 무슨 용건으로 가십니까?

bakei?sa.ne.thwa:bamale:

ဒီနေ့ဘာနေ့လဲ။ 오늘은 무슨 요일입니까?

dinei.banei.le:

ဒီလဘာလလဲ။　　　　이 달은 몇 월(무슨 달)입니까?
dila.bala.le:

② ဘယ်သူ　bedhu/ba̲dhu　누구

ဘယ်သူ가 소유격, 목적격, 여격 등에서 ဘ̲ယ်သူ̲로 성조가 제 2성조에
서 제 1성조로 바뀐다는 것은 문자와 발음편에서 설명한 바 있다.

ခင်ဗျားဘယ်သူပါလဲ။　　당신은 누구십니까?
kha̲mya:bedhubale:

ရှိတယ်လို့ဘယ်သူအဲဒီမိန်းကလေးကိုပြောသလဲ။
shi.delou.bedhue:dimein:ga̲lei:goupyo:dha̲le:
있다고 누가 그 소녀에게 말했니?

ဒီကုမ္ပဏီကိုဘယ်သူပိုင်သလဲ။
dikounpa̲nigoubedhupaindha̲le:
이 회사를 누가 소유하고 있니?

အိမ်တံခါးကိုဘယ်သူဖွင့်သလဲ။　　집쿤을 누가 열었니?
einda̲ga:goubedhuhpwin.dha̲le:

ဒါဘယ်သူလက်အိတ်လဲ။　　　　이것은 누구의 장갑이니?
dabedhu.le?ei?le:

ဒါဘယ်သူဟာပါလဲ။　　　　　이것은 누구의 것입니까?
dabedhu.habale:

157

ရှင်ဘယ်သူ့ကိုတွေ့ချင်ပါသလဲ။

shinbedhu.goutwei.jinbadhale:

당신은 누구를 만나고 싶습니까?

③ ဘယ် 어디, 어느(어떤)

မင်းဘယ်သွားမလို့လဲ။

min:bethwa:malou.le:

너는 어디에 가려고 하고 있니?(너는 어디에 갈 작정이니?)

ခင်ဗျား ဘယ်မှာ နေပါသလဲ။   당신은 어디에 살고 계십니까?

khamya:behmaneibadhale:

ကားဘယ်မှာထားသလဲ။   차를 어디에 주차시켰니?

ka:behmahta:dhale:

ခင်ဗျားဘယ်ကလာသလဲ။   당신은 어디에서 왔습니까?

khamya:bega.ladhale:

ရှင်ဘယ်ကိုခရီးထွက်မလဲ။   당신은 어디로 여행을 떠납니까?

shinbegoukhayi:htwe?male:

အိမ်သာဘယ်မှာလဲ။   화장실은 어디입니까?

eindhabehmale:

ဘတ်စ်ကားမှတ်တိုင်ဘယ်မှာလဲ။   버스 정류소는 어디입니까?

ba?saka:hma?tainbehmale:

ကိုရီးယားသံရုံးဘယ်မှာလဲ။

kouri:ya:thanyoun:behmale:

한국 대사관은 어디이에요?

ခင်ဗျားဘယ်စာရေးဆရာကြိုက်ပါသလဲ။

khamya:besayei:hsayakyai?padhale:

당신은 어느 작가를 좋아하십니까?

ဘယ်နေရာကိုကြည့်ချင်ပါသလဲ။

beneiyagoukyi.jinbadhale:

어떤 곳을 보고 싶습니까?

သုံးခုဝယ်ရင်ဘယ်ဈေးနဲ့ပေးပါမလဲ။

thoun:gu.weyinbezei:ne.pei:bamale:

세 개 사면 얼마에(어떤 가격으로) 주실러요?

ဘယ်အချိန်ကျောင်းတက်မလဲ။

beacheinkyaun:te?male:

몇 시(어느 시간)에 등교하니?

ခင်ဗျားဘယ်နေ့မှာတွေ့ပါသလဲ။

khamya:benei.hmatwei.badhale:

당신은 며칠(어느 날)에 만났습니까?

ရှင်ဘယ်နှစ်မှာမွေးပါသလဲ။

shinbehni?hmamwei:badhale:

당신은 몇 년(어느 해)에 태어났습니까?

ဘယ်의 특수 용법으로서 다음과 같은 반어적인 표현이 있다.

မပေး:ခိုင်တာ့တော့ဘယ်တောင်:မလဲ။
mapei:naindado.betaun:male:
줄 수 없는 것을 무엇 때문에 요구하니?(줄 수 없으니 요구하지 말라는 뜻)

ဘယ်အလကား:ဖြစ်ခိုင်ပါ့မလဲ။ 어째서 헛되이 될 수 있습니까?
bealaga:hpyi?nainba.male: (헛되이 될 수 없다는 뜻)

မတွေ့ရင်ဘယ်ကောင်:မလဲ။
matwei.yinbekaun:male:
만나지 않으면 어째서 좋니?(좋을 리가 없다는 뜻)

④ ဘယ်တော့၊ ဘယ်တုန်:က 언제

ဘယ်တော့와 ဘယ်တုန်:က는 같은 '언제' 라는 의미를 갖고 있지만, 그
용법에 있어서는 각각 차이가 있다. 그 차이라 함은 ဘယ်တော့는 미래의 언
제를, ဘယ်တုန်:က는 과거의 언제를 나타낸다는 것이다. 언제라는 의미를
갖되, 시간을 확인할 경우에는 ဘယ်အချိန်이라는 형이 쓰인다.

ဘယ်တော့သွာ:မလဲ။   언제 가니?
bedo.thwa:male:

ဘယ်တော့ပြီ:မလဲ။   언제 끝나니?
bedo.pyi:male:

ခင်ဗျာ:ဘယ်တော့အလုပ်စပါမလဲ။
khamya:bedo.alou?sa.bamale:
당신은 언제 일을 시작하십니까?

ဘယ်တုန်းကမြန်မာပြည်ကိုလာပါသလဲ။

bedoun:ga.myanmapyigoulabadhale:

언제 미얀마에 오셨습니까?

သူဘယ်တုန်းကထွက်သွားသလဲ။

thubedoun:ga.htwe?thwa:dhale:

그는 언제 외출했습니까?

ဘယ်တုန်းကဒဏ်ရာရသလဲ။

bedoun:ga.danyaya.dhale:

언제 부상을 당했니?(언제 상처를 입었니?)

ခင်ဗျားဘယ်တုန်းကအိမ်ထောင်ကျသလဲ။

khamya:bedoun:ga.eindaunkya.dhale:

당신은 언제 결혼을 하셨습니까?

ဧည့်သည်တွေဘယ်အချိန်ရောက်မလဲ။

e.dhedweibeacheinyau?male:

손님들은 언제(몇 시에) 도착하느냐?

ခင်ဗျားမနက်ဖြန်ဘယ်အချိန်လာပါမလဲ။

khamya:mane?hpyanbeacheinlabamale:

당신은 내일 언제(몇 시에) 옵니까?

ဘယ်အချိန်အထိစောင့်မလဲ။

beacheinahti.saun.male:

언제(몇 시)까지 기다리니?

မနေ့ညကဘယ်အချိန်အိပ်သလဲ။

manei.nya.ga.beacheinei?thale:

어젯밤 언제(몇 시에) 잤느냐?

ဘယ်တော့ 와 ဘယ်တုန်းက의 특수 용법으로서 다음과 같은 표현이 있다. ဘယ်တော့ 와 ဘယ်တုန်းက가 부정문에 쓰이면 '절대로 ~ 하지 않는다' 라는 뜻이 되는 것이다. 이때에는 반드시 ဘယ်တော့ 와 ဘယ်တုန်းက 뒤에 각각 부정을 강조하는 မှ라는 부조사가 붙는다. 시제는 마찬가지로 ဘယ်တော့ 는 미래를, ဘယ်တုန်းက는 과거를 나타낸다.

ဆရာ့ကိုဘယ်တော့မှမမေ့ပါဘူး။

hsaya.goubedo.hma.mamei.babu:

선생님을 절대로 잊지 않아요.

အဲဒီဘက်ကိုဘယ်တော့မှမသွားဘူး။

e:dibe?koubedo.hma.mathwa:bu:

그쪽으로 절대로 가지 않아.

အရင်ကတော့ဘယ်တုန်းကမှဆေးလိပ်မသောက်ပါဘူး။

ayinga.do.bedoun:ga.hma.hsei:lei?mathau?pabu:

이전에는 절대로 담배를 피우지 않았어요.

အရင်ကတော့ဘယ်တုန်းကမှမလုပ်ဖူးဘူး။

ayinga.do.bedoun:ga.hma.malou?hpu:bu:

이전에는 절대로 한 적이 없다.

⑤ ဘယ်လောက် belau?/balau? **얼마, 어느 정도**

ဒီခဲတံဘယ်လောက်ကျပါသလဲ။ 이 연필 얼마입니까?

dikhe:danbalau?kya.badhale:

ခင်ဗျားအခုအသက်အရွယ်ဘယ်လောက်ရှိပြီလဲ။

khamya:akhu.athe?aywebalau?shi.byile:

당신은 지금 나이가 몇 살(얼마)입니까?

ဒီကဘယ်လောက်ဝေးသလဲ။ 여기에서 얼마나 멉니까?

diga.balau?wei:dhale:

ရှင်ရန်ကုန်မှာဘယ်လောက်ကြာကြာနေမလဲ။

shinyangounhmabalau?kyajaneimale:

당신은 양공에 얼마나 오래 머무릅니까?

ဒီဖေါင်တိန်ကိုဘယ်လောက်နဲ့ရောင်းမလဲ။

dihpaunteingoubalau?ne.yaun:male:

이 만년필을 얼마에 팝니까?

သူနဲ့ခင်ဗျားသိတာဘယ်လောက်ကြာပြီလဲ။

thune.khamya:thi.dabalau?kyaby le:

당신은 그와 안 지 얼마나 되었습니까?

ဒီအိမ်ကဘယ်လောက်တန်သလဲ။

dieinga.balau?tandhale:

이 집은 값이 어느 정도 하니?

⑥ ဘယ်နှ 몇

의문 형용사 ဘယ်နှ는 단독으로는 사용되지 않고 구체적인 유별사와 결합하여 사용된다. 유별사와 결합할 때 ဘယ်နှ의 နှ는 숫자 2(နှစ်)처럼 음절 약화 현상이 일어난다.

အခုဘယ်နှနာရီထိုးပြီလဲ။ 지금 몇 시입니까?

akhu.behnanayihtou:byile:

ဆိုးလ်ကရန်ကုန်အထိဘယ်နှနာရီကြာမလဲ။

hsou:ga.yangounahti.behnanayikyamale:

서울에서 양곤까지 몇 시간 걸립니까?

ဒီနေ့ဘယ်နှရက်နေ့လဲ။ 오늘은 며칠입니까?

dinei.behnaye?nei.le:

ဒီနှစ်ဘယ်နှနှစ်လဲ။ 금년은 몇 년입니까?

dihni?behnahni?le:

မန္တလေးကိုဘယ်နှခါရောက်ဖူးသလဲ။

man:dalei:goubehnakhayau?hpu:dhale:

만달레에 몇 번 간 적이 있니?

တံဆိပ်ခေါင်းဘယ်နှလုံးလိုချင်ပါသလဲ။

dazei?gaun:behnaloun:loujinbadhale:

우표는 몇 장 원하십니까?

ခင်ဗျားပစ္စည်းဘယ်နှခုယူလာသလဲ။

kha̲mya:pyi?si:be̲hna̲khu.yuladha̲le:

당신은 물건을 몇 개 가져왔습니까?

ရွာထဲမှာနွား ဘယ်နှကောင်ရှိသလဲ။

ywade:hmanwa:be̲hna̲kaunshi.dha̲le:

마을 안에 소가 몇 마리 있니?

ဘယ်နှမိုင်လောက်ဝေးသလဲ။   몇 마일 정도 떨어져 있니?

be̲hna̲mainlau?wei:dha̲le:

ဒီအိမ်မှာလူဘယ်နှယောက်နေသလဲ၊

dieinhmalube̲hna̲yau?neidha̲le:

이 집에 사람이 몇 명 살고 있느냐?

⑦ ဘာလို့၊ ဘာဖြစ်လို့၊ ဘာပြုလို့၊ ဘာကြောင့်
왜, 어째서, 무엇 때문에

ဘာလို့ငိုနေသလဲ။   왜 울고 있니?

balou.ngouneidha̲le:

ဘာလို့တစ်ယောက်တည်းပြန်လာသလဲ။

balou.ta̲yau?hte:pyanladha̲le:

왜 혼자서 돌아왔니?

ဘာလို့ပြတင်းပေါက်ဖွင့်ထားရသလဲ။

balou.ba̲din:bau?hpwin.hta̲ya.dha̲le:

어째서 창을 열어 놓아야만 하니?

ဘာဖြစ်လို့လဲ။   왜요?
bahpyi?lou.le:

ဘာဖြစ်လို့အဖမ်းခံရသလဲ။   왜 붙잡혔나요?
bahpyi?lou.ahpan:khanya.dhale:

ဘာဖြစ်လို့ရယ်နေသလဲ။   왜 웃고 있니?
bahpyi?lou.yineidhale:

ဘာပြုလို့ဒီလိုသိချင်သလဲ။
bapyu.lou.dilouthi.jindhale:
무엇 때문에 그처럼 알고 싶어하니?

ဘာပြုလို့မမေးသလဲ။   왜 묻지 않았니?
bapyu.lou.mamei:dhale:

ဘာကြောင့်ဒီသီချင်းကိုဆိုရသလဲ။
bajaun.dithachin:gouhsouya.dhale:
어째서 그 노래를 불러야만 하느냐?

ဘာကြောင့်အဲဒီလိုမလုပ်သလဲ။
bajaun.e:diloumalou?thale:
왜 그처럼 하지 않았니?

ဘာကြောင့်ထွက်မပြေးသလဲ။
bajaun.htwe?mapyei:dhale:
무엇 때문에 도망 가지 않았니?

⑧ ဘယ်လို၊ ဘယ့်နှယ် 어떻게

နာမည်ဘယ်လိုခေါ်သလဲ။ 이름은 어떻게 부르느냐?

namebeloukhodhale:

ဒီပြဿနာကိုဘယ်လိုဖြေရမလဲ။

dipya?thanagoubelouhpyeiya.male:

이 문제를 어떻게 풀어야만 하느냐?

ဘူတာရုံကိုဘယ်လိုသွားရင်ရောက်ပါမလဲ။

budayoungoubelouthwa:yinyau?pamalə:

역에 어떻게 가면 도착합니까?

ဒီအစားအစာကိုဘယ်လိုစားရင်ကောင်းသလဲ။

diasa:asagoubelousa:yinkaun:dhale:

이 음식을 어떻게 먹으면 좋을까요?

သူတို့ဘယ်လိုဆုံးဖြတ်သလဲ။ 그들은 어떻게 결정했니?

thudou.belouhsoun:hpya?thale:

ရှင်ဘယ်လိုအကြောင်းကြားပါမလဲ။

shinbelouakyaun:kya:bamale:

당신은 어떻게 알리시겠습니까?

ဘယ်လိုနေမကောင်းဖြစ်ပါသလဲ။

belouneimakaun:hpyi?padhale:

어떻게 건강이 좋지 않으십니까?

ဘယ်လိုအရောင်ကြိုက်ပါသလဲ။

belouayaunkyai?padhale:

어떤 계통의 색을 좋아하십니까?

ဒီနေ့ရာသီဥတုဘယ်လိုလဲ။   오늘 날씨는 어떻습니까?

dinei.yadhiu.du.beloule:

အရသာဘယ်လိုလဲ။   맛이 어떻습니까?

aya.dhabeloule:

ဘယ်နှယ်တုံး။   어때?

be.hnedoun:

ဘယ်နှယ်နေသလဲ။   어떻게 사니(지내니)?

be.hneneidhale:

ခင်ဗျားဘယ်နှယ်သဘောရသလဲ။

khamya:be.hnedhabo:ya.dhale:

당신은 어떻게 생각합니까?

⑨ ဘယ်သင်း(ဘယ်ဒင်း) bedhin:(bedin:)၊ ဘယ်ဟာ beha
어느 것(어떤 것)

ဘယ်သင်းကပိုကောင်းသလဲ။

bedhin:ga.poukaun:dhale:

어느 것이 더 좋습니까?

ခင်ဗျားဘယ်သင်းပိုကြိုက်ပါသလဲ။

kha̱mya:bedhin:poukyai?padha̱le:

당신은 어느 것을 더 좋아하십니까?

မြန်မာရုပ်ရှင်နဲ့နိုင်ငံခြားရုပ်ရှင်ဘယ်သင်းကြိုက်သလဲ။

myanmayou?shinne.nainganja:you?shinbedhin:kyai?tha̱le:

미얀마 영화와 외국 영화, 어느 것을 좋아하니?

လူနဲ့ငွေဘယ်သင်းကမြတ်သလဲ။

lune.ngweibedhin:ga.mya?tha̱le:

사람과 돈, 어느 것이 귀하느냐?

ကျွန်တော့်ဟာဘယ်သင်းလဲ။　　제 것은 어느 것입니까?

kya̱no.habedhin:le:

ဘယ်ဟာကိုအကြိုက်ဆုံးလဲ။　　어느 것을 가장 좋아하십니까?

behagoua̱kyai?hsoun:le:

ခင်ဗျားဘယ်ဟာယူပါမလဲ။　　당신은 어느 것을 가지시겠습니까?

kha̱mya:behayubama̱le:

အမဲသားနဲ့ဝက်သားဘယ်ဟာပိုကြိုက်ပါသလဲ။

ame:dha:ne.we?tha:behapoukya:?padha̱le:

쇠고기와 돼지고기, 어느 것을 더 좋아하십니까?

ကော်ဖီနဲ့လက်ဖက်ရည်ဘယ်ဟာကြိုက်သလဲ။

kohpine.la̱hpe?yeibehakyai?tha̱le:

커피와 홍차, 어느 것을 좋아하느냐?

(C) 수사

미얀마어 수사에서는 아라비아 숫자가 사용되지 않고, 오직 미얀마 숫자만 공식적으로 널리 사용되고 있다.

(가) 기수

0	၀	သုည	thounnya.
1	၁	တစ်	ti?
2	၂	နှစ်	hni?
3	၃	သုံး	thoun:
4	၄	လေး	lei:
5	၅	ငါး	nga:
6	၆	ခြောက်	chau?
7	၇	ခွန်၊ ခုနှစ်	khun/khunhni?
8	၈	ရှစ်	shi?
9	၉	ကိုး	kou:
10	၁၀	တစ်ဆယ်	tahse

11부터 19까지는 10을 가리키는 တစ်ဆယ်의 တစ်이 생략되고, ဆယ်의 성조는 문자와 발음편에서 설명한 것처럼 뒤에 연속되는 숫자가 오므로 제 1성조가 되어 ဆယ့်로 변한다. 또한, 숫자 1(တစ်)과 2(နှစ်)와 7(ခုနှစ်) 다음에 유별사나 기타 다른 숫자가 연속되는 경우는 음절 약화 현상이 일어난다는 사실도 문자와 발음편에서 설명한 바 있다.

11	၁၁	ဆယ့်တစ်	hse.ti?
12	၁၂	ဆယ့်နှစ်	hse.hni?
13	၁၃	ဆယ့်သုံး	hse.thoun:
14	၁၄	ဆယ့်လေး	hse.lei:
15	၁၅	ဆယ့်ငါး	hse.nga:
16	၁၆	ဆယ့်ခြောက်	hse.chau?
17	၁၇	ဆယ့်ခွန်	hse.khun
		ဆယ့်ခုနှစ်	hse.khunhni?
18	၁၈	ဆယ့်ရှစ်	hse.shi?
19	၁၉	ဆယ့်ကိုး	hse.kou:

20 이상의 숫자는 다음과 같이 나타낸다.

20	၂၀	နှစ်ဆယ်	hnahse
21	၂၁	နှစ်ဆယ့်ဘစ်	hnahse.ti?
30	၃၀	သုံးဆယ်	thoun:ze
32	၃၂	သုံးဆယ့်နှစ်	thoun:ze.hni?
40	၄၀	လေးဆယ်	lei:ze
43	၄၃	လေးဆယ့်သုံး	lei:ze.thoun:
50	၅၀	ငါးဆယ်	nga:ze
54	၅၄	ငါးဆယ့်လေး	nga:ze.lei:
60	၆၀	ခြောက်ဆယ်	chau?hse

65	၆၅	ခြောက်ဆယ့်ငါး	chau?hse.nga:
70	၇၀	ခုနစ်ဆယ်	khunhnahse
76	၇၆	ခုနစ်ဆယ့်ခြောက်	khunhnahse.chau?
80	၈၀	ရှစ်ဆယ်	shi?hse
87	၈၇	ရှစ်ဆယ့်ခွန်	shi?hse.khun
		ရှစ်ဆယ့်ခုနစ်	shi?hse.khunhni?
90	၉၀	ကိုးဆယ်	kou:ze
98	၉၈	ကိုးဆယ့်ရှစ်	kou:ze.shi?
100	၁၀၀	တစ်ရာ	taya
101	၁၀၁	တစ်ရာ့တစ်	taya.ti?
110	၁၁၀	တစ်ရာ့တစ်ဆယ်	taya.tahse
150	၁၅၀	တစ်ရာ့ငါးဆယ်	taya.nga:ze
199	၁၉၉	တစ်ရာ့ကိုးဆယ့်ကိုး	taya.kou:ze.kou:
200	၂၀၀	နှစ်ရာ	hnaya
234	၂၃၄	နှစ်ရာ့သုံးဆယ့်လေး	hnaya.thoun:ze.lei:
598	၅၉၈	ငါးရာ့ကိုးဆယ့်ရှစ်	nga:ya.kou:ze.shi?
700	၇၀၀	ခုနစ်ရာ	khunhnaya
1,000	၁၀၀၀	တစ်ထောင်	tahtaun
2,000	၂၀၀၀	နှစ်ထောင်	hnahtaun
9,000	၉၀၀၀	ကိုးထောင်	kou:daun
10,000	၁၀၀၀၀	တစ်သောင်း	tathaun:

95,000	၉၅၀၀၀	ကိုးသောင်းငါးထောင်	kou:dha̱ɪn:nga:daun
십만	၁၀၀၀၀၀	တစ်သိန်း	ta̱thein:
백만	၁၀၀၀၀၀၀	တစ်သန်း	ta̱than:
천만	၁၀၀၀၀၀၀၀	ဆယ်သန်း	hsedhan:
		တစ်ကုဍေ	da̱ga̱dei
일억	၁၀၀၀၀၀၀၀၀	သန်းတစ်ရာ	than:ta̱ya
		ဆယ်ကုဍေ	hsega̱dei
십억	၁၀၀၀၀၀၀၀၀၀	သန်းတစ်ထောင်	than:ta̱htaun
		ကုဍေတစ်ရာ	ga̱deita̱ya

천만 이상의 숫자에서 보통의 숫자를 나타낼 때에는 통상 သန်း을 사용하지만, 국가 예산 등의 고단위 숫자를 나타낼 때에는 ကုဍေ ga̱dei를 사용하는 것이 일반적이다.

(나) 서수

첫째	ပဌမၢ ပထမ	pa̱hta̱ma.
둘째	ဒုတိယ	du.ti.ya.
셋째	တတိယ	ta̱ʔti.ya.
넷째	စတုတ္ထ	za̱douʔhta.
다섯째	ပဉ္စမ	ꞩyinsa̱ma.
여섯째	ဆဋ္ဌမ	ꞩsaʔhta̱ma.

일곱째	သတ္တမ	tha?tama.
여덟째	အဋ္ဌမ	a?htama.
아홉째	နဝမ	nawama.
열째	ဒသမ	da?thama.

그러나 ပဌမ၊ ပထမ(첫째), ဒုတိယ(둘째), တတိယ(셋째), စတုတ္ထ(넷째)까지는 많이 쓰이지만, ပဉ္စမ(다섯째)부터는 별로 쓰이지 않는다. 그 대신에 [기수+유별사+မြောက်]라는 표현이 흔히 쓰인다.

아홉번째 사람	ကိုးယောက်မြောက်
	kou:yau?myau?

제 15회 독립 기념일	ဆယ့်ငါးကြိမ်မြောက်လွတ်လပ်ရေးနေ့
	hse.nga:jeinmyau?lu?la?yei:nei.

제 20회 독립 기념일	အကြိမ်နှစ်ဆယ်မြောက်လွတ်လပ်ရေးနေ့
	akyeinhnahsemyau?lu?la?yei:nei.

제 28회 전람회	နှစ်ဆယ့်ရှစ်ကြိမ်မြောက်ပြပွဲ
	hnahse.shi?kyeinmyau?pya.bwe:

(다) 분수와 소수

တစ်ဝက်	tawe?	$\frac{1}{2}$
နာရီဝက်	nayiwe?	반시간
နေ့ဝက်	nei.we?	반나절

လဝက်	la.we?	보름간
နှစ်ဝက်	hni?we?	육개월
ခွဲ	khwe:	$\frac{1}{2}$(무게, 거리, 시간 등)
သုံးနာရီခွဲ	thoun:naɥigwe:	3시 반
လေးလခွဲ	lei:la.gwe:	4달 반
ခြောက်မိုင်ခွဲ	chau?maingwe:	6마일 반
အစိတ်	<u>a</u>sei?	백의 $\frac{1}{4}$, 25
ဈေးအစိတ်ပါ။	zei:<u>a</u>sei?p̩a	값이 25 '짯' 입니다.

သူ့အသက်အစိတ်နဲ့သုံးဆယ်ကြားမှာရှိပြီလို့ထင်တယ်။
thu.<u>a</u>the?<u>a</u>sei?ne.thoun:zeja:hmashi.b̩y̩ilou.htinde
그의 나이는 25에서 30 사이일 것 같다.

မတ်တင်း	ma?tin:	$\frac{1}{4}$ 부족

နှစ်ကျပ်မတ်တင်းပါ။ 1 '짯' 75 '뺘' 입니다.
hn<u>a</u>kya?ma?tin:ba

ကိုးနာရီမတ်တင်းရှိသေးတယ်။ 아직 9시 15분 전이다.
kou:naɥima?tin:shi.dhei:de

ရေကန်နဲ့နှစ်မိုင်မတ်တင်းလောက်အကွာမှာပါ။
yeiganne.hn<u>a</u>mainma?tin:lau?akwahmaba
호수와 1.75마일 정도 떨어진 거리입니다.

— ပုံ — ပုံ	— poun — poun	
သုံးပုံတစ်ပုံ	thoun:boun<u>a</u>bour	⅓(½은 တစ်ဝက်)

သုံးပုံနှစ်ပုံ	thoun:bounhna̱poun	⅔
လေးပုံတစ်ပုံ	lei:bounda̱boun	¼ (=တစ်စိတ် da̱zei?)
လေးပုံသုံးပုံ	lei:bounthoun:boun	¾

— ဆ	— hsa.	一 배
နှစ်ဆ	hna̱hsa.	2배
သုံးဆ	thoun:za.	3배

— ဒသမ —	da?tha̱ma.	小數点
သုံးဒသမတစ်လေး	thoun:da?tha̱ma.ti?lei:	3.14

(라) 단위

① 화폐 단위

ကျပ်	kya?	ပြား	pya:(1ကျပ်=100ပြား)
မတ်	ma?	1 '짯' 의 ¼, 25 '빠'	

သုံးကျပ်ပြားငါးဆယ်	3 '짯' 50 '빠'
thoun:ja?pya:nga:ze	

တစ်ကျပ်ခွဲ	da̱ja?khwe:	1 '짯' 50 '빠'
သုံးမတ်	thoun:ma?	75 '빠'
ငါးမတ်	nga:ma?	125 '빠'

② 길이 단위

ပေ	pei	foot/feet	လက်မ	le?ma.	inch
ကိုက်	gai?	yard			
တောင်	taun	cubit(중지 끝에서 팔꿈치까지의 길이, 18인치)			
ထွာ	htwa	span(엄지와 새끼손가락을 편 길이, 9인치)			
မိုက်	mai?	세운 엄지 끝에서 반대편까지의 길이, 약 6인치			

③ 무게 단위

ပေါင်	paun	pound
ပိဿာ	pei?tha	viss(약 1.65kg, 약 3.65파운드)

④ 용량 단위

တင်း	tin:	basket(46파운드의 중량에 상당)
ပြည်	pyi	1တင်း=16ပြည်
စလယ်	zale	1ပြည်=4စလယ်

⑤ 면적 단위

ဧက	eika.	acre

⑥ 거리 단위

မိုင်	main	mile
ဖာလုံ	hpaloun	furlong, $\frac{1}{8}$마일(약 200m)
တိုင်	tain	약 2마일
တာ	ta	약 3.2미터(1တိုင်=1,000တာ)

⑦ 시간 단위

နာရီ	nayi	시(시간, 시계)
မိနစ်	mi.ni?	분
စက္ကန့်	se?kan.	초

오전 6시	မနက်ခြောက်နာရီ	mane?chau?nayi
오전 9시	မနက်ကိုးနာရီ	mane?kou:nayi
정오	မွန်းတည့်	mun:de.
오후 1시	မွန်းလွဲတစ်နာရီ	mun:lwe:tanayi
오후 4시	ညနေလေးနာရီ	nya.neilei:nayi
오후 6시	ညနေခြောက်နာရီ	nya.neichau?nayi
오후 9시	ညကိုးနာရီ	nya.kou:nayi
자정	ညသန်းခေါင်	nya.dhagaun
2시 15분 8초	နှစ်နာရီဆယ့်ငါးမိနစ်ရှစ်စက္ကန့်	
	hnanayihse.nga:mi.ni?shi?se?kan.	

178

3시 20분	သုံး:နာရီမိနစ်နှစ်ဆယ်	
	thoun:nayimi.ni?hna˞se	
8시 반	ရှစ်နာရီခွဲ	shi?nayigwe:
9시 45분	ကိုး:နာရီလေး:ဆယ့်ငါး:မိနစ်	
	kou:nayilei:ze.nga:mi.ni?	
	ဆယ်နာရီမဘ်တင်း	
	hsenayima?tin:	
5시 5분 전	ငါး:နာရီထိုး:ဖို့ငါး:မိနစ်အလို	
	nga:nayihtou:bou.nga:mi.ni?alou	

⑧ 연월일 단위

ⓐ 年

끝자리수가 0으로 끝나지 않는 해를 나타낼 때에는 ခုနှစ် khu.hni?를 사용하고, 0으로 끝나는 해를 나타낼 때에는 ပြည့်နှစ် byi.hni?를 사용한다.

1285년	(တစ်)ထောင်နှစ်ရာ့ရှစ်ဆယ့်ငါး:ခုနှစ်	
	(ta)htaun.hna̲ya.shi?hse.nga:gu.hni?	
1994년	(တစ်)ထောင့်ကိုး:ရာ့ကိုး:ဆယ့်လေး:ခုနှစ်	
	(ta)htaun.kou:ya.kou:ze. ei:gu.hni?	
1997년	(တစ်)ထောင့်ကိုး:ရာ့ကိုး:ဆယ့်ခုနှစ်ခုနှစ်	
	(ta)htaun.kou:ya.kou:ze. ‹hunhna̲khu.hni?	
1990년	(တစ်)ထောင့်ကိုး:ရာ့ကိုး:ဆယ်ပြည့်နှစ်	
	(ta)htaun.kou:ya.kou:zebyi.hni?	

2000년 နှစ်ထောင်ပြည့်နှစ်
hn̲ahtaunbyi.hni?

ⓑ 月

월명은 태양력과 미얀마력 2가지가 있다. 미얀마력은 절기 행사와 깊은 관계가 있기 때문에 알아 둘 필요가 있다.

㉮ 태양력

1월	ဇန္နဝါရီလ၊ ဇန်နဝါရီလ	zann̲awarila.
2월	ဖေဖော်ဝါရီလ	hpeihpowarila.
		hpeihp̲awarila.
3월	မတ်လ	ma?la.
4월	ဧပြီလ	eipyila.
5월	မေလ	meila.
6월	ဇွန်လ	zunla.
7월	ဇူလိုင်လ	zulainla.
8월	သြဂုတ်လ	o:gou?la.
9월	စက်တင်ဘာလ	se?tinbala.
10월	အောက်တိုဘာလ	au?toubala.
11월	နိုဝင်ဘာလ	nouwinbala.
12월	ဒီဇင်ဘာလ	dizinbala.

④ 미얀마력

미얀마력의 1년은 태양력의 4월 경에 시작하여 3월 경에 끝난다. 따라서, 미얀마력 1월은 태양력의 4월 경에 해당한다.

미얀마력 1월	တန်ခူးလ	dagu:la.
미얀마력 2월	ကဆုန်လ	kahsounla.
미얀마력 3월	နယုန်လ	nayounla.
미얀마력 4월	ဝါဆိုလ	wazoula.
미얀마력 5월	ဝါခေါင်လ	wagaunla.
미얀마력 6월	တော်သလင်းလ	todhalin:la.
미얀마력 7월	သီတင်းကျွတ်လ	dhadin:ju?la.
미얀마력 8월	တန်ဆောင်မုန်းလ	dazaunmoun:la.
미얀마력 9월	နတ်တော်လ	nadola.
미얀마력 10월	ပြာသိုလ	pyadhoula.
미얀마력 11월	တပို့တွဲလ	dabou.dwe:la.
미얀마력 12월	တပေါင်းလ	dabaun:la.

လဆန်း   白分
la.zan:

လဆုတ်၊ လပြည့်ကျော်   黑分
la.zou?/la.byei.(byi.)jo

တပေါင်းလဆန်းတစ်ရက်နေ့   12월 백분 1일
dabaun:la.zan:taye?nei.

တပေါင်းလဆုတ်တစ်ရက်နေ့	12월 흑분 1일

dabaun:la.zou?taye?nei.

ⓒ 日

날짜를 나타낼 때에는 ရက်နေ့ ye?nei.를 사용한다.

1일	တစ်ရက်နေ့	taye?nei.
5일	ငါးရက်နေ့	nga:ye?nei.
10일	ဆယ်ရက်နေ့	hseye?nei.
28일	နှစ်ဆယ့်ရှစ်ရက်နေ့	hnahse.shi?ye?nei.
31일	သုံးဆယ့်တစ်ရက်နေ့	thoun:ze.taye?nei.
1월 1일	နှစ်ဆန်းတစ်ရက်နေ့	hni?hsan:taye?nei.
12월 31일	ဒီဇင်ဘာလကုန်	dizinbala.goun

요일명은 다음과 같이 나타낸다.

일요일	တနင်္ဂနွေနေ့	tanin:ganweinei.
월요일	တနင်္လာနေ့	tanin:lanei.
화요일	အင်္ဂါနေ့	inganei.
수요일	ဗုဒ္ဓဟူးနေ့	bou?dahu:nei.
목요일	ကြာသပတေးနေ့	kyadhabadei:nei.
금요일	သောကြာနေ့	thau?kyanei.
토요일	စနေနေ့	saneinei.

미얀마의 계절은 다음과 같이 3계절로 나누어진다.

여름	ခွေအခါ	nwei<u>a</u>kha
	ခွေရာသီ	nweiyadhi
	ခွေဥတု	nweiu.du.

우기	မိုးအခါ	mou:<u>a</u>kha
	မိုးရာသီ	mou:yadhi
	မိုးဥတု	mou:u.du.
	မိုးတွင်း	mou:dwin:

겨울	ဆောင်းအခါ	hsaun:<u>a</u>kha
	ဆောင်းရာသီ	hsaun:yadhi
	ဆောင်းဥတု	hsaun:u.du.
	ဆောင်းတွင်း	hsaun:dwin:

한편, 한국의 4계절 같은 경우는 다음과 같이 나타낸다.

봄	ခွေဦးရာသီ	nweiu:yadhi
여름	ခွေရာသီ	nweiyadhi
가을	ဆောင်းဦးရာသီ	hsaun:u:yadhi
겨울	ဆောင်းရာသီ	hsaun:yadhi

(마) 유별사

미얀마어에서는 나타내려는 명사의 성격에 따라서 유별사(조수사)의
쓰임이 아주 다양하다. 이러한 유별사는 수사에 후속된다.

ကောင်   kaun   마리(짐승, 새, 곤충 등)

ဆိတ်တစ်ကောင်	hsei?da̲gaun	염소 한 마리
သိုးနှစ်ကောင်	thou:hna̲kaun	양 두 마리
ဖားသုံးကောင်	hpa:thoun:gaun	개구리 세 마리
ခွေးလေးကောင်	khwei:lei:gaun	개 네 마리
နွားငါးကောင်	nwa:nga:gaun	소 다섯 마리(두)
မြင်းခြောက်ကောင်	myin:chau?kaun	말 여섯 마리(필)
ငါးခုနှစ်ကောင်	nga:khunhna̲kaun	물고기 일곱 마리
ငှက်ရှစ်ကောင်	hnge?shi?kaun	새 여덟 마리
ခြင်ကိုးကောင်	chinkou:gaun	모기 아홉 마리

ခု   khu.   개(셀 수 있는 물건)

ပစ္စည်းတစ်ခု	pyi?si:ta̲khu.	물건 한 개

ခိုင်   khain   송이, 다발(과일, 꽃 등)

ငှက်ပျောသီးတစ်ခိုင်	nga̲pyo:dhi:ta̲khain	바나나 한 송이
နှင်းပန်းကြီးနှစ်ခိုင်	hnin:ban:ji:hna̲khain	튜울립 두 다발
သစ္စာပန်းသုံးခိုင်	thi?sa̲ban:thoun:gain	글라디올러스 세 다발

ချက် che? 발, 번(타격, 바람, 입김 등)

ပစ်မှတ်ကိုသုံးချက်မှန်တယ်။ 과녁을 세 발 명중시켰다.
pyi?hma?kouthoun:je?hmand<u>e</u>

သက်ပြင်းကြီးတစ်ချက် the?pyin:ji:t<u>a</u>che? 긴 한숨 한 번

ချောင်း chaun: 자루, 개, 줄(연필 등의 가느다랗고 길쭉한 물건)

ခဲတံတစ်ချောင်း khe:dant<u>a</u>chaun: 연필 한 자루

ဖောင်တိန်တစ်ချောင်း hpauneint<u>a</u>chaun: 만년필 한 자루

ဘောပင်တစ်ချောင်း bo:pint<u>a</u>chaun: 볼펜 한 자루

လက်နှစ်ချောင်း le?h<u>n</u>achaun: 손 두 개(양손)

ခြေနှစ်ချောင်း cheihn<u>a</u>chaun: 다리 두 개(양다리)

တူနှစ်ချောင်း tuhn<u>a</u>chaun: 젓가락 두 개(양젓가락)

ကြိုးနှစ်ချောင်း kyou:hn<u>a</u>chaun: 밧줄 두 줄

လှံသုံးချောင်း hlanthoun:jaun: 창 세 자루

ငါးမျှားတံသုံးချောင်း nga<u>h</u>mya:<u>d</u>anthoun:jaun:

낚싯대 세 개

ဘီးလေးချောင်း bi:lei:jaun: 빗 네 개

သွားလေးချောင်း thwa:lei:jaun: 치아 네 개

ကတ်ကြေးငါးချောင်း ka?kyi:nga:jaun: 가위 다섯 개

ချပ် cha? 장, 개(접시 등의 납작하고 평평한 물건)

ပန်းကန်တစ်ချပ် b<u>a</u>gant<u>a</u>cha? 접시 한 장

ဖျာနှစ်ချပ်	hpyahnacha?	매트 두 장
ငွေစက္ကူသုံးချပ်	ngweise?kuthoun:ja?	지폐 세 장
ကျောက်ပြားလေးချပ်	kyau?pya:lei:ja?	납작한 돌 네 장
မှန်ငါးချပ်	hmannga:ja?	거울 다섯 장
ပန်းချီကားခြောက်ချပ်	bajika:chau?cha?	그림 여섯 장
တံခါးရွက်ရှစ်ချပ်	dagaywe?shi?cha?	문짝 여덟 짝
ဓာတ်ပြားကိုးချပ်	da?pya:kou:ja?	레코드판 아홉 장

ခွက်   khwe?   잔(커피 등의 음료)

ကော်ဖီတစ်ခွက်	kohpitakhwe?	커피 한 잔
လိမ္မော်ရည်နှစ်ခွက်	leinmoyeihnakhwe?	오렌지 쥬스 두 잔
သံပရာသုံးခွက်	thanbayathoun:gwe?	라임 쥬스 세 잔

ခွန်း   khun: 마디(말)

| စကားတစ်ခွန်း | zaga:takhun: | 말 한 마디 |

စီး   si: 대(운송 수단, 탈것 등)

လေယာဉ်တစ်စီး	leiyindazi:	항공기 한 대
ဆင်နှစ်စီး	hsinhnasi:	운송용 코끼리 두 마리
နွားလှည်းသုံးစီး	nwa:hle:thoun:zi:	우차 세 대
မြင်းလှည်းလေးစီး	myin:hle:lei:zi:	마차 네 대
တက္ကစီကားငါးစီး	te?kasika:nga:zi:	택시 다섯 대
စက်ဘီးခြောက်စီး	se?bein:chau?si:	자전거 여섯 대

စင်း   sin: 대, 척, 촉(보트나 화살 등의 길다란 모양의 것)

လေယာဉ်ပျံတစ်စင်း	leiyinbyandazin:	비행기 한 대
သင်္ဘောနှစ်စင်း	thin:bo:hrasin:	선박 두 척
လှေသုံးစင်း	hleithoun:zin:	보트 세 대
မြားလေးစင်း	hmya:lei:zin:	화살 다섯 촉

စောင်   saun   장(신문, 편지 등)

စာတစ်စောင်	sadazaun	편지 한 장
သတင်းစာတစ်စောင်	dhadin:zadazaun	신문 한 장

စုံ   soun   질, 벌(세트로 된 것)

ကြယ်သီးတစ်စုံ	kyedhi:dazoun	단추 한 세트
စွယ်စုံကျမ်းတစ်စုံ	swezounkyan:dazoun	백과사전 한 질
ခြေအိတ်နှစ်စုံ	chiei?hnasoun	양말 두 벌
ဝတ်စုံနှစ်စုံ	wu?sounhnasoun	정장 두 벌

ဆူ   hsu   개(불탑 등의 성스러운 종교적인 것)

ဘုရားတစ်ဆူ	hpaya:tahsu	파고다 한 기(基)

ဆောင်   hsaun   채(집, 건물 등)

အိမ်တစ်ဆောင်	eintahsaun	집 한 채
အဆောင်နှစ်ဆောင်		기숙사(별관) 두 채
ahsaunhnahsaun		

အဆောက်အအုံသုံးဆောင် 건물 세 채
ahsau?aounthoun:zaun

ဆိုင် hsain 곳(가게)

ထမင်းဆိုင်တစ်ဆိုင် 식당 한 곳
htamin:zaintahsain

လက်ဖက်ရည်ဆိုင်နှစ်ဆိုင် 찻집 두 곳
lahpe?yeizainhnahsain

အထည်ဆိုင်သုံးဆိုင် ahtezainthoun:zain 포목점 세 곳

စာအုပ်ဆိုင်လေးဆိုင် saou?hsainlei:zain 서점 네 곳

ဖိနပ်ဆိုင်ငါးဆိုင် hpana?hsainnga:zain 구둣방 다섯 곳

တုံး toun: 개(덩어리로 된 것)

သစ်တုံးတစ်တုံး thi?toun:dadoun: 통나무 한 개

သနပ်ခါးနှစ်တုံး thanakha:hnatoun: '따나카' 두 개

ထည် hte 벌, 장, 개(옷, 천)

အက်ျီတစ်ထည် in:jitahte 상의 한 벌

လုံချည်နှစ်ထည် lounjihnahte 하의(남녀) 두 벌

ပုဆိုးသုံးထည် pahsou:thoun:de 하의(남) 세 벌

ထဘီလေးထည် htameinlei:de 하의(여) 네 벌

စွပ်ကျယ်ငါးထည် su?kyenga:de 속옷 다섯 벌

စောင်ခြောက်ထည် saunchau?hte 담요 여섯 장

လက်ကိုင်ပဝါရှစ်ထည် le?kainpawashi?hte   손수건 여덟 장

ပိုက်ကိုးထည်   pai?kou:de   그물 아홉 개

ပါး   pa: 분(성스럽고 귀한 존재)

ဘုန်းကြီးတစ်ပါး   hpoun:ji:daba   스님 한 분

မင်းတစ်ပါး   min:daba: 왕 1人

မိဘနှစ်ပါး   mi.ba.hnapa: 양친 두 분

ပုလင်း   palin: 병(음료)

အရက်တစ်ပုလင်း   aye?dapalin: 술 한 병

ဝီစကီနှစ်ပုလင်း   wisakihnapalin: 위스키 두 병

ဘရန်ဒီသုံးပုလင်း   barandithoun:palin: 브랜디 세 병

ပေါက်   pau?   방울(물), 점(반점)

မိုးရေတစ်ပေါက်   mou:yeidabau?   빗물 한 방울

မဲ့တစ်ပေါက်   hme.dabau?   반점(얼룩점) 한 점

ပင်   pin   그루(나무)

သစ်ပင်တစ်ပင်   thi?pindabin   나무 한 그루

အုန်းပင်နှစ်ပင်   oun:binhnapin   야자나무 두 그루

ပုဒ်   pou?   곡, 수, 편(노래, 운문 기사 등)

သီချင်းတစ်ပုဒ်   thachin:dabou?   노래 한 곡

189

ကဗျာနှစ်ပုဒ်　　　gabyahnapou?　　시 두 편

ပိုဒ်　pai?　연, 절, 단락 (시, 운문, 문장 등)

ကဗျာသုံးပိုဒ်　　　gabyathoun:bai?　　시 3연(절)

ပွင့်　pwin.　송이(꽃)

ပန်းတစ်ပွင့်　　　pan:dabwin.　　꽃 한 송이

ဆားတစ်ပွင့်　　　hsa:dabwin.　　소금 한 줌(한 움큼)

ဖီး　hpi:　송이(의 일부)(바나나)

ငှက်ပျောသီးတစ်ဖီး　바나나 한 송이(의 일부)
ngapyo:dhi:tahpi:

ယောက်　yau?　사람, 명(일반적인 사람)

လူတစ်ယောက်　　　lutayau?　　사람 한 사람

ကျောင်းသားနှစ်ယောက်　　　학생 두 명
kyaun:dha:hnayau?

လူနာသုံးယောက်　　lunathoun:yau?　　환자 세 명

ရန်　yan　켤레(구두 등의 쌍을 이루는 것)

ဖိနပ်တစ်ရန်　　　hpana?tayan　　구두 한 켤레

ရွက်　ywe?　장, 잎(종이, 나뭇잎)

စက္ကူတစ်ရွက်　　　se?kutaywe?　　종이 한 장

ငါးကျပ်တန်နှစ်ရွက်   5 '짯' 짜리 지폐 두 장
nga:ja?tanhn<u>a</u>ywe?

တစ်ဆယ်တန်သုံးရွက်   10 '짯' 짜리 지폐 세 장
t<u>a</u>hsedanthoun:ywe?

သစ်ရွက်ကြွေလေးရွက်   낙엽 네 잎
thi?ywe?kyweilei:ywe?

ရှဉ်း   shin: 마리(장기판의 소)

    နွားတစ်ရှဉ်း   nwa:t<u>a</u>shin: 소장군 한 마리

လက်   le?   자루, 정, 개(길다란 모양의 무기나 도구)

    သေနတ်တစ်လက်   th<u>a</u>na?t<u>a</u>le?   총 한 정

    ဓားနှစ်လက်   da:hn<u>a</u>le?   칼 두 자루

    မှိုန်းသုံးလက်   hmein:thoun:le?   작살 세 개

    လေးလေးလက်   lei:lei:le?   활 네 개

    ပုဆိန်ငါးလက်   p<u>a</u>hs<u>e</u>innga:le?   도끼 다섯 자루

    မျက်မှန်ခြောက်လက်   mye?hmanchau?le?   안경 여섯 개

    ထီးခုနှစ်လက်   hti:khunhn<u>a</u>le?   우산 일곱 개

    ဂီတာရှစ်လက်   gitash<u>i</u>?le?   기타 여덟 개

လုံး   loun: 개(동그란 공 모양의 것)

    သံပုရာသီးတစ်လုံး   thank<u>a</u>yadhi:t<u>a</u>loun: 라임 한 개

    ပန်းသီးနှစ်လုံး   pan:chi:hn<u>a</u>loun: 사과 두 개

မျက်လုံးနှစ်လုံး   눈동자 두 개(두 눈동자)
mye?loun:hnaloun:

ကြက်ဥသုံးလုံး   kye?u.thoun:loun: 계란 세 개(알)

ကားဘီးလေးလုံး   ka:bein:lei:loun: 자동차 타이어 네 개

မီးခြစ်ငါးလုံး   mi:ji?nga:loun: 성냥 다섯 개

ငွေပလားခြောက်လုံး   은잔 여섯 개
ngweihpala:chau?loun:

ခြင်းခုနှစ်လုံး   바구니(광주리) 일곱 개
chin:khunhnaloun:

ခေါင်းအုံးရှစ်လုံး   gaun:oun:shi?loun: 베개 여덟 개

လွယ်အိတ်ကိုးလုံး   어깨에 메는 가방 아홉 개
lweei?kou:loun:

သေတ္တာဆယ်လုံး   thi?tahseloun: 상자 열 개

ခုတင်ဆယ့်တစ်လုံး   gadinhse.taloun: 침대 열 한 개

ကုလားထိုင်ဆယ့်နှစ်လုံး   의자 열 두 개
kalahtainhse.hnaloun:

တံဆိပ်ခေါင်းဆယ့်သုံးလုံး   우표 열 세 장
dazei?gaun:hse.thoun:loun:

ဂီတာဆယ့်လေးလုံး   gitahse.lei:loun: 기타 열 네 개

ဦး   u: 사람, 명(다소 신분이 있는 사람)

ဆရာတစ်ဦး   hsayatau: 선생 한 명

အစိုးရအရာရှိနှစ်ဦး   asou:ya.ayashi.hnau: 정부 고관 두 명

(2) 명사구 · 명사절의 용법

명사와 동일한 역할을 하는 것으로서 주어의 위치에나 목적어의 위치 어느 곳에서도 나타날 수 있다.

(A) တာ(တယ်가 명사화한 것)

ဂျပန်ပြည်ကိုသွားတာကတော့ကျွန်တော်တို့နှစ်ယောက်ပါပဲ။
japanpyigouthwa:daga.do.kyanodou.hnayɛu?pabe:
일본에 간 것은 저희들 두 사람이었습니다.

ခင်ဗျာ့နာမည်ကိုခေါ်တာဘယ်သူလဲ။
khamya.namegoukhodabedhule:
당신의 이름을 부른 것은 누구입니까?

ကြက်သွန်(နီ)နဲ့ကြက်သွန်ပြူနွာရတာမသက်သာဘူး။
kye?thun(ni)ne.kye?thunbyuhnwaya.damathe?thabu:
양파와 마늘의 껍질을 벗긴다는 것은 편한 일은 아니다.

မင်းမကျေနပ်တာရှိရင်ပြော။
min:makyeina?tashi.yinpyo:
불만족스러운 것이 있으면 말해.

ခင်ဗျား အလုပ်ဝင်ရတာကျွန်တော်သိပ်ဝမ်းသာပါတယ်။
khamya:alou?winya.dakyanothei?wun:(wan:)thabade
당신이 취직해서 매우 기쁩니다.

193

(B) မှာ(မယ်가 명사화한 것)

ကျွန်တော်ပြောမှာကဒီလိုမဟုတ်ဘူး။

kyanopyo:hmaga.diloumahou?hpu:

내가 말하려고 하는 것은 그러한 것이 아니다.

စာမတတ်လို့ရှက်နေရမှာကတစ်သက်လုံးပဲ။

samata?lou.she?neiya.hmaga.tathe?loun:be:

글을 읽지 못하여 부끄러워해야만 하는 것은 한평생이다.

ကျွန်တော်ပြောမှာကိုနားထောင်ပါဦး။

kyanopyo:hmagouna:htaunbaoun:

제가 말하려고 하는 것을 들으세요.

မင်းငိုမှာစိုးလို့ဖွင့်မပြောခဲ့ဘူး။

min:ngouhmasou:lou.hpwin.mapyo:ge.bu:

네가 울 것을 염려하여 털어 놓고 이야기하지 않았다.

အလုပ်ပြုတ်ရမှာကိုငါမကြောက်ဘူး။

alou?pyou?ya.hmagoungamakyau?hpu:

실직하는 것을 나는 두려워하지 않는다.

(C) ဖို့

ကျွန်တော်တို့မနက်ပြန်အလည်သွားဖို့ဘယ်လိုလဲ။

kyanodou.mane?hpyanalethwa:bou.beloule:

우리들 내일 놀러가는 것 어때요?

ခြေလှမ်းကိုမျက်ခြည်မပြတ်ဖို့အရေးအကြီးဆုံးပဲ။
chihlan:goumye?chimapya?hpou.ayei:akyi zoun:be:
발자국을 놓치지 않도록 하는 것이 가장 중요하다.

(D) မှန်း

이 경우는 မှန်း이 뒤에 오는 သိ(알다)나 မသိ(모르다)라는 동사와 반
드시 결합하여, 전자는 어떠한 사실에 대하여 확실히 판단이 서거나 인식
함을 나타내고, 후자는 어떠한 사실에 대하여 판단이 잘 안 섬을 나타낸
다.

နွား:မဟုတ်ဘဲကျား:ကြီးဖြစ်မှန်း:သိတော့တယ်။
nwa:mahou?hpe:kya:ji:hpyi?hman:thi.do.de
소가 아니라 커다란 호랑이인 사실을 이제 확실히 판단했다.

အသက်ရှူလာလို့အသက်ရှိမှန်း:သိရတယ်။
athe?shulalou.athe?shi.hman:thi.ya.de
숨을 쉬게 되어 생명이 붙어 있는 사실을 인식했다.

ဟိုဟာကကျွန်တော်ပို့မှန်း:သိတယ်။
houhaga.kyanopou.hman:thi.de
저 사람이 내가 보낸 사실을 인식하고 있다.

ဘာတွေကြိုက်မှန်း:မသိဘူး။
badweikyai?hman:mathi.bu:
무엇들을 좋아하는지 판단이 안 선다.

ဘယ်မှာနေမှန်းလဲမသိဘူး။

behmaneihman:le:ma̱thi.bu:

어디에 살고 있는지도 판단이 안 선다.

ဘာလုပ်ရမှန်းမသိဘူး။

balou?ya.hman:ma̱thi.bu:

무엇을 해야 좋은지 판단이 안 선다.

3. 동사

미얀마어의 동사는 어미 변화를 하지 않는다. 이와 같이 자체 활용을 하지 않기 때문에 문장에 있어서의 시제 등은 동사 다음에 후속되는 조동사나 종조사에 의하여 구별되어진다.

(1) 동사의 종류

(A) 단순 동사

(가) 단음절 동사

단음절 동사는 가장 기본적인 동사의 형태로서 그 사용은 11~13세기의 ပုဂံ ba̲gan 시대 비문에서도 엿보인다.

ကြည့်	kyi.	보다		ကြား	kya:	들리다
ခေါ်	kho	부르다		စား	sa:	먹다
တက်	te?	오르다		ထား	hta:	놓다
ပေး	pei:	주다		ပြီး	pyi:	끝나다
ဖိ	hpi.	누르다		ဖြစ်	hpyi?	되다

မေး	mei:	묻다	မြင်	myin	보이다
ယူ	yu	갖다	ရေး	yei:	쓰다
ရောက်	yau?	도착하다	လာ	la	오다
သေ	thei	죽다	သောက်	thau?	마시다
သွား	thwa:	가다	အိပ်	ei?	자다

(나) 분리 불가능 2음절 동사

1음절과 2음절을 분리할 수 없는, 또는 분리하면 그 의미가 상실되는 동사로서 단음절 동사처럼 꽤 오래전부터 존재해 왔다.

စီရင်	siyin	처리하다	စော်ကား	soga:	모욕하다
ဆုံးမ	hsoun:ma.	훈계하다	ဆွေးနွေး	hswei:nwei:	협의하다
တိုင်ပင်	tainbin	상담하다			
အောက်မေ့	au?mei./aun:mei.	그리워하다			

(B) 복합 동사

(가) 분리 가능 2음절 동사

① 유사한 의미의 동사간의 결합

동일한 의미를 갖거나, 아니면 어떤 관계가 있는 동사끼리의 결합을 말한다.

ကျင့် kyin. 행하다 + သုံး thoun: 사용하다

   ကျင့်သုံး   kyin.thoun: 실행하다

ကြည့် kyi. 보다 + ရှု shu. 보다

   ကြည့်ရှု   kyi.shu.   관람하다

ချက် che? 익히다 + ပြုတ် pyou? 삶다, 끓이다

   ချက်ပြုတ်   che?pyou?   요리하다

ချစ် chi? 사랑하다 + ခင် khin 친한

   ချစ်ခင်   chi?khin   애호하다

ခွဲ khwe: 나누다 + စိတ် sei? 베다, 째다

   ခွဲစိတ်   khwe:sei?   수술하다

စု su. 모으다 + ပေါင်း paun: 더하다

   စုပေါင်း   su.paun: 합계하다

ဆောင် hsaun 운반하다 + ရွက် ywe? 머리에 이고 운반하다

   ဆောင်ရွက်   hsaunywe?   실행하다

တီး ti: 치다/쳐서 울리다 + မှုတ် hmou? 불다/불어서 울리다

   တီးမှုတ်   ti:hmou?   연주하다

တည်း te: 체재하다 + ခို khou 피신하다

   တည်းခို   te:khou   숙박하다

ထူး htu: 다른 + ဆန်း hsan: 보통이 0-닌

   ထူးဆန်း   htu:zan: 이상한

ထုတ် htou? 꺼내다 + လုပ် lou? 만들다, 하다
　　ထုတ်လုပ်　　htou?lou?　　생산하다

နေ nei 살다 + ထိုင် htain 앉다
　　နေထိုင်　　neihtain　　생활하다

ပြု pyu. 하다 + လုပ် lou? 만들다, 하다
　　ပြုလုပ်　　pyu.lou?　　하다

ပြောင်း pyaun: 이동하다 + လဲ le: 바꾸다
　　ပြောင်းလဲ　　pyaun:le:　　변화하다

မြှောက် hmyau? 올리다 + ပင့် pin. 올리다
　　မြှောက်ပင့်　　hmyau?pin.　　아첨하다

မြှင့် hmyin. 높히다 + တင် tin 쌓다
　　မြှင့်တင်　　hmyin.tin　　향상시키다

ရေ yei 세다 + တွက် twe? 계산하다
　　ရေတွက်　　yeitwe?　　계산하다

ရိုက် yai? 치다 + နှိပ် hnei? 누르다
　　ရိုက်နှိပ်　　yai?hnei?　　인쇄하다

ဟော ho: 설교하다, 예언하다 + ပြော pyo: 말하다
　　ဟောပြော　　ho:pyo:　　연설하다, 강연하다

② 상이한 의미의 동사간의 결합

반대의 의미를 갖거나, 아니면 아무런 관계도 없는 동사끼리의 결합을 말한다.

ထွက် htwe? 나오다 + သွား thwa: 가다

    ထွက်သွား   htwe?thwa: 외출하다

ပြောင်း pyaun: 이동하다 + စီး si: 타다

    ပြောင်းစီး   pyaun:si: 갈아타다

ရောင်း yaun: 팔다 + ဝယ် we 사다

    ရောင်းဝယ်   yaun:we   매매하다, 거래하다

လိမ် lein 속이다 + ပြော pyo: 말하다

    လိမ်ပြော   leinpyo: 거짓말하다

သွား thwa: 가다 + လာ la 오다

    သွားလာ   thwa:la   왕래하다

③ 명사와 동사간의 결합

이 경우는 여러 가지 형태가 있으나, 특히, 머리, 마음, 귀, 코, 입, 가슴, 손, 혀, 배, 힘 등의 인간 신체에 관계되는 단어가 많이 쓰이고 있다. 동사 대신에 형용사가 오기도 한다.

ခေါင်း gaun: 머리 + ကောင်း kaun: 좋은

    ခေါင်းကောင်း gaun:kaun: 영리한

ခေါင်း gaun: 머리 + ခါ kha 흔들다
ခေါင်းခါ　　　gaun:kha　　　부정하다

ခေါင်း gaun: 머리 + ချ cha. 떨어뜨리다
ခေါင်းချ　　　gaun:cha.　　　자다, 죽다

ခေါင်း gaun: 머리 + ညိတ် nyei? 끄덕이다
ခေါင်းညိတ်　　　gaun:nyei?　　　긍정하다

ခေါင်း gaun: 머리 + တိမ်း tein: 피하다
ခေါင်းတိမ်း　　　gaun:tein:　　　피난하다

ခေါင်း gaun: 머리 + မာ ma 단단한
ခေါင်းမာ　　　gaun:ma　　　고집이 센

ခေါင်း gaun: 머리 + မူး mu: 어지러운
ခေါင်းမူး　　　gaun:mu:　　　현기증이 나는

ခေါင်း gaun: 머리 + ရိတ် yei? 자르다
ခေါင်းရိတ်　　　gaun:yei?　　　이발하다

ခေါင်း gaun: 머리 + ရှောင် shaun 피하다
ခေါင်းရှောင်　　　gaun:shaun　　　피난하다

ခေါင်း gaun: 머리 + လျှော် sho 씻다
ခေါင်းလျှော်　　　gaun:sho　　　머리를 감다

စိတ် sei? 마음 + ကူး ku: 건너다
စိတ်ကူး　　　sei?ku:　　　상상하다

စိတ် sei? 마음 + ခု khu. 원망하다
စိတ်ခု   sei?khu.   원한을 품다

စိတ် sei? 마음 + ချ cha. 떨어뜨리다
စိတ်ချ   sei?cha.   안심하다

စိတ် sei? 마음 + ဆိုး hsou: 나쁜
စိတ်ဆိုး   sei?hsou: 화내다

စိတ် sei? 마음 + ညစ် nyi? 더러운
စိတ်ညစ်   sei?nyi?   우울해하다, 의기소침하다

စိတ် sei? 마음 + တို tou 짧은
စိတ်တို   sei?tou   성질이 급한

စိတ် sei? 마음 + နာ na 아프다
စိတ်နာ   sei?na   마음이 상하다, 불쾌해하다

စိတ် sei? 마음 + နောက် nau? 흐린, 탁한
စိတ်နောက်   sei?nau?   미치다

စိတ် sei? 마음 + ပူ pu 걱정하다
စိတ်ပူ   sei?pu   걱정하다

စိတ် sei? 마음 + ပျက် pye? 파괴되다
စိတ်ပျက်   sei?pye?   실망하다

စိတ် sei? 마음 + ဖြေ hpyei 풀다
စိတ်ဖြေ   sei?hpyei   자위하다

စိတ် sei? 마음 + ရှည် shei 긴

စိတ်ရှည်　　　　sei?shei　　　　참을성이 있는

စိတ် sei? 마음 + လျော့ sho. 줄이다

စိတ်လျော့　　　　sei?sho.　　　　단념하다, 포기하다

နား na: 귀 + ချ cha. 떨어뜨리다

နားချ　　　　na:cha.　　　　설득하다

နား na: 귀 + ထောင် htaun 세우다

နားထောင်　　　　na:htaun　　　　듣다

နား na: 귀 + ပူ pu 성가시다

နားပူ　　　　na:pu　　　　졸라대다

နား na: 귀 + ပေါက် pau? 통하다

နားပေါက်　　　　na:pau?　　　　이해하다

နား na: 귀 + လေး lei: 무거운, 둔감한

နားလေး　　　　na:lei:　　　　귀가 어두운, 난청인

နား na: 귀 + လည် le 돌다

နားလည်　　　　na:le　　　　이해하다

နား na: 귀 + ဝင် win 들어가다

နားဝင်　　　　na:win　　　　수락하다

နား na: 귀 + သွင်း thwin: 집어 넣다

နားသွင်း　　　　na:thwin:　　　　설득하다

နှာ hna 코 + ေစး si: 끈적끈적한

နှာေစး hnasi: 코감기에 걸리다

နှုတ် hnou? 입 + ေစာင့် saun. 지키다

နှုတ်ေစာင့် hnou?saun. 입이 무거운

နှုတ် hnou? 입 + ဆက် hse? ၀다

နှုတ်ဆက် hnou?hse? 인사하다

နှုတ် hnou? 입 + လုံ loun 물, 공기가 새지 않는

နှုတ်လုံ hnou?loun 입이 무거운

ရင် yin 가슴 + ကျိုး kyou: 부러지다

ရင်ကျိုး yinkyou: 비탄에 잠기다

ရင် yin 가슴 + ကွဲ kwe: 분리되다

ရင်ကွဲ yinkwe: 비탄에 잠기다

ရင် yin 가슴 + ဆိုင် hsain 관계가 있는

ရင်ဆိုင် yinhsain 마주보다, 직면하다

ရင် yin 가슴 + လေး lei: 무거운

ရင်လေး yinlei: 울적한, 우울한

လက် le? 손 + ခံ khan 받다

လက်ခံ le?khan 수락하다, 받아들이다

လက် le? 손 + ထပ် hta? 포개다

လက်ထပ် le?hta? 결혼하다

လက် le? 손 + ပစ် pyi? 던지다

လက်ပစ်　　　le?pyi?　　내팽개치다

လက် le? 손 + လျှော့ sho. 줄이다

လက်လျှော့　　le?sho.　　단념하다, 포기하다

လက် le? 손 + လွတ် hlu? 놓다

လက်လွတ်　　le?hlu?　　손을 떼다

လျှာ sha 혀 + ယား ya: 가려운

လျှာယား　　　shaya:　　말 참견하고 싶어 안달하다

လျှာ sha 혀 + ရှည် shei 긴

လျှာရှည်　　　shashei　　장황하게(지루하게) 이야기하다

လျှာ sha 혀 + လေး lei: 무거운, 둔감한

လျှာလေး　　　shalei:　　말이 느린

လျှာ sha 혀 + လည် le 돌다

လျှာလည်　　　shale　　미각이 뛰어난

ဝမ်း wun:/wan: 배 + ကြီး kyi: 큰

ဝမ်းကြီး　　　wun:kyi:　　임신하다(=ဗိုက်ကြီး)

ဝမ်း wun:/wan: 배 + နည်း ne: 적은

ဝမ်းနည်း　　　wun:ne:　　슬퍼하다, 유감으로 생각하다

ဝမ်း wun:/wan: 배 + ပျက် pye? 부서지다

ဝမ်းပျက်　　　wun:pye?　　설사하다

ဝမ်း wun:/wan: 배 + သာ tha 즐거운

ဝမ်းသာ　　　　wun:tha　　　　기뻐하다, 반가워하다

အား a: 힘 + ကိုး kou: 의지하다

အားကိုး　　　　a:kou:　　　　의지하다

အား a: 힘 + ကျ kya. 떨어지다

အားကျ　　　　a:kya.　　　　맞겨루다, 우열을 다투다

အား a: 힘 + ကြီး kyi: 큰

အားကြီး　　　　a:kyi:　　　　강력한

အား a: 힘 + ငယ် nge 어린, 작은

အားငယ်　　　　a:nge　　　　의기소침한, 기가 죽은

အား a: 힘 + တက် te? 오르다

အားတက်　　　　a:te?　　　　기운이 나다

အား a: 힘 + ထား hta: 놓다

အားထား　　　　a:hta:　　　　의지하다

အား a: 힘 + ထုတ် htou? 꺼내다

အားထုတ်　　　　a:htou?　　　　분투하다

အား a: 힘 + နာ na 아프다

အားနာ　　　　a:na　　　　황송하게(죄송스럽게) 여기다

အား a: 힘 + နည်း ne: 적은

အားနည်း　　　　a:ne:　　　　허약한

အား a: 힘 + ပေး pei: 주다

　　 အားပေး　　　　 a:pei:　　　　 격려하다, 용기를 북돋다

ကုန် koun 상품 + ကူး ku: 건너다

　　 ကုန်ကူး　　　　 kounku:　　　　 무역하다

မိုး mou: 비 + ခို khou 피신하다

　　 မိုးခို　　　　　 mou:khou　　　 비를 피하다

ရေ yei 물 + ကူး ku: 건너다

　　 ရေကူး　　　　　 yeiku:　　　　　 수영하다

ရေ yei 물 + ချိုး chou: 물을 끼얹다

　　 ရေချိုး　　　　　 yeichou:　　　　 목욕하다

အပ် a? 바늘 + ချုပ် chou? 꿰매다

　　 အပ်ချုပ်　　　　 a?chou?　　　　 바느질하다

(나) 3음절 동사

　　3음절 동사에는 2음절 명사와 단음절 동사(형용사)의 결합으로 이루어
진 것들이 많다. 2음절 명사에는 눈, 얼굴, 성격, 간 등의 인간 신체에 관계
되는 단어도 포함된다.

မျက်စိ mye?si. 눈 + နောက် nau? 흐린, 탁한
　　မျက်စိနောက် mye?si.nau?　눈에 거슬리다

မျက်စိ mye?si. 눈 + လည် le 돌다
　　မျက်စိလည် mye?si.le　헤매다

မျက်နှာ mye?hna 얼굴 + ကြီး kyi: 큰
　　မျက်နှာကြီး mye?hnakyi:　발이 넓은

မျက်နှာ mye?hna 얼굴 + နာ na 아프다
　　မျက်နှာနာ mye?hnana　어렵게 여기다, 스스러워하다

မျက်နှာ mye?hna 얼굴 + ပူ pu 뜨거운
　　မျက်နှာပူ mye?hnapu 수치심, 노여움으로 얼굴이 상기되다

မျက်နှာ mye?hna 얼굴 + ပျက် pye? 부서지다
　　မျက်နှာပျက် mye?hnapye? 체면이 손상되다, 안색이 나빠지다

မျက်နှာ mye?hna 얼굴 + ပြု pyu. 하다
　　မျက်နှာပြု mye?hnapyu.　향하다

သဘော dhabo: 성격, 의견 + ကောင်း kaun: 좋은
　　သဘောကောင်း dhabo:kaun: 성격이 좋은

သဘော dhabo: 성격, 의견 + ကျ kya. 떨어지다
　　သဘောကျ dhabo:kya.　좋아하다, 마음에 들다

သဘော dhabo: 성격, 의견 + ကွဲ kwe: 분리되다
　　သဘောကွဲ dhabo:kwe:　의견을 달리하다

သဘော dhabo: 성격, 의견 + တူ tu 같은

သဘောတူ　　dhabo:tu　　동의하다

သဘော dhabo: 성격, 의견 + ထား hta: 놓다

သဘောထား：　dhabo:hta:　~ 라고 간주하다

သဘော dhabo: 성격, 의견 + ပေါက် pau? 통하다

သဘောပေါက် dhabo:pau?　이해하다

သဘော dhabo: 성격, 의견 + ရ ya. 얻다

သဘောရ　　dhabo:ya.　　~ 라고 생각이 미치다

အသည်း athe: 간 + ကြောင် kyaun 멍하다, 흐리다

အသည်းကြောင် athe:kyaun　소심한

အသည်း athe: 간 + ယား ya: 가려운

အသည်းယား：　athe:ya:　　간장을 서늘케 하다

ကတိ gadi. 약속 + ထား hta: 놓다

ကတိထား：　　gadi.hta:　　약속하다

ကျွဲမြီး kywe:mi: 물소 꼬리 + တို tou 짧은

ကျွဲမြီးတို　　kywe:mi:tou　성급한, 흥분을 잘하는

ဂရု gayu. 주의 + စိုက် sai? 세우다

ဂရုစိုက်　　　gayu.sai?　　주의하다

စာချုပ် sajou? 계약 + ချုပ် chou? 맺다, 묶다

စာချုပ်ချုပ်　sajou?chou?　계약하다

သပိတ် dh<u>a</u>bei? 탁발 + မှောက် hmau? 뒤집다

    သပိတ်မှောက် dh<u>a</u>bei?hmau? 데모하다, 불매 운동하다

အကျိုး <u>a</u>kyou: 이익 + ပြု pyu. 하다

    အကျိုးပြု   <u>a</u>kyou:pyu.   공헌하다, 기여하다

အကျပ် <u>a</u>kya? 곤란 + တွေ့ twei. 만나다

    အကျပ်တွေ့   <u>a</u>kya?twei.   궁지에 몰리다, 곤경에 처하다

အကြံ <u>a</u>kyan 생각, 계획 + ပေး pei: 주다

    အကြံပေး   <u>a</u>kyanpei: 조언하다

အချက် <u>a</u>che? 신호 + ပြ pya. 보이다

    အချက်ပြ   <u>a</u>che?pya.   신호를 보내다

အစား <u>a</u>sa: 대리, 대용 + ထိုး htou: 찌르다

    အစားထိုး   <u>a</u>sa:htou: 교체하다

အဆက် <u>a</u>hse? 계속, 유대 + ပြတ် py<u>ɛ</u>? 끊어지다

    အဆက်ပြတ်   <u>a</u>hse?pya?   인연이 끊어지다

အပြစ် <u>a</u>pyi? 죄, 허물, 벌 + တင် tin 쏳다

    အပြစ်တင်   <u>a</u>pyi?tin   비난하다

အရေး <u>a</u>yei: 용건, 일 + ယူ yu 갖다, 취하다

    အရေးယူ   <u>a</u>yei:yu   행동을 취하다

အလို <u>a</u>lou 필요 + ရှိ shi. 있다

    အလိုရှိ   <u>a</u>loushi.   필요로 하다

အသံ _athan 소리 + လွှင့် hlwin. 전파하다

အသံလွှင့်　　_athanhlwin.　　방송하다

အအေး _aei: 추위 + မိ mi. 붙잡히다

အအေးမိ　　_aei:mi.　　감기에 걸리다

(다) 4음절 동사

4음절 동사는 유사한 의미를 갖는 2음절의 동사가 2개 결합되어 이루어진 것들이 많다.

ကူညီ kunyi 돕다 + မစ ma.za. 원조하다

ကူညီမစ　　　kunyima.za.　　　협력하다

ကူးသန်း ku:than: 무역하다 + ရောင်းဝယ် yaun:we 매매하다

ကူးသန်းရောင်းဝယ် ku:than:yaun:we　　교역하다

ကျွေးမွေး kywei:mwei: 기르다 + ပြုစု pyu.zu. 돌보다

ကျွေးမွေးပြုစု　　kywei:mwei:pyu.zu.　　부양하다

ချစ်ခင် chi?khin 친한 + မြတ်နိုး mya?nou: 흠모하다

ချစ်ခင်မြတ်နိုး　　　chi?khinmya?nou:　　　경애하다

ဆင်ခြင် hsinjin 생각하다 + စဉ်းစား sin:za: 생각하다

ဆင်ခြင်စဉ်းစား　　hsinjinsin:za:　　　숙고하다

ညီညွတ် nyinyu? 일치하다 + စည်းလုံး si:loun: 단결하다

ညီညွတ်စည်းလုံး　　　nyinyu?si:loun:　　　통일하다

တွေဝေ tweiwei 멍하다 + ငေးငိုင် ngei:ngain 멍하다

တွေဝေငေးငိုင်   깊은 생각에 잠기다, 망연자실하다

tweiweingei:ngain

ပြုစု pyu.zu. 돌보다 + စောင့်ရှောက် saun.shau? 보호하다

ပြုစုစောင့်ရှောက်   pyu.zu.saun.shau?   돌보다

မြည်တွန့် myitun 꾸짖다 + တောက်တီး tau?ti: 잔소리하다

မြည်တွန့်တောက်တီး   myituntau?ti: 잔소리하다

ရှိသေ youthei 존경하다 + လေးစား lei:za: 존경하다

ရှိသေလေးစား   youtheilei:za: 존경하다

ရိုက်နှက် yai?hne? 때리다 + ပုတ်ခတ် pou?kha? 비난하다

ရိုက်နှက်ပုတ်ခတ်   yai?hne?pou?kha?   치다

လုပ်ကိုင် lou?kain 일하다 + စားသောက် sa:thau? 먹다

လုပ်ကိုင်စားသောက် lou?kainsa:thau?   생계를 유지하다

ဝတ်စား wu?sa: 입다 + ဆင်ယင် hsinyin 치장하다

ဝတ်စားဆင်ယင်   wu?sa:hsinyin   복장을 하다

သယ်ယူ theyu 나르다 + ပို့ဆောင် pou.hsaun 운반하다

သယ်ယူပို့ဆောင်   theyupou.hsaun   운송하다

အားကိုး a:kou: 의지하다 + အားထား a:hta: 의지하다

အားကိုးအားထား   a:kou:a:hta: 의지하다

အားထုတ် a:htou? 힘쓰다 + ကြိုးစား kyou:za: 노력하다

အားထုတ်ကြိုးစား a:htou?kyou:za: 분투 노력하다

213

(C) 자동사와 타동사

 စ(시작되다, 시작하다), စု(모이다, 모으다), ချဉ်း(가까이 가다, 가까이 하다) 등과 같이 자동사와 타동사를 동일한 형태로 나타내는 경우도 많지만, 단어에 따라서는 자동사는 무기음으로, 타동사는 유기음(초성이 비음이나 측면음 등의 경우에는 유성음과 무성음, 비마찰음과 마찰음)으로 구별하여 나타내기도 한다.

	자동사			타동사	
ကောက်	kau?	굽다	ခေါက်	khau?	굽히다, 접다
ကျိုး	kyou:	부러지다	ချိုး	chou:	부러뜨리다
ကျက်	kye?	익다	ချက်	che?	익히다
ကြောက်	kyau?	무서워하다	ခြောက်	chau?	무섭게 하다
ကျန်	kyan	남다	ချန်	chan	남기다
ကွာ	kwa	벌어지다	ခွာ	khwa	벌리다
ကွဲ	kwe:	깨지다, 갈리다	ခွဲ	khwe:	깨다, 가르다
စုတ်	sou?	찢어지다	ဆုတ်	hsou?	찢다
နောက်	nau?	흐려지다	နှောက်	hnau?	흐리게 하다
နစ်	ni?	가라앉다	နှစ်	hni?	가라앉히다
ပျက်	pye?	부서지다	ဖျက်	hpye?	부수다
ပြုတ်	pyou?	떨어져 나가다	ဖြုတ်	hpyou?	떼어내다
မြောက်	myau?	들어 올려지다	မြှောက်	hmyau?	들어 올리다
မြင့်	myin.	높은	မြှင့်	hmyin.	높이다

မြုပ်	myou?	묻히다	မှြုပ်	hmyou?	묻다
ပွင့်	pwin.	열리다	ဖွင့်	hpwin.	열다
လဲ	le:	넘어지다	လှဲ	hle:	넘어뜨리다
လန်	lan	뒤집히다	လှန်	hlan	뒤집다
လွဲ	lwe:	벗어나다	လှွဲ	hlwe:	벗어나게 하다
လွတ်	lu?	자유롭게 되다	လှွတ်	hlu?	자유롭게 하다
လျော့	yo.	줄다	လျှော့	sho.	줄이다

(2) 수동태의 용법

미얀마어의 수동태는 동사에 접두사 အ를 붙여 명사화한 후, 그 뒤에
ခံရ를 덧붙여 표현한다. 즉, အ ― ခံရ 형태가 되는 것이다.

ခေါ်တယ်။　khode　　부르다
　　အခေါ်ခံရတယ်။　　akhokhanya.de　　불리우다

ဆဲတယ်။　hse:de　　욕하다
　　အဆဲခံရတယ်။　　ahse:khanya.de　　욕먹다

ဖမ်းတယ်။　hpan:de　　붙잡다
　　အဖမ်းခံရတယ်။　　ahpan:khanya.de　　붙잡히다

ရိုက်တယ်။　yai?te　　때리다
　　အရိုက်ခံရတယ်။　　ayai?khanya.ce　　두들겨 맞다

ရွေးတယ်။　ywei:de　선발하다

　　အရွေးခံရတယ်။　aywei:khanya.de　선발되다

လိမ်တယ်။　leinde　속이다

　　အလိမ်ခံရတယ်။　aleinkhanya.de　속다

သတ်တယ်။　tha?te　살해하다

　　အသတ်ခံရတယ်။　atha?khanya.de　살해되다

수동태와 혼동하기 쉬운 형태로서, 동사에 접두사 အ를 붙여 명사화한 후, 그 뒤에 ခံ(ခံရ가 아님)을 덧붙이는 형태가 있다. 이것은 수동태가 아니라, 동작하는 주체의 자발적인 의지를 나타낸다.

ဆာတယ်။　hsade　배고프다

　　အဆာခံတယ်။　ahsakhande　배고픔을 참다

ဆဲတယ်။　hse:de　욕하다

　　အဆဲခံတယ်။　ahse:khande　욕을 참다

ညံ့တယ်။　nyan.de　뒤떨어지다

　　အညံ့ခံတယ်။　anyan.khande　굴복하다

ဖမ်းတယ်။　hpan:de　붙잡다

　　အဖမ်းခံတယ်။　ahpan:khande　자수하다

သေတယ်။　theide　죽다

　　အသေခံတယ်။　atheikhande　자살하다

(3) အ – [ကြီး]의 용법

'매우 ~ 하다', '현저하게 ~ 하다'의 표현은 동사의 앞에 접두사 အ
를 붙여 명사화한 후, 접미사 [ကြီး]를 덧붙여 အ – [ကြီး]의 형태로 만든
다음, 그 뒤에 같은 동사를 반복해서 나타낸다.

ကျေနပ်တယ်။ kyeina?te 단족하다
　အကျေနပ်[ကြီး]ကျေနပ်တယ်။ 매우 만족하다(대만족)
　<u>a</u>kyeina?kyi:kyeina?te

စိတ်ပျက်တယ်။ sei?pye?te 실망하다
　စိတ်အပျက်[ကြီး]ပျက်တယ်။ 크게 실망하다
　sei?<u>a</u>pye?kyi:pye?te

ပူတယ်။ pude 더운
　အပူ[ကြီး]ပူလာတယ်။ <u>a</u>puji:pulade 현저하게 더워졌다

ပျော်တယ်။ pyode 즐거워하다
　အပျော်[ကြီး]ပျော်ရတယ်။ 더할 나위 없이 즐거워하다
　<u>a</u>pyoji:pyoya.de

မောတယ်။ mo:de 지치다
　အမော[ကြီး]မောရတယ်။ 피곤해서 녹초가 되다.
　<u>a</u>mo:ji:mo:ya.de

ရှက်တယ်။ she?te 부끄러워하다
　အရှက်[ကြီး]ရှက်ရတယ်။ 아주 부끄러워하다
　<u>a</u>she?kyi:she?ya.de

4. 형용사

　형용사는 명사를 수식하는 동시에 그 자체 종조사를 동반하여 술어가
될 수 있기 때문에, 형태만으로는 동사와의 식별이 아주 어렵다. 더구나
동사의 경우처럼 활용도 하지 않기 때문에, 활용면에서도 양자의 식별은
쉬운 일이 아니다. 이와 같이 미얀마어에서 형용사와 동사의 구별이 아주
애매하여, 혹자는 형용사를 아예 동사에 포함시켜 품사를 분류하기도 한
다. 그러나 동작이나 존재를 나타내는 품사가 동사이고 상태를 나타내는
품사가 형용사라고 규정한다면, 미얀마어에서도 물론 형용사는 존재한다.
또한, 동사는 명령형이나 금지형으로 사용될 수 있지만 형용사는 그렇지
않고, 동사로부터 형용사를 만들어 낼 수는 있지만 형용사에서 동사는 만
들어 낼 수 없다.

(1) 형용사의 종류

(A) 단순 형용사

　11~13세기의 ပုဂံ bagan 시대 비문에서도 그 사용이 엿보이는, 형용사
중 가장 기본적인 형태의 단음절 형용사를 말한다.

| ကောင်း | kaun: | 좋은 | ကြီး | kyi: | 큰 |
| ချမ်း | chan: | 추운 | ငယ် | nge | 작은, 어린 |

ဆိုး	hsou:	나쁜	တို	tou	짧은
နည်း	ne:	적은	နိမ့်	nein.	낮은
ပူ	pu	더운	များ:	mya:	많은
မြင့်	myin.	높은	မြတ်	mya?	귀한
ရှည်	shei	긴	လှ	hla.	아름다운
သစ်	thi?	새로운	ဟောင်း	haun:	오래된

(B) 복합 형용사

동일하거나 비슷한 의미를 갖는 단음절 형용사 2개가 결합하여 이루어진 2음절 형용사를 말한다.

ကောက် kau? 구부러진 + ကျစ် kyi? 구부러진
　　ကောက်ကျစ်　　　kau?kyi?　　　교활한

ကောင်း kaun: 좋은 + မွန် mun 좋은
　　ကောင်းမွန်　　　kaun:mun　　　좋은

ကျယ် kye 넓은 + ပြန့် pyan. 넓은
　　ကျယ်ပြန့်　　　kyepyan.　　　광대한

ချမ်း chan: 추운 + အေး ei: 서늘한, 조용한
　　ချမ်းအေး　　　chan:ei:　　　서늘한, 조용한

ပူ pu 더운 + အိုက် ai? 숨막히듯 더운
　　ပူအိုက်　　　puai?　　　찌는듯이 무더운

မြင့် myin. 높은 + မြတ် mya? 귀한

မြင့်မြတ်   myin.mya?   고귀한

ရှည် shei 긴 + လျား ya: 긴

ရှည်လျား   sheilya: 매우 긴

(C) 동사에서 형성된 형용사

동사에 စရာ나 ဖို့와 같은 접미사를 붙여 명사화한 후, ကောင်:을 덧붙여 만든 ― စရာ(ဖို့)ကောင်: 형태의 형용사를 말한다.

ကြောက် kyau? 무서워하다

     ကြောက်စရာကောင်: kyau?sayakaun: 무서운

ကြည်နူး kyinu: 유쾌해하다

     ကြည်နူးစရာကောင်: kyinu:zayakaun: 유쾌한

ချစ် chi? 사랑하다

     ချစ်စရာကောင်:   chi?sayakaun: 귀여운, 사랑스러운

စိတ်ဝင်စား sei?winza: 흥미(관심)를 갖다

     စိတ်ဝင်စားစရာကောင်: 재미(흥미)있는

sei?winza:zayakaun:

ပျော် pyo 즐거워하다

     ပျော်စရာကောင်:   pyozayakaun: 즐거운

မုန်း moun: 미워하다

မုန်းစရာကောင်း moun:zayakaun: 미운

ရယ် yi 웃다

ရယ်စရာကောင်း yizayakaun: 우스운

ရှက် she? 부끄러워하다

ရှက်စရာကောင်း she?sayakaun: 부끄러운

သနား thana: 동정하다

သနားစရာကောင်း thana:zayakaun: 불쌍한

အားနာ a:na 죄송스러워하다

အားနာစရာကောင်း a:nazayakaun: 죄송스러운

အံ့သြ an.o: 놀라다

အံ့သြစရာကောင်း an.o:zayakaun: 놀라운

စရာ 대신에 접미사 ဖို့를 붙여도 마찬가지이다.

(D) 부사에서 형성된 형용사

부사에 '~ 이다' 라는 상태를 나타내는 동사 ဖြစ်을 덧붙여 만든 ─
ဖြစ် 형태의 형용사를 말한다.

ကိုးရိုးကားရားဖြစ်   거북한, 뒤죽박죽(짝짝)인
kou:you:ka:ya:hpyi?

ကြောင်တောင်တောင်ဖြစ်   멍한, 기죽은, 어리둥절한
kyauntauntaunhpyi?

ကြောင်တက်တက်ဖြစ်   멍한, 기죽은, 어리둥절한
kyaunte?te?hpyi?

ကြောင်အမ်းအမ်းဖြစ်   멍한, 기죽은, 어리둥절한
kyaunan:an:hpyi?

ငေငေဝါဖြစ်   zaweizawahpyi?   애매한, 의심스러운

မရှိမသေဖြစ်   mayoumatheihpyi?   불공손한

ယီးတီးယောင်တောင်ဖြစ်   당황한, 횡설수설하는
yi:di:yaundaunhpyi?

ယောင်တိယောင်တောင်ဖြစ်   얼빠진, 얼떨떨한
yaunti.yauntaunhpyi?

ရှော၁ရှော၁ရှူရှူဖြစ်   순조로운
sho:sho:shushuhpyi?

ရင်ထုမနာဖြစ်   yindu.manahpyi?   슬픔에 잠긴

ရှူးတိုးရှန့်တန့်ဖြစ်   우유부단한
shou:dou:shan.dan.hpyi?

အူယ၁းပ၁းယ၁းဖြစ်   성급한, 허둥지둥하는
uya:hpa:ya:hpyi?

(2) 수식형 တဲ့의 용법

미얀마어에서 형용사가 명사를 수식하는 방법에는 형용사가 명사에 선행하는 방법과 명사 뒤에 형용사를 후속시키는 방법 두 가지가 있다. 이 두 가지 방법 중 전자의 경우에는 종조사 တယ်가 တဲ့ 라는 연체형으로 변형되어 형용사와 명사 사이에 삽입된다. 한편, 후자의 경우는 이러한 연체형이 요구되지 않는다.

ဒီမိန်းမဟာလှတယ်॥ 　　이 여자는 아름답다.
dimein:ma.hahla.de

ဒါဟာလှတဲ့မိန်းမပါ॥ 　　이 여자는 아름다운 여자이다.
dahahla.de.mein:ma.ba

ဒါဟာမိန်းမလှပါ॥ 　　이 여자는 아름다운 여자이다.
dahamein:ma.hla.ba

ဒီအကြံဟာအဆင်မတန်ကောင်းတယ်॥ 　이 착상은 아주 좋다.
diakyanhainmatankaun:de

ဒါဟာအဆင်မတန်ကောင်းတဲ့အကြံပဲ॥ 　그것은 아주 좋은 착상이다.
dahainmatankaun:de.akyanbe:

ဒါဟာအဆင်မတန်အကြံကောင်းပဲ॥ 　그것은 아주 좋은 착상이다.
dahainmatanakyangaun:be:

ကျွန်တော်တို့မှာအရေးကြီးတဲ့ပြဿနာရှိပါတယ်॥
kyanodou.hmaayei:kyi:de.pya?thanashi.bade
우리들에게는 중요한 문제가 있습니다.

ဒီညဟာချမ်းအေးလှတဲ့ညပါ။　오늘 밤은 매우 추운 밤입니다.

dinya.hachan:ei:hla.de.nya.ba

그러나 후자의 경우는 단어에 따라서 형용사 대신에 부사나 명사가 그 기능을 담당하는 경우도 있다.

ကျွန်တော်တို့မှာပြဿနာအရေးတကြီးရှိပါတယ်။

kyanodou.hmapya?thanaayei:daji:shi.bade

우리들에게는 중요한 문제가 있습니다.

ကော်ဖီပူပူသောက်ချင်ပါတယ်။

kohpipubuthau?chinbade

뜨거운 커피를 마시고 싶습니다.

လက်ဖက်ရည်ကြမ်းခါးခါးသောက်မလား။

lahpe?yeijan:kha:ga:thau?mala:

쓴 녹차를 마시겠니?

အဝတ်အစားအသစ်ဝယ်ချင်တယ်။　새 옷을 사고 싶다.

awu?asa:athi?wejinde

အိတ်ထဲမှာပိုက်ဆံအပိုမရှိဘူး။

ei?hte:hmapai?hsanapoumashi.bu:

호주머니 속에 여분의 돈이 없다.

သင်္ဘောသီးအမှည့်တစ်လုံးကိုတွေ့တယ်။

thin:bo:dhi:ahme.taloun:goutwei.de

익은 파파야를 한 개 발견했다.

(3) 최상급 အ — ဆုံး의 용법

'가장 ~ 하다' 라는 최상급의 표현은 형용사에 접두사 အ를 붙여 명사화한 후, 그 뒤에 ဆုံး을 덧붙여 나타낸다.

ဒါဟာအနီးဆုံးပြတ်လမ်းပဲ။
dahaani:zoun:hpya?lan:be:
이것은 가장 가까운 지름길이다.

သူ့အယူအဆအရဒါကအရေးအကြီးဆုံးပဲ။
thu.ayuahsa.aya.daga.ayei:akyi:zoun:be:
그의 의견에 의하면, 이것이 가장 중요하다

တစ်ယောက်မကျန်ရေကူးတတ်ရင်အဲဒါအကောင်းဆုံးပဲ။
tayau?makyanyeiku:da?yine:daakaun:zoun:be:
한 사람도 남김없이 수영을 할 수 있으면 그것이 가장 좋다.

ခင်ဗျားဘာပန်းကိုအကြိုက်ဆုံးလဲ။
khamya:bapan:gouakyai?hsoun:le:
당신은 무슨 꽃을 가장 좋아합니까?

ကျွန်တော့်အကြိုက်ဆုံးပန်းကတော့နှင်းဆီပန်းပါ။
kyano.akyai?hsoun:pan:ga.do.hnin:ziban:ɔa
제가 가장 좋아하는 꽃은 장미입니다.

225

5. 부사

미얀마어의 부사에는 고유의 부사, 형용사(동사)에서 파생된 부사, 접두사, 접요사, 접미사 등의 접사에 의한 부사 등으로 크게 분류할 수 있다.

(1) 고유의 부사

본래부터 부사로서 존재해 왔던 것으로서 단음절과 다음절이 있지만, 다음절의 경우 음절마다 분리가 불가능하다.

ခဏ	kha̲na.	잠깐
ချက်ချင်း	che?chin:	즉시
တကယ်	da̲ge	정말로
ရုတ်တရက်	you?ta̲ye?	갑자기
လုံးလုံး	loun:loun:	전혀
သိပ်	thei?	매우
အရင်	a̲yin	먼저
အရမ်း	a̲yan:	함부로, 마구
အားလုံး	a:loun:	모두
အင်မတန်	inma̲tan	아주

(2) 형용사(동사)에서 파생된 부사

(A) XX형 부사

미얀마어에서 형용사(동사)를 거듭 두 번 반복하면 그대로 부사가 된
다. XX 형 부사란 단음절 형용사가 거듭 두 번 반복되어 이루어진 부사를
말한다.

ကောင်း kaun: 좋은
    ကောင်းကောင်း   kaun:gaun: 잘

ငြိမ် nyein 조용한
    ငြိမ်ငြိမ်   nyeinnyein   조용하게

စော so: 이른
    စောစော   so:zo: 일찍

တော် to 적당한, 알맞은
    တော်တော်   todo   알맞게, 꽤, 상당히

နည်း ne: 적은
    နည်းနည်း   ne:ne: 조금

ဖြည်း hpyei: 느린
    ဖြည်းဖြည်း   hpyei:byei: 천천히

များ mya: 많은
    များများ   mya:mya: 많이

မြန် myan 빠른

မြန်မြန် myanmyan 빨리

မှန် hman 올바른

မှန်မှန် hmanhman 올바르게

(B) XXYY형 부사

2음절의 형용사(동사)를 거듭 두 번 반복하는 경우, 제 1음절과 제 2음절이 순차적으로 반복되어 이루어진 부사를 말한다.

ကြိုးစား kyou:za: 노력하다

ကြိုးကြိုးစားစား kyou:jou:sa:za: 열심히

ဆူညံ hsunyan 시끄러운

ဆူဆူညံညံ hsuzunyannyan 시끄럽게, 왁자지껄하게

တိကျ ti.kya. 확실한, 정확한

တိတိကျကျ ti.di.kya.ja. 확실히, 정확히

ထိမိ hti.mi. 효과적인

ထိထိမိမိ hti.di.mi.mi. 효과적으로

ထိရောက် hti.yau? 효과적인

ထိထိရောက်ရောက် hti.di.yau?yau? 효과적으로

ပြင်းထန် pyin:htan 거센, 맹렬한

ပြင်းပြင်းထန်ထန် pyin:byin:htandan 거세게, 맹렬하게

ပွင့်လင်း pwin.lin: 명백한, 탁 터 놓은

ပွင့်ပွင့်လင်းလင်း pwin.bwin.lir:lin: 명백하게, 노골적으로

ရဲတင်း ye:tin: 용감한, 대담한

ရဲရဲတင်းတင်း ye:ye:tin:din: 용감하게, 대담하게

ရဲရင့် ye:yin. 용감한, 대담한

ရဲရဲရင့်ရင့် ye:ye:yin.yin. 용감하게, 대담하게

ရဲဝံ့ ye:wun. 용감한, 대담한

ရဲရဲဝံ့ဝံ့ ye:ye:wun.wun. 용감하게, 대담하게

ရင်းနှီး yin:hni: 친한

ရင်းရင်းနှီးနှီး yin:yir:hni:hni: 친하게

ရှင်းလင်း shin:lin: 청결한, 명확한

ရှင်းရှင်းလင်းလင်း shin:shin:lin:lin: 청결하게, 명확하게

သေချာ theija 확실한

သေသေချာချာ theidhəichaja 확실히

သဲကွဲ the:gwe: 선명한

သဲသဲကွဲကွဲ the:dhə:kwe:gwe: 선명하게

အေးဆေး ei:hsei: 조용한, 평온한, 침착한

အေးအေးဆေးဆေး ei:ei:hsei:zei: 조용하게, 평화롭게

(C) XYXY형 부사

2음절의 형용사(동사, 명사, 부사)를 거듭 두 번 반복하는 경우, 제 1음절과 제 2음절이 한데 묶여 한꺼번에 반복되어 이루어진 부사를 말한다.

ခဏခဏ	kha̲na.kha̲na.	자주, 빈번히
ဆူညံဆူညံ	hsunyanhsunyan	시끄럽게, 와자지껄하게
ဆင့်ကဲဆင့်ကဲ	hsin.ge:hsin.ge:	차례차례, 잇달아, 속속
တစ်ခါတစ်ခါ	ta̲khata̲kha	가끔
တစ်စတစ်စ	da̲za.da̲za.	점차, 점점
မကြာမကြာ	ma̲kyama̲kya	자주, 빈번히
ရံဖန်ရံဖန်	yanhpanyanhpan	가끔

(3) 접사에 의한 부사

접두사, 접요사 그리고 접미사가 첨가됨으로써 이루어진 부사로 3음절과 4음절어가 많다. 발음은 운율적인 데가 있다.

(A) ခပ် XX형 부사

접두사 ခပ်이 첨가된 부사로, 이때의 ခပ်은 '약간, 다소, 좀'의 의미를 갖는다.

မနက်ပြန်ခပ်စောစောလာပါဦး။ 내일 좀 일찍 오세요.
mane?hpyankha?so:zo:labaoun:

ခပ်တိုးတိုးပြောပါ။ 조금 작은 소리로 말하십시오.
kha?tou:dou:pyo:ba

သူ့မျက်နှာကခပ်တည်တည်ဖြစ်တယ်။
thu.mye?hnaga.kha?tidihpyi?te
그의 얼굴이 다소 경직되어 있다.

ခပ်မြန်မြန်လိုက်ခဲ့။ 좀 빨리 따라와.
kha?myanmyanlai?khe.

(B) တ XX형 부사

의태어, 의성어를 나타내는 경우에 잘 쓰이는 부사이다. 부사 다음에 조사 ခဲ့를 덧붙여도 상관 없다.

ကျောင်းသူကျောင်းသားတွေကသီချင်းတကြော်ကြော်ဆိုနေ
ကြတယ်။
kyaun:dhukyaun:dha:dweiga.thachin:dajojohsouneija.de
학생들이 노래를 우렁차게 부르고 있다.

ပြတင်းပေါက်အပြင်ကိုတစိမ့်စိမ့်လှမ်းကြည့်နေတယ်။
badin:bau?apyingoudazein.zein.hlan:kyi.neide
창밖을 물끄러미 바라보고 있다.

အငွေ့တထောင်းထောင်းထနေတယ်။

angwei.tahtaun:daun:hta.neide

증기(김)가 무럭무럭 피어오르고 있다.

ရင်ထဲမှာတဒိတ်ဒိတ်နဲ့ခုန်တယ်။   가슴이 두근두근 뛴다.

yinde:hmadadei?dei?ne.khounde

ရှူးဖိနပ်တဖိတ်ဖိတ်တောက်နေတယ်။

shu:hpana?tahpei?hpei?tau?neide

구두가 반짝반짝 빛나고 있다.

လေတပျူးပျူးတိုက်နေတယ်။   바람이 휘휘 불고 있다.

leitahpyu:byu:tai?neide

မိုးတပြောက်ပြောက်ရွာနေတယ်။   비가 주룩주룩 내리고 있다.

mou:tahpyau?hpyau?ywaneide

လက်ခုပ်တပြောင်းပြောင်းတီးနေတယ်။

le?khou?tahpyaun:byaun:ti:neide

손뼉을 짝짝 치고 있다.

တပြည်းပြည်းပြောပါ။   천천히 말하세요.

tahpyei:byei:pyo:ba

မီးခိုးတလူလူထနေတယ်။

mi:gou:taluluhta.neide

연기가 뭉게뭉게 솟아오르고 있다.

(C) အ X အ Y형 부사

အများအပြား	<u>a</u>mya:<u>a</u>pya:	많이
အပြီးအပိုင်	<u>a</u>pyi:(pi:)<u>a</u>pain	완전히, 완벽하게, 철저히
အပြေးအလွှား	<u>a</u>pyei:<u>a</u>hlwa:	급히
အပြည့်အစုံ	<u>a</u>pyei.<u>a</u>soun	충분히
အပြည့်အဝ	<u>a</u>pyei.<u>a</u>wa.	충분히
အလုအယက်	<u>a</u>lu.<u>a</u>ye?	앞을 다투어
အလိုက်အထိုက်	<u>a</u>lai?<u>a</u>htai?	어울리게, 조화롭게
အလွန်အကျွံ	<u>a</u>luna<u>k</u>yun	과도하게, 지나치게
အသာအယာ	<u>a</u>tha<u>a</u>ya	가만히, 살짝
အသေအချာ	<u>a</u>thei<u>a</u>cha	확실히
အသင့်အတင့်	<u>a</u>thin.<u>a</u>tin.	적당히, 알맞게

(D) တ X တ Y형 부사

တကွဲတပြား	<u>d</u>agwe:<u>d</u>abya:	산산이, 뿔뿔이
တငေးတမော	<u>t</u>angei:<u>t</u>amo:	멍하니
တစေ့တစောင်း	<u>d</u>azei.<u>d</u>azaun:	별 생각 없이, 슬그머니
တပိတပိုင်း	<u>d</u>abi.<u>d</u>abain:	부분적으로
တပင်တပန်း	<u>d</u>abin<u>d</u>aban:	수고롭게
တပျော်တပါး	<u>d</u>abyoda<u>b</u>a:	즐겁게

233

| တယုတယ | tayu.taya. | 공손히, 친절히 |
| တရင်းတနီး | tayin:tahni: | 친하게 |

(E) က X က Y형 부사

ကချော်ကချွတ်	kachokachu?	조잡하게, 난잡하게
ကစဉ့်ကလျား	gazin.gaya:	무질서하게
ကစဉ့်ကရဲ	gazin.gaye:	무질서하게
ကတောကမျော	gado:gamyo:	성급하게
ကတိုက်ကရိုက်	gadai?gayai?	성급하게
ကတုန်ကယင်	gadoungayin	부들부들 떨며
ကတမ်းကရမ်း	gadan:gayan:	경솔하게
ကပိုကရို	gabougayou	칠칠치 못하게
ကပျာကယာ	gabyagaya	성급하게
ကပျစ်ကညစ်	gabyi?kanyi?	불결하게
ကမန်းကတန်း	gaman:gadan:	성급하게
ကသောကမျော	katho:gamyo:	성급하게
ကသောင်းကနင်း	kathaun:ganin:	충격적으로
ကလန့်ကဆန့်	galangahsan	반항적으로

(F) အ X တ Y형 부사

အထိတ်တလန့်	ahtei?talan.	깜짝 놀라서
အပူတပြင်း	apudabyin:	급히
အမှတ်တမဲ့	ahma?tame.	부주의하게
အမှတ်တရ	ahma?taya.	기념으로
အလောတကြီး	alo:daji:	성급하게
အလန့်တကြား	alan.daja:	깜짝 놀라서
အလွယ်တကူ	alwedagu	쉽게, 용이하게
အသာတကြည်	athadaji	정중히

(G) မ X တ Y형 부사

မခို့တရို့	makhou.dayou.	귀엽게, 얌전하게
မချိတရိ	machi.dayi.	참을 수 없게(없을 만큼)
မတော်တဆ	matotahsa.	우연히, 뜻밖에
မတောက်တခေါက်	matau?tak ၣau?	이럭저럭, 겨우
မလိုတမာ	maloutama	불쾌하게

(H) မ X တ X형 부사

거의 불가능에 가까운 어떤 상태를 나타낸다.

မကွဲတကွဲ	ma̲kwe:da̲gwe:	어중간하게
မကြားတကြား	ma̲kya:da̲ja:	거의 들리지 않을 정도로
မတတ်တတတ်	ma̲ta?da̲da?	겨우 할 수 있을 정도로
မထိတထိ	ma̲hti.ta̲hti.	희미하게, 미미하게
မပွင့်တပွင့်	ma̲pwin.da̲bwin.	거의 입을 열지 않을 정도로, 중얼거리는
မရဲတရဲ	ma̲ye:da̲ye:	조심조심, 머뭇머뭇

(l) ㅁ X ㅁ Y형 부사

မကောမက	ma̲ko:ma̲ka.	불충분하게
မကောင်းမကန်း	ma̲kaun:ma̲kan:	나쁘게
မကြာမတင်	ma̲kyama̲tin	곧
မကွယ်မဝှက်	ma̲kwema̲hwe?	숨김없이, 솔직하게
မကွဲမကွာ	ma̲kwe:ma̲kwa	떨어지지 않고, 함께
မခိုးမခန့်	ma̲khou:ma̲khan.	건방지게
မခေါက်မရက်	ma̲khau?ma̲ye?	동정하여, 가엾이 여겨
မချိမဆံ့	ma̲chi.ma̲hsan.	참을 수 없게(없을 만큼)
မချင့်မရဲ	ma̲chin.ma̲ye:	안타깝게, 애타게
မစို့မပို့	ma̲sou.ma̲pou.	불충분하게
မဆီမဆိုင်	ma̲hsima̲hsain	무관하게, 관계 없이
မဆိုင်းမတွ	ma̲hsain:ma̲twa.	주저하지 않고, 지체 없이

236

မဆုတ်မနစ်	ma̱hsou?ma̱ni?	끊임없이, 끈질기게
မတော်မတရား	ma̱toma̱taya:	부당하게
မတုန်မလှုပ်	ma̱tounma̱hlou?	부동의 자세로
မထင်မရှား	ma̱htinma̱sha:	가만히, 살짝, 몰래
မပူမအေး	ma̱puma̱ei:	뜨겁지도 차지도 않게
မပျက်မကွက်	ma̱pye?ma̱kwe?	꼭, 반드시
မမှိတ်မသုန်	ma̱hmei?ma̱thoun	오로지, 일편 단심으로
မယောင်မလည်	ma̱yaunma̱le	암암리에, 남몰래
မရှိမသေ	ma̱youma̱thei	무례하게
မရပ်မနား	ma̱ya?ma̱na:	쉬지 않고, 끊임없이
မရှေးမနှောင်း	ma̱shei:ma̱hnaun:	동시에
မရှုမလှ	ma̱shu.ma̱hla.	끔찍하게, 무참하게
မသိမသာ	ma̱thi.ma̱tha	슬며시, 넌지시
မလွဲမသွေ	ma̱lwe:ma̱thwei	확실히, 틀림없이

(J) 접요사 တ에 의한 부사

3음절의 복합 형용사(동사)에 접요사 တ가- 삽입되어 이루어진 4음절 부사를 말한다.

ဂရုတစိုက်	gayu.da̱zai?	조심스럽게
စိုးရိမ်တကြီး	sou:yeinda̱ji:	ㄷ정하여
စိတ်ဝင်တစား	sei?winda̱za:	흥미 진진하게

လက်ပွန်းတတီး   le?pun:da̲di: 친밀하게, 친하게

ဝမ်းပန်းတနည်း   wu(a)n:pan:ta̲ne: 슬퍼서

ဝမ်းပန်းတသာ   wu(a)n:pan:tatha   기뻐서

အရေးတကြီး   ayei:da̲ji: 긴급하게, 중대시하여

အားကိုးတကြီး   a:kou:da̲ji: 믿음직스럽게

(K) 접미사 ခဲ့에 의한 부사

သူ့ရေဒီယိုခလုတ်ကိုချက်ခဲ့ပိတ်လိုက်တယ်။
thureidiyoukha̲lou?kouche?kha̲ne:pei?lai?te
그는 라디오 스위치를 즉시 꺼 버렸다.

ခေါင်းကိုဆတ်ခဲ့မေ့တယ်။
gaun:gouhsa?kha̲ne:mo.de
머리를 재빨리(갑자기) 쳐들었다.

ထောင်းခဲ့ဒေါသထွက်တယ်။   벌컥 화를 냈다.
htaun:ga̲ne:do:dha.htwe?te

သူ့ကိုပျက်ခဲ့ကြည့်လိုက်တယ်။   그를 흘끗 보았다.
thu.gouhpya?kha̲ne:kyi.lai?te

ကျွန်တော့်ကျောကိုပြုန်း(ပြုန်း)ခဲ့ရိုက်လိုက်တယ်။
kya̲no.kyo:goubyoun:ga̲ne:yai?lai?te
나의 등을 갑자기 때렸다.

အပေါ်ထပ်ကလ္ခ္ဘား:ခဲ့ခုန်ချတယ်။

apoda?ka.hlwa:gane:khouncha.de

2층에서 훌쩍(날쌔게) 뛰어내렸다.

လ္ခ္ဘုတ်ခဲ့ပြောလိုက်တယ်။　　　무심코 말을 했다.

hlu?khane:pyo:lai?te

အခန်း:တံခါး:ကိုဂုန်း:ခဲ့ပိတ်လိုက်တယ်။

akhan:daga:gouwoun:gane:pei?lai?te

방문을 꽝 닫아 버렸다.

(4) 기타

ချက်ကျလက်ကျ　　　　　효과ㅈ으로, 요령 좋게

je?kya.le?kya.

ခွေး:သေဝက်သေသေတယ်။　　무참ㅎ게 죽다.

khwei:dheiwe?theitheide

ခွေး:ပြေး:ဝက်ပြေး:ပြေး:တယ်။　　허둥지둥 달아나다.

khwei:byei:we?pyei:pyei:de

စိတ်ပါလက်ပါ　　　sei?pale?pa　　　기꺼이, 정성으로

ဒေါ်ကြီး:မောကြီး:　　do:ji:mo:ji:　　분격하여, 격노하여

ပုန်း:လျှိုး:ကွယ်လျှိုး:　poun:shou:kweshou:　은밀하게, 남몰래

အား:ရပါး:ရ　　　a:ya.pa:ya.　　마음껏

အ္မယား:ဗား:ယား uya:hpa:ya: 급히, 서둘러

အိုး:နင်း:ခွက်နင်း ou:nin:khwe?nin: 횡설수설

ကြက်အိပ်ကြက်နိုး:မှိုန်း:တယ်။ 꾸벅꾸벅 졸다.
kye?ei?kye?nou:hmein:de

ဒယီး:ဒယိုင် dayi:dayain 휘청휘청, 비틀비틀

ပလုတ်ပလောင်း palou?palaun: 게걸스럽게, 우물우물

ပရိုပရဲ hpayouhpaye: 뿔뿔이

ဗလုံး:ဗထွေး:ပြော:တယ်။ 뒤죽박죽 말하다.
baloun:bahtwei:pyo:de

ရှက်ကိုး:ရှက်ကန်း she?kou:she?kan: 수줍게, 부끄럽게

သက်သောင့်သက်သာ 편하게, 안락하게
the?taun.the?tha

ကိုး:ရိုး:ကား:ရား kou:you:ka:ya: 어색하게, 뒤죽박죽

ပိုး:စိုး:ပက်စက် pou:zou:pe?se? 흉악하게, 잔악하게

ပျူး:တူး:ပြဲ့တဲ့ပြော:တယ်။ pyu:du:pye:de:pyo:de
공포에 질려 눈을 크고 동그랗게 뜨고 말하다.

ဖိုး:ရိုး:ဖား:ရား hpou:you:hpa:ya: 가지런하지 않게, 헝클어지게

ယီး:တီး:ယား:တား yi:di:ya:da: 애매하게, 불명료하게

ရိုး:တိုး:ရိပ်တိပ် you:dou:yei?tei? 희미하게, 어렴풋하게

ရိုး:တိုး:ရွှတပြစ်တယ်။ 신바람이 나서 마음이 들뜨다.
you:dou:ywa.ta.hpyi?te

ဝိုး:တိုး:ဝါး:တား wou:dou:wa:da: 흐릿하게, 몽롱하게

6. 접속사

ဒါကြောင့်(မို့)	dajaun.(mou.)	그렇기 때문에
ဒါထက်	dade?	그런데
ဒါနဲ့	dane.	그렇기 때문에
ဒါပေမဲ့	dabeime.	그러나
ဒါပြင့်(ရင်)	dahpyin.(yin)	그러면
ဒါမှ(သာ)	dahma.(dha)	그것이야말로
ဒါမှမဟုတ်	dahma.ma̱houɹ?	또는
ဒါမှမဟုတ်ရင်	dahma.ma̱houɹ?yin	그렇지 않으면
ဒီတော့	dido.	그래서
ဒီလိုနဲ့	diloune.	이리하여, 그리하여
ဒီလိုဆိုရင်	dilouhsouyin	그렇다면
အဲဒါကြောင့်	e:dajaun.	그렇기 때문에
အဲဒီနောက်	e:dinau?	그런 다음에
အဲဒီတော့	e:dido.	그래서
အဲဒီလိုနဲ့	e:diloune.	그리하여
နို့မဟုတ်ရင်	nou.ma̱houɹ?yin	그렇지 않으면

နို့မို့ရင်	nou.mou.yin	그렇지 않으면
သို့မဟုတ်	dhou.mahou?	또는
သို့မဟုတ်ရင်	dhou.mahou?yin	그렇지 않으면
နောက်ပြီး	nau?pyi:(pi:)	그리고
နောက်ပြီးတော့	nau?pyi:do.	그리고
ပြီးတော့	pyi:do.	그리고
ဆက်လက်ပြီး	hse?le?pyi:	계속해서, 곧 이어서
တကယ်လို့	dagelou.	만약, 만일의 경우
ဘာပဲဖြစ်ဖြစ်	babe:hpyi?hpyi?	어쨌든
ဘာကြောင့်လဲဆိုတော့	bajaun.le:hsoudo.	왜냐 하면
ဘာပြုလို့လဲဆိုတော့	bapyu.lou.le:hsoudo.	왜냐 하면
ဘာဖြစ်လို့လဲဆိုတော့	bahpyi?lou.le:hsoudo.	왜냐 하면
မသကာဆိုရင်	mathagahsouyin	어쩌면, 혹시
မဟုတ်မှလွဲရော	mahou?hma.lwe:yo:	틀릴지도 모르지만
လက်စသတ်တော့	le?sa.tha?to.	역시, 결국
ဥပမာအားဖြင့်	u.pamaa:hpyin.	예를 들면

7. 조사

조사는 명사나 동사 뒤에 붙어서 그 품사와 다른 품사와의 관계를 나타낸다. 그 종류에는 명사 뒤에 붙는 격조사, 동사 뒤에 붙어서 구와 구를 연결하는 접속 조사, 다른 품사에 붙어 부사적 성격을 갖게 하는 부조사, 문미에 붙어 문장의 종지를 나타내는 종조사, 그리고 구나 절에 붙어 화자의 감정을 나타내는 감탄 조사 등이 있다. 그 어느 것도 활용은 하지 않는다.

(1) 격조사

격조사는 격을 나타내는 조사로 명사에 붙는다. 격조사에는 주격, 목적격, 여격, 방향격, 처소격, 도구격, 공격, 출발격, 소유격, 비교격, 도착격 등이 있다.

(A) 주격

주격에는 일반적으로 ဟገ၊ ၈ ၊ ၈ၜၜ၅ 등이 쓰인다. 그러나 주격조사가 단순한 서술 형식으로서 아예 쓰이지 않는 경우도 있다. 이 가운데 ဟၐ는 가장 일반적인 형태로서 문형적으로는 주어와 보어, 주어와 술어를 연결한다. ၈의 경우는 주어를 다소 강조하는 역할을 하며, ၈ၜၜ၅ 는 주어를 특히 여럿 중에서 다른 것과 비교하여 강조할 때 쓰인다.

ကနေ့တနင်္ဂနွေနေ့ပါ။
 g̲anei.t̲anin:g̲anweinei.ba

오늘은 일요일입니다.

ကျွန်တော်အကုန်လုံးသိတယ်။
kya̲noakounloun:thi.de

나는 모두 안다.

သူအခန်းနှစ်ခန်းငှားနေတယ်။
thua̲khan:hna̲khan:hnga:neide

그는 방 2개를 세얻고 있다.

ဒါဟာအရေးကြီးတဲ့ပြဿနာပါပဲ။
daha̲ayei:kyi:de.pya?tha̲nababe:

이것은 중요한 문제입니다.

ဒီကားဟာဘယ်ဘက်ကိုကွေ့တယ်။
dika:habebe?koukwei.de

이 차는 왼쪽으로 돈다.

ဒါဟာရွှေအစစ်မဟုတ်ဘူး။
dahashweia̲si?ma̲hou?hpu:

이것은 순금이 아니다.

သူကကျွန်မဆရာပါ။
thuga.kya̲ma.hsa̲yaba

그 분이 저의 선생님이십니다.

ဒီဟင်းကသိပ်စပ်ပါတယ်။
dihin:ga.thei?sa?pade

이 반찬은 매우 맵습니다.

အခြေအနေကသိပ်မကောင်းဘူး။
acheia̲neiga.thei?ma̲kaun:bu:

상황이 별로 좋지 않다.

244

ဒီပုလင်းဟာလေးလှတယ်။
ဒါပေမဲ့ဟိုပုလင်းကတော့သိပ်မလေးဘူး။
dipalin:halei:hla.de dabeime.houpalin:ga.co.thei?malei:bu:
이 유리병은 매우 무겁다. 그러나 저 유리병은 별로 무겁지 않다.

သူကတော့ပိုလှတယ်။　　그녀가 더 아름답다.
thuga.do.pouhla.de

(B) 목적격

직접 목적어인 목적격 조사로서는 ကို가 쓰인다.

ခင်ဗျားဟိုလူကိုသိသလား။　당신은 저 사람을 압니까?
khamya:houlugouthi.dhala:

ရေစိမ်းကိုမသောက်ပါနဲ့။　냉수(끓이지 않은 물)를 마시지 마세요.
yeizein:goumathau?pane.

ကျွန်တော်ဟာပန်းရောင်ကိုကြိုက်ပါတယ်။
kyanohapan:yaungoukyai?pade
저는 핑크색을 좋아합니다.

(C) 여격

간접 목적어인 여격 조사로서도 ကို가 쓰인다.

ရှင်ဘယ်သူ့ကိုပြောလိုက်သလဲ။ 당신은 누구에게 말했습니까?
shinbedhu.goupyo:lai?thale:

သူ့ဆွေမျိုးတွေကိုမေးကြည့်ပါ။ 그의 친척들에게 물어 보십시오.
thu.hsweimyou:dweigoumei:kyi.ba

문장 가운데 직접 목적어와 간접 목적어가 동시에 쓰이는 경우에 있어
서는 술어의 위치는 변하지 않으나, 직접 목적어와 간접 목적어의 순서는
바뀔 수 있다. 양목적어 어느 쪽도 먼저 올 수 있으나, 간접 목적어에는
항상 여격 조사 ကို 가 사용된다. 이때 직접 목적어 + 간접 목적어 + 술
어의 경우는 양목적어 공히 격조사를 필요로 하지만, 간접 목적어 + 직접
목적어 + 술어의 경우에는 목적격 조사 ကို가 생략된다.

ငါ့ကိုခဲတံပေးပါ။ 나에게 연필을 주세요.
nga.goukhe:danpei:ba

ခဲတံကိုငါ့ကိုပေးပါ။ 연필을 나에게 주세요.
khe:dangounga.goupei:ba

အနာကိုပတ်တီးစည်းပေးတယ်။ 상처에 붕대를 감아 주었다.
anagoupa?ti:si:pei:de

သူငယ်ချင်းတစ်ယောက်ကကျွန်တော့်ကိုထမင်းကျွေးတယ်။
thangejin:tayau?ka.kyano.gouhtamin:kywei:de
친구 한 사람이 나에게 식사를 대접했다.

(D) 방향격

방향격 조사로서도 ကို가 쓰인다.

ကားတစ်စီးဒီဘက်ကိုလာ၁တယ်၊　　차 한 대가 이쪽으로 왔다.
ka:d̲azi:dibe?koulade

ချိန်းထားတဲ့နေရာကိုလာ၁ခဲ့ပါ။　　약속 장소로 오십시오.
chein:hta:de.neiyagoulage.ba

သတင်းစာတိုက်ကိုမနေ့ကသွားသလား။
dha̲din:zatai?kouma̲nei.ga.thwa:dha̲la:
신문사에 어제 갔습니까?

(E) 처소격

မှာ는 시간과 장소를 가리키는 격조사로 쓰인다.

အခုအိမ်မှာ၁ရှိပါသလား။　　지금 집에 있습니까?
a̲khu.einhmashi.badha̲la:

သူ့အခန်းထဲမှာ၁စာ၁ရေးနေတယ်၊
thua̲khan:de:hmasayei:neide
그는 방 안에서 편지를 쓰고 있다.

မန္တလေးအမြန်ရထားဟာ၁မနက်ခြောက်နာ၁ရီမှာ၁ထွက်တယ်။
man:d̲alei:a̲myanya̲hta:hama̲ne?chau?nay hmahtwe?te
만달레 급행 열차는 아침 6시에 출발한다.

247

သူ႔ဟာ၁မတ်လနှစ်ရက်နေ႔မှာ၁မွေးတယ်။

thuhama?la.hnaye?nei.hmamwei:de

그는 3월 2일에 태어났다.

장소 부사를 사용하는 경우, 주어 + 장소 부사 + 술어나 장소 부사 +
주어 + 술어나 어느 쪽도 상관이 없다.

ကျွန်တော်တို႔ဒီမှာ၁ပဲအိပ်ပါ႔မယ်။

kyanodou.dihmabe:ei?pa.me

우리들은 여기에서 자겠습니다. (주어가 강조)

ဒီမှာ၁ပဲကျွန်တော်တို႔အိပ်ပါ႔မယ်။

dihmabe:kyanodou.ei?pa.me

여기에서 우리들은 자겠습니다. (장소 부사가 강조)

장소 부사가 문두에 놓이는 경우에는 일반적으로 주격 조사나 목적격
조사가 생략된다.

နှင်းဆီမှာ၁ဆူးရှိတယ်။   장미에는 가시가 있다.

hnin:zihmahsu:shi.de

မီးပိုချောင်ထဲမှာ၁ငါးကြော်နေတယ်။

mi:boujaunde:hmanga:kyoneide

부엌 안에서 생선을 튀기고 있다.

시간 부사를 사용하는 경우도 술어의 위치만 불변이고, 주어와 시간 부
사의 위치는 바꿀 수 있다.

ကျွန်မခြောက်နာရီမှာလာပါမယ်။

kya̱ma.chau?nayihmalabame

저는 6시에 오겠습니다.(주어가 강조)

ခြောက်နာရီမှာကျွန်မလာပါမယ်။

chau?nayihmakya̱ma.labame

6시에 저는 오겠습니다. (시간 부사가 강조)

과거를 나타내는 시간 부사의 격조사로서는 က가 쓰인다.

ရှေးရှေးတုန်းက	shei:shei:doun:ga.	옛날에
မနေ့ညက	ma̱nei.nya.ga.	어젯밤에
တစ်နေ့က	ta̱nei.ga.	그저께
လွန်ခဲ့တဲ့ငါးနှစ်က	lunge.de.nga:hni?ka.	5년 전에

(F) 도구격

도구와 방법을 나타내는 격조사로서는 နဲ့가 쓰인다.

မီးရထားနဲ့ခရီးသွားတယ်။   기차로 여행을 했다.

mi:ya̱hta:ne.kha̱yi:thwa:de

အဲဒီစာကိုမင်နဲ့ရေးတယ်။   그 편지를 잉크로 썼다.

e:disagouhminne.yei:de

သူတို့အင်္ဂလိပ်စကားနဲ့မပြောဘူး။   그들은 영어로 말하지 않는다.

thudou.in:ga̱lei?za̱ga:ne.ma̱pyo:bu:

ငါးမိနစ်နဲ့ရောက်နိုင်မလား။   5분에 도착할 수 있나요?

nga:mi.ni?ne.yau?nainmala:

ဘယ်လောက်နဲ့ရောင်းမလဲ။   얼마에 팔겠습니까?

be(ba)lau?ne.yaun:male:

(G) 공(동)격

대상과 병렬을 나타내는 격조사로서도 ⴰ가 쓰인다.

အဲဒီလူတွေနဲ့မျက်နှာမဆိုင်ချင်ဘူး။

e:diludweine.mye?hnamahsainjinbu:
그 사람들과 얼굴을 맞대고 싶지 않다.

ကျွန်တော်ခင်ဗျားနဲ့စကားပြောချင်တယ်။

kyanokhamya:ne.zaga:pyo:jinde
저는 당신과 이야기하고 싶습니다.

ဇွန်းနဲ့ခက်ရင်းယူခဲ့ပါ။   수저와 포크를 가져오세요.

zun:ne.khayin:yuge.ba

တစ်နာရီနဲ့နှစ်နာရီကြားထဲမှာလာလိမ့်မယ်။

tanayine.hnanayija:de:hmalalein.me
한 시와 두 시 사이에 올 것이다.

ပဲခူးနဲ့ရန်ကုန်ဟာသိပ်မဝေးဘူး။   빼구와 양공은 그다지 멀지 않다.

bagou:ne.yangounhathei?mawei:bu:

(H) 출발격

'~ 부터'라는 기점을 나타내는 격조사로서는 က 또는 က쒜가 쓰인다.

လေကမြောက်ဖက်ကတိုက်နေတယ်॥
leiga.myau?hpe?ka.tai?neide
바람이 북쪽에서(으로부터) 불고 있다.

ဒီအရပ်ကမခွာချင်တော့ဘူး॥
dia̲ya?ka.ma̲khwajindo.bu:
이 지역에서 이제 벗어나고 싶지 않다.

ဈေးထဲကခုံဖိနပ်ဝယ်ခဲ့ပါ॥
zei:de:ga.khounhpa̲na?wege.ba
시장 안에서 나막신을 사 오세요.

အဲဒီမြွေဟာဒီဘက်ကနေဟိုဘက်ကိုသွားတယ်॥
e:dimweihadibe?ka.neihoube?kouthwa:de̲
그 뱀은 이쪽에서 저쪽으로 갔다.

(I) 소유격

소유를 나타내는 격조사로서는 ရဲ့ 또는 က가 쓰인다. 이 가운데 후자인
က는 출발격의 轉用으로서 출신지나 소속, 기원 등을 나타낸다.

ကျွန်တော်ဆရာဝန်ရဲ့ဒရိုင်ဘာပါ॥   저는 의사의 운전수입니다.
kya̲nohsa̲yawunye.da̲rainbaba

ခင်ဗျားရဲ့ထင်မြင်ချက်ကိုသိချင်ပါတယ်။

kha̱mya:ye.htinmyinje?kouthi.jinbade

당신의 견해를 알고 싶습니다.

ကျွန်တော်ဟာကိုရီးယားပြည်ကပညာတော်သင်ဖြစ်ပါတယ်။

kya̱nohakouri:ya:pyiga.pyinnyadodhinhpyi?pade

저는 한국 국비 유학생입니다.

ပေါင်ကဒက်ရာကအကြီးဆုံးပဲ။　　대퇴부의 상처가 가장 크다.

paunga.danyaga.a̱kyi:zoun:be:

ရေချိုးခန်းကရေပန်းပျက်နေတယ်။

yeichou:gan:ga.yeiban:pye?neide

욕실의 샤워가 고장이 나 있다.

ဟောတိုသစ်ပင်အောက်ကအိမ်ဟာသူ့အိမ်ပါ။

ho:houthi?pinau?ka.einhathu.einba

저 나무 밑의 집은 그의 집입니다.

인칭 대명사를 소유격으로 할 때 소유격 조사를 쓰지 않고, 인칭 대명사의 성조를 제 1성조로 바꾸어서 소유격을 나타내기도 한다.

သူဟာကျွန်တော့်မိတ်ဆွေပါ။　　그는 저의 친구입니다.

thuhakya̱no.mei?hsweiba

သူ့သဘောထားကိုစုံစမ်းပါ။　　그의 의향을 타진해 보세요.

thu.dha̱bo:da:gousounzan:ba

(J) 비교격

비교격 조사로서는 ထက်가 쓰인다.

မန္တလေးကရန်ကုန်ထက်အများကြီးပူတယ်။
man:da̱lei:ga.yangounde?amya:ji:pude
만달레가 양공보다 훨씬 덥다.

အသက်ကကျွန်တော့်ထက်ငါးနှစ်လောက်ကြီးတယ်။
athe?ka.kya̱no.de?nga:hni?lau?kyi:de
나이가 나보다 5살 정도 많다.

အရပ်ကသူများထက်ခေါင်းတစ်လုံးလောက်မြင့်တယ်။
a̱ya?ka.thumya:de?gaun:ta̱loun:lau?myin.de
키가 다른 사람들보다 머리 하나 정도 크다.

မနက်စာကိုခါတိုင်းထက်စောစောချက်တယ်။
ma̱ne?sagoukhadain:de?so:zo:che:te
조반을 평상시보다 일찍 지었다.

(K) 도착격

시간과 장소 공히 '~ 까지'라는 종점을 나타내는 격조사로서 အထိ가
쓰인다. 시간만의 종점을 나타내는 격조사로서는 ထက် ထိ   또는
ထက်တိုင်가 쓰인다.

အဆောင်အထိလမ်းလျှောက်သွားကြတယ်။

ahsaunahti.lan:shau?thwa:ja.de

기숙사까지 걸어서 갔다.

မနက်ကိုးနာရီအထိဘယ်သူမှမအိပ်ဘူး။

mane?kou:nayiahti.bedhuhma.maei?hpu:

아침 9시까지 아무도 자지 않았다.

ကျွန်မပြန်လာတဲ့အထိဘယ်ကိုမှမသွားရဘူး။

kyama.pyanlade.ahti.begouhma.mathwa:ya.bu:

내가 돌아올 때까지 어디에도 가서는 안 된다.

အခုထက်ထိမလာသေးဘူး။   지금까지 아직 오지 않는다.

akhu.de?hti.maladhei:bu:

(2) 접속 조사

접속 조사는 구 또는 절 상호간을 연결하는 역할을 하는 조사로, 격조
사가 명사에 후치되는 반면, 접속 조사는 동사(형용사)나 구 또는 절에 후
치된다.

(A) 조건(가정)

조건이나 가정을 나타내는 접속 조사로서는 ရင်이나 လို့ရှိရင် 또는
တယ်ဆိုရင် 등이 쓰인다.

ထမင်းကျက်ရင်စားကြရအောင်။ 밥이 지어지면 먹읍시다.

htamin:kye?yinsa:ja.ya.aun

ရန်ကုန်ကိုလာချင်တယ်ဆိုရင်လာနိုင်ပါတယ်။

yangoungoulajindehsouyinlanainbade

양공에 오고 싶으면 올 수 있습니다.

ရုပ်ရှင်ကိုကြည့်ချင်လို့ရှိရင်ကြည့်နိုင်ပါတယ်။

you?shingoukyi.jinlou.shi.yinkyi.na nbade

영화를 보고 싶으면 볼 수 있습니다.

ဒီလမ်းအတိုင်းသွားမယ်ဆိုရင်စာကြည့်တိုက်ကိုတွေ့မယ်။

dilan:atain:thwa:mehsouyinsakyi.dai?koutwei.me

이 길을 따라서 가면 도서관을 발견할 것입니다.

(B) 인용

인용을 나타내는 접속 조사로서는 လို့가 쓰인다. 주로 '생각하다', '말하다', '듣다' 등의 동사와 함께 쓰인다.

မရှိတော့ဘူးလို့ပြောတယ်။ 이제 없다고 말했다.

mashi.do.bu:lou.pyo:de

သူခေါင်းကိုက်တယ်လို့ပြောနေတယ်။

thugaun:kai?telou.pyo:neide

그는 머리가 아프다고 말하고 있다.

ဘယ်တော့ပြန်လာမလဲလို့မေးတယ်။ 언제 돌아오느냐고 물었다.

bedo.pyanlamale:lou.mei:de

မယုံနိုင်ဘူးလို့ငြင်းတယ်။ 믿을 수 없다고 거절했다.

mayounnainbu:lou.nyin:de

မနက်ဖန်ပို့ပေးပါလို့မေတ္တာရပ်ခံတယ်။

mane?hpanpou.pei:balou.myi?taya?khande

내일 보내 달라고 부탁했다.

이 조사 လို့가 의문문에서 의문 조사 လား나 လဲ 등에 덧붙여져 조동사적으로 쓰이는 경우가 있는데, 이 경우는 '~ 하려고 하다', '~ 할 작정(생각)이다'의 의미를 갖는다.

ဘယ်သွားမလို့လဲ။ 어디에 가려고 하고 있니?

bethwa:malou.le:

စာတိုက်သွားမလို့ပါ။ 우체국에 가려고 하고 있다.

sadai?thwa:malou.ba

ဘာပြောမလို့လဲ။ 무엇을 말할 생각이니?

bapyo:malou.le:

အရက်ကိုသောက်ဦးမလို့လား။ 술을 더 마실 작정이니?

aye?kouthau?oun:malou.la:

ပြောင်းဆန်စားမလို့လား။ 수수를 먹을 생각이니?

pyaun:zansa:malou.la:

(C) 이유(원인)

이유나 원인을 나타내는 접속 조사로서는 လို့၊ တဲ့အတွက်၊ တာနဲ့၊ တာကြောင့် 등이 쓰인다.

မနေ့ညကအအိပ်ပျက်လို့ဘာမှမလုပ်ချင်တော့ဘူး။

manei.nya.ga.aei?pye?lou.bahma.malou?chindo.bu:

어젯밤에 잠을 못 자서 이제 아무것도 하기 싫다.

ရေငတ်လွန်းလို့ရေသောက်တယ်။

yeinga?lun:lou:yeithau?te

너무 목이 마르기 때문에 물을 마셨거.

အရေးကြီးတဲ့တိုင်ပင်စရာရှိလို့ကျွန်တော်လာခဲ့တာပါ။

ayei:kyi:de.tainbinzayashi.lou.kyanolage.daba

중요한 상담거리가 있어서 온 것입니다.

အသံကြားရတာနဲ့နောက်ကိုလှည့်ကြည့်လိုက်တယ်။

athankya:ya.dane.nau?kouhle.kyi.lai?te

소리가 들렸기 때문에 뒤를 돌아보았다.

မောနေတာကြောင့်အမောပြေလိုက်တယ်။

mo:neidajaun.amo:hpyeilai?te

피곤해서 피로를 풀었다.

ခေါင်းငုံ့တာကြောင့်ချိတ်ထားတဲ့အိုးကိုမမြင်ဘူး။

gaun:ngoun.dajaun.chei?hta:de.ou:goumamyinbu:

머리를 숙여서 걸어 놓은 항아리를 보지 못했다.

ပျောက်သွားတဲ့အတွက်နဲ့မြောတယ်။
pyau?thwa:de.atwe?hnamyo:de
잃어 버려서 아깝다(아쉽다).

ဝါသနာပါတဲ့အတွက်ဓာတ်ပုံရိုက်ကျွမ်းကျင်တယ်။
wadhanapade.atwe?da?pounyai?kyun:(kywan:)jinde
취미를 가지고 있어서 사진 찍는 데 능숙하다.

ကျန်းမာရေးထိခိုက်မှာစိုးတဲ့အတွက်ပြောနေတာပါ။
kyan:mayei:hti.khai?hmasou:de.atwe?pyo:neidaba
건강을 해칠 것을 염려하여 말하고 있는 것입니다.

이 လို့를 직접, 의문문의 လာ:나 傳聞의 တဲ့ 또는 단정의 ပါပဲ 등에 붙여 표현하기도 한다.

နေမကောင်းလို့လား။   몸이 좋지 않기 때문이야?
neimakaun:lou.la:

မင်းကိုတွေ့ချင်လို့တဲ့။   너를 만나고 싶기 때문이래.
min:goutwei.jinlou.de.

ဗိုက်နည်းနည်းနာလို့ပါပဲ။   배가 조금 아프기 때문입니다.
bai?ne:ne:nalou.babe:

(D) 역접

역접을 나타내는 접속 조사로서는 ပေမဲ့ (~ 하지만)나 မ ― ဘဲ (~ 하지 않고), 그리고 လျက်(သား)ရဲ့ (~ 하면서도) 등이 쓰인다.

မျက်နှာနုပေမဲ့အသက်ကတော့မငယ်ဘူးလို့ထင်တယ်။
mye?hnanu.beime.athe?ka.do.mangebu:lou.htinde
얼굴은 어리지만 나이는 어리지 않다고 생각한다.

တွေ့ကြပေမဲ့အဓိပ္ပာယ်ရှိတော့မှာမဟုတ်ဘူး။
twei.ja.beime.adei?peshi.do.hmamahou?hpu:
만났을지라도 이제 의미는 없을 것이다.

သူပြောနေတာကိုနားစွင့်ပေမဲ့လုံးလုံးနားမလည်ဘူး။
thupyo:neidagouna:swin.beime.loun:loun:na:malebu:
그가 말하고 있는 것을 귀를 기울여 들었지만 전혀 이해할 수 없었다.

ထမင်းမစားဘဲစောင့်နေတယ်။
htamin:masa:be:saun.neide
밥을 먹지 않고 기다리고 있다.

လက်စွပ်ကိုမချွတ်ဘဲရေချိုးနေတယ်။
le?su?koumachu?hpe:yeichou:neide
반지를 빼지 않고 목욕을 하고 있다

မျက်နှာကိုမကြည့်ဘဲကျောခိုင်းနေတယ်။
mye?hnagoumakyi.be:kyo:khain:neide
얼굴을 보지 않고 등을 돌리고 있다.

ခင်ဗျားခေါင်းဆောင်ဖြစ်လျက်နဲ့ရှေ့ဆောင်ပြီးမလုပ်ဘူး။

kha.mya:gaun:zaunhpyi?ye?ne.shei.hsaunbyi:malou?hpu:

당신은 리더이면서도 솔선 수범하지 않는다.

အမှားကိုအမှားမှန်းသိလျက်နဲ့ဆက်ပြီးကျူးလွန်တယ်။

a.hma:goua.hma:hman:thi.ye?ne.hse?pyi:kyu:lunde

잘못을 잘못이라고 확실히 알고 있으면서 계속 저지른다.

ငါးမိနစ်အတွင်းမှာရောက်နိုင်လျက်သားနဲ့တစ်နာရီကြာ
တဲ့အထိမလာဘူး။

nga:mi.ni?atwin:hmayau?nainye?tha:ne.ta.nayikyade.a.hti.ma.labu:

5분 이내에 도착할 수 있는데도 한 시간이 지날 때까지 오지 않는다.

သိလျက်သားနဲ့မသိယောင်ဆောင်နေတယ်။

thi.ye?tha:ne.ma.thi.yaunhsaunneide

알면서도 모르는 체하고 있다.

(E) 순접

순접을 나타내는 접속 조사로서는 ပြီး(~ 하고)나 မှ(~ 하고 나서 비로
소), 그리고 ရင်း(동시 동작인 ~ 하면서) 등이 쓰인다.

တံခါးကိုဖွင့်ပြီးဝင်လာတယ်။

da.ga:gouhpwin.pyi:winlade

문을 열고 들어왔다.

အိပ်ရာကထပြီးမျက်နှာသစ်တယ်။

ei?yaga.hta.pyi:mye?hnathi?te

잠자리에서 일어나 얼굴을 씻었다.

ခင်ဗျားဘာတွေတွေးပြီးသက်ပြင်းချနေသလဲ။

kha̱mya:badweitwei:pyi:the?pyin:cha.neidha̱le:

당신은 무엇을 생각하여 한숨 쉬고 있습니까?

အိမ်ကိုတယ်လီဖုန်းဆက်ပြီးအမေခေါ်ပေးပါ။

eingoutelihpoun:hse?pyi:a̱meikhopei:ba

집에 전화를 걸어 어머니를 불러 주세요.

သုံးရက်လောက်ကြာမှသတင်းရောက်လာတယ်။

thoun:ye?lau?kyahma.dha̱din:yau?lade

3일 쯤 지나고 나서야 비로소 소식이 도착했다.

ထမင်းစားပြီးမှကျွန်တော်လာခဲ့ဦးမယ်။

hta̱min:sa:pyi:hma.kya̱nolage.oun:me

식사를 다하고 나서 다시 오겠습니다.

လမ်းလျှောက်ရင်းစကားပြောကြရအောင်။

lan:shau?yin:za̱ga:pyo:ja.ya.aun

걸으면서 이야기합시다.

ကားမောင်းရင်းဆေးလိပ်မသောက်ရဘူး။

ka:maun:yin:hsei:lei?ma̱thau?ya.bu:

운전을 하면서 담배를 피워서는 안 된다.

မ는 동사 이외에 명사나 부사에도 덧붙여진다.

သူကရင်လိုတတ်မှန်းအခုမှသိရတယ်။
thukayinlouta?hman:akhu.hma.thi.ya.de
그는 까렌어를 할 수 있다는 사실을 지금에야 비로소 확실히 알았다.

ဒါတွေနောက်မှပြောပါ။
dadweinau?hma.pyo:ba
이것들을 나중에 말하세요.

(F) 목적

목적을 나타내는 접속 조사로서는 ဖို့(~ 하기 위하여)나 အောင်(~ 하
도록) 등이 쓰인다.

အမေကထမင်းချက်ဖို့ထသွားတယ်။
ameiga.htamin:che?hpou.hta.thwa:de
어머니가 밥을 짓기 위하여 일어나 가셨다.

ကျွန်တော့်အိမ်မှာစာအုပ်တွေထားဖို့နေရာမရှိဘူး။
kyano.einhmasaou?tweihta:bou.neiyamashi.bu:
내 집에는 책들을 둘 장소가 없다.

ဒါလောက်တောင်ဂရုစိုက်နေဖို့မလိုဘူး။
dalau?taungayu.sai?neibou.maloubu:
이 정도나 주의를 기울이고 있을 필요는 없다.

စာမေးပွဲအောင်နိုင်အောင်ကြိုးစားပါ၊

samei:bwe:aunnainaunkyou:za:ba

시험에 합격할 수 있도록 노력하세요.

မြန်မြန်နေကောင်းအောင်ဆေးသောက်တယ်။

myanmyanneikaun:aunhsei:thau?te

빨리 좋아지도록 약을 먹었다.

ခင်ဗျားနားလည်အောင်ကျွန်တော်ရှင်းပြပါ့မယ်။

khamya:na:leaunkyanoshin:pya.ba.me

당신이 이해하도록 제가 꼭 설명하겠습니다.

လမ်းမမှားအောင်သတိထားပါ။

lan:mahma:aundhadi.hta:ba

길을 잃지 않도록 주의하세요.

목적의 대상이 명사인 경우에는 (အ)ဖို့ 나 အတွက်가 쓰인다.

ရန်အောင်(အ)ဖို့ဝယ်ပေးမယ်။

yanaun(a)hpou.wepei:me

'양 아웅'을 위해서 사 줄 것이다.

ဒီအခန်းအတွက်လဲရေအိုးတစ်လုံးလိုသေးတယ်။

diakhan:atwe?le:yeiou:taloun:loudhei:de

이 방을 위해서도(이 방용으로도) 굴주전자가 아직 한 개 필요하다.

(G) 시간

시간을 나타내는 접속 조사로서는 တဲ့အခါ(과거, 현재), မယ့်အခါ(미래), တုန်းက (과거), ခါစက(~ 하자 마자), မ — ခင်(~ 하기 전, 현재, 미래), မ — ခင်က (~ 하기 전, 과거), ပြီးေနာက်(~ 한 뒤) 등이 쓰인다.

သူလာတဲ့အခါကျွန်တော်အိမ်မှာမရှိဘူး။
thulade.akhakyanoeinhmamamashi.bu:
그가 왔을 때 나는 집에 없었다.

ထမင်းစားတဲ့အခါမြန်မာတွေဟာအများအားဖြင့်လက်နဲ့စား
ကြတယ်။
htamin:sa:de.akhamyanmadweihaamya:a:hpyin.le?ne.sa:ja.de
식사를 할 때 미얀마인들은 대개 손으로 먹는다.

မနက်ဖြန်ကျွန်တော့်ဆီလာမယ့်အခါဒါယူခဲ့ပေးပါ။
mane?hpyankyano.zilame.akhadayuge.pei:ba
내일 나에게 올 때 이것을 가져다 주세요.

မနှစ်ကသကြန်တုန်းကမြန်မာနိုင်ငံကိုအလည်သွားခဲ့တယ်။
mahni?ka.thin:(dha)jandoun:ga.myanmanaingangoualethwa:ge.de
작년 신년 물 축제 때 미얀마에 놀러갔었다.

မြန်မာပြည်ကိုလာခါစကဗိုက်နာတတ်တယ်။
myanmapyigoulagaza.ga.bai?nada?te
미얀마에 오자 마자 배가 아프곤 한다.

ခရီးမထွက်ခင်ဆံပင်ညှပ်ထားပါ။

khayi:mahtwe?khinzabinhnya?hta:ba

여행을 떠나기 전에 이발을 해 두세요.

ညနေငါးနာရီမထိုးခင်အမြန်ပြန်လာပါ၊

nya.neinga:nayimahtou:ginamyanpyanlaba

오후 5시가 되기 전에 빨리 돌아오세요.

ရန်ကုန်မပြောင်းခင်ကဘယ်မှာအလုပ်လုပ်နေသလဲ။

yangounmapyaun:ginga.behmaalou?lou?neidhale:

양공으로 옮기기 전에 어디에서 일을 하고 있었나요?

မိုးမလင်းခင်ကအိပ်ရာကထတယ်။

mou:malin:ginga.ei?yaga.hta.de

날이 새기 전에 잠자리에서 일어났다.

သူတို့အားလုံးပြန်သွားပြီးနောက်အိပ်ပျော်တယ်။

thudou.a:loun:pyanthwa:pyi:nau?ei?pyode

그들이 모두 돌아간 뒤 곤히 잠들었다.

(H) 결과

결과의 사실을 나타내는 접속 조사로서는 လို့가 쓰인다(V + လို့ကောင်း၊ V + လို့ + V).

အဲဒီဟင်းစားလို့ကောင်းသလား။

e:dihin:sa:lou.kaun:dhala:

그 반찬 맛이 있습니까(좋습니까)?

265

ဒီသံပရာရည်သောက်လို့ကောင်းတယ်။

dithanba̱yayeithau?lou.kaun:de

이 라임 쥬스는 맛이 있다(좋다).

အဲဒီရုပ်ရှင်ကြည့်လို့ကောင်းတယ်။ 그 영화는 재미가 있다.

e:diyou?shinkyi.lou.kaun:de

အင်မတန်နေလို့ထိုင်လို့ကောင်းတယ်။ 매우 살기에 좋다.

inma̱tanneilou.htainlou.kaun:de

မြန်မာစာ၁ဖတ်လို့မလွယ်ဘူး။ 미얀마어는 읽기에 쉽지 않다.

myanmazahpa?lou.ma̱lwebu:

မနေ့ကသတင်းစာရှာလို့မတွေ့ဘူး။

ma̱nei.ga.dha̱din:zashalou.ma̱twei.bu:

어제 신문을 찾아도 눈에 띄지 않는다.

ထမင်းစားလို့မဝသေးဘူး။

hta̱min:sa:lou.ma̱wa.dhei:bu:

밥을 먹어도 아직 배부르지 않는다.

이에 반하여 V + ဖို့ကောင်း(V + ဖို့ + V)은 미래의 일을 타인에게 권장할 때 쓰인다.

မန္တလေးဘီယာသောက်ဖို့ကောင်းတယ်။

man:da̱lei:biyathau?hpou.kaun:de

만달레 맥주는 맛이 좋으니 마셔 보시죠.

မြန်မာပြဇာတ်ကြည့်ဖို့ကောင်းတယ်။

myanmapya.za?kyi.bou.kaun:de

미얀마 연극은 재미가 있으니 보시죠.

ညစောစောအိပ်ဖို့ကောင်းတယ်။   밤에 일찍 자는 것은 좋다.

nya.so:zo:ei?hpou.kaun:de

လူနာအရက်သောက်ဖို့မကောင်းဘူး။

lunaaye?thau?hpou.makaun:bu:

환자가 술을 마시는 것은 좋지 않다.

မနက်ပြန်အလည်သွားဖို့ဘယ်လိုလဲ။

mane?hpyanalethwa:bou.beloule:

내일 놀러가는 것 어때요?

(l) 양태

'~ 처럼' 과 같은 양태를 나타내는 접속 조사로서는 သလို가 쓰인다.

သူများခေါ်သလိုမခေါ်ချင်ဘူး။

thumya:khodhaloumakhojinbu:

다른 사람들이 부르는 것처럼 부르고 싶지 않다.

မိုးကြိုးစက်မိလိုက်သလိုတစ်ကိုယ်လုံးတုန်လှုပ်သွားတယ်။

mou:jou:ze?mi.lai?thaloudagouloun:tounhlou?thwa:de

벼락에 맞은 것처럼 온 몸이 떨렸다.

သူ့ကိုမြင်လိုက်တာၣနဲ့တစ်ပြိုင်နက်မူးမိုက်သလိုဖြစ်သွားတယ်။
thu.goumyinlai?tane.da̱byainne?mu:mai?tha̱louhpyi?thwa:de
그녀의 모습이 보임과 동시에 현기증이 난 듯한 기분이 들었다.

နှုတ်ခမ်းဆိုတာၣဆေးဆိုးထားသလိုရဲနေတယ်။
hna̱khan:hsoudahsei:hsou:hta:dha̱louye:neide
입술은 물을 들여 놓은 듯이 새빨갛다.

(J) 기타

그밖의 접속 조사로서는 တော့ (〜 하기 때문에, 〜 한 즉, 〜 한 바),
ရုံ့ရဲ့(〜하는 것만으로), တဲ့အတိုင်း(〜 한 대로), တဲ့အပြင်(〜 이외에) 등
이 있다.

မြည်းကြည့်တော့ၣကောင်းတာနဲ့သောက်တယ်။
myi:kyi.do.kaun:dane.thau?te
맛을 본 즉, 맛이 있었기 때문에 마셨다.

အဲဒီလိုၣ့လိုက်မေ့ၣလိုက်လုပ်နေတော့ၣခေါင်းမူးလၢမှာပဲ။
e:diloungoun.lai?mo.lai?lou?neido.gaun:mu:lahmabe:
그처럼 머리를 숙였다 들었다 하고 있으면 머리가 어지러워지겠지요.

သွေးတိုးရောဂါရှိနေတော့ၣသွေးတက်တာၣပဲ။
thwei:dou:yo:gashi.neido.thwei:te?tabe:
고혈압이기 때문에 혈압이 오른 것이다.

လေအင်မတန်တိုက်နေတော့မီးဘေးစိုးရိမ်ရတယ်။

leiinmatantai?neido.mi:bei:sou:yeinya.de

바람이 몹시 불고 있기 때문에 화재가 걱정이다.

မသင်္ကာရုံနဲ့အဖမ်းခံရတယ်။ 의심스러운 것만으로 체포당했다.

mathingayounne.ahpan:khanya.de

ခင်ဗျားအာမခံရုံနဲ့မလုံလောက်သေးဘူး။

khamya:ama.khanyounne.malounlau?thei:bu:

당신이 보증하는 것만으로 아직 부족하다.

လူတစ်ယောက်ကိုခဏမြင်ရုံနဲ့မဆုံးဖြတ်ပါနဲ့။

lutayau?koukhana.myinyounne.mahsoun:hpya?pane.

사람을 잠깐 본 것만으로 판단하지 마세요.

ကျွန်တော်ပြောတဲ့အတိုင်းဆောင်ရွက်ပါ။

kyanopyo:de.atain:hsaunywe?pa

내가 말한 대로 실행하세요.

ကျွန်တော်သိတဲ့အတိုင်းသူကမရင့်ကျက်ပါဘူး။

kyanothi.de.atain:thuga.mayin.kye?pabu:

제가 알고 있는 대로 그는 미숙합니다.

ထုံးစံရှိတဲ့အတိုင်းရွာထဲကိုအကြောင်းကြားခဲ့ပါ။

htoun:zanshi.de.atain:ywade:gouakyaun:kya:ge.ba

지금까지의 관례(풍습)대로 마을 안에 알리고 오세요.

ဒီစာအုပ်ဘ႑သ႑ပြန်တဲ့အပြင်တခြ႑းစ႑အုပ်တွေလဲပြန်သေး
တယ်။

disaou?badhapyande.apyintacha:saou?tweile:pyandhei:de
이 책을 번역한 것 이외에 다른 책들도 아직 번역하고 있다.

ကျေးဇူးမတင်တဲ့အပြင်အပြစ်တောင်ပြ႑ဦးမယ်။

kyei:zu:matinde.apyinapyi?taunpyo:oun:me
감사하지 않을 뿐만 아니라 비난마저 할 것이다.

တဲ့အတိုင်း과 တဲ့အပြင်은 선행어가 명사인 경우에는 직접 အတိုင်း과
အပြင်에 연결된다.

အမှန်အတိုင်းရှင်းပြနေတ႑ပါပဲ။

ahmanatain:shin:pya.neidababe:
진실대로(있는 그대로) 설명하고 있는 것입니다.

ထုံးစံအတိုင်းခပ်အေးအေးန႑းထောင်နေတယ်။

htoun:zanatain:kha?ei:ei:na:htaunneide
관례(풍습)대로 다소 조용히 듣고 있다.

အမိန့်အတိုင်းမလုပ်ဘူး။

amein.atain:malou?hpu:
명령대로 하지 않는다.

လုံချည်အပြင်အကျီ႑လဝယ်ပေးတယ်။

lounjiapyinin:jile:wepei:de
하의뿐만이 아니라 상의도 사 주었다.

(3) 부조사

부조사는 명사에 붙어서 선행하는 명사에 부사적 성격을 갖게 하고, 후속하는 동사(형용사)의 의미를 한정하는 역할을 한다. 명사에 직접 붙는 경우도 있지만, 격조사 뒤에 붙는 경우두 있다.

(A) လို့ (~ 라고)

ဒါကိုမြန်မာလိုအဘိဓာန်လို့ခေါ်တယ်။

dagoumyanmalouabi.danlou.khode

이것을 미얀마어로 사전이라고 부른다.

ဟိုဟာမြန်မာလိုသုံးဘီးကားလို့ခေါ်တယ်။

houhamyanmalouthoun:bein:ka:lou.khode

저것은 미얀마어로 삼륜차라고 부른다.

ကျွန်တော့်နာမည်ကျော်ဟိန်းလို့ခေါ်ပါတယ်။

kyano.namekyohein:lou.khobade

제 이름은 '쪼 헤잉' 이라고 부릅니다.

(B) လ (~ 도)

ကျွန်တော်လဲဖတ်ဖူးပါတယ်။   저도 읽은 적이 있습니다.

kyanole:hpa?hpu:bade

မိုးလဲစပါပြီ။   비도 그쳤다.

mou:le:se:babyi

ကျောင်းသားတွေကလဲမနက်ပြန်လာကြမယ်။
kyaun:dha:dweiga.le:m<u>a</u>ne?hpyanlaja.me
학생들도 내일 올 것이다.

ဈေးရဲ့လဲနီးတယ်။   시장과도 가깝다.
zei:ne.le:ni:de

ခဲတံရဲ့လဲရေးတယ်။   연필로도 쓴다.
khe:danne.le:yei:de

သူ့ကိုလဲပြောပါ။   그에게도 말하세요.
thu.goule:pyo:ba

ကိုရီးယားပြည်ကိုလဲသွားကြတယ်။ 한국으로도 갔다.
kouri:ya:pyigoule:thwa:ja.de

ကျွန်တော်ရွာမှာလဲရှိပါတယ်။
kya<u>n</u>o.ywahmale:shi.bade
제가 살고 있는 마을에도 있습니다.

ရုပ်ရှင်ထဲမှာလဲကြည့်ဖူးတယ်။
you?shinde:hmale:kyi.bu:de
영화 속에서도 본 적이 있다.

အခန်းထဲကလဲမထွက်ဘူး။
<u>a</u>khan:de:ga.le:m<u>a</u>htwe?hpu:
방 안에서 (으로부터)도 나오지 않는다.

272

*မြန်မာလိုပြောလဲပြောတတ်တယ်။ ရေးလဲရေးတတ်တယ်။
myanmaloupyo:le:pyo:da?te yei:le:yei:da?tɛ
미얀마어로 말하는 것도 말할 수 있다. 쓰는 것도 쓸 수 있다.

(C) သာ (~ 만, ~ 밖에)

အချိန်သာကုန်သွားတယ်။   시간만 지나가 버렸다.
acheindhakounthwa:de

ပိတောက်ဟာတစ်နှစ်မှာတစ်ခါသာပွင့်တယ်။
badau?hatahni?hmatakhadhapwin.de
'Badauk' (미얀마의 國花)은 1년에 한 번밖에 피지 않는다.

သခွားသီးကိုသာစားတယ်။   오이밖에 먹지 않는다.
thakhwa:dhi:goudhasa:de

အိမ်မှာသာအေးအေးနေပါ။   집에만 조용히 있으세요.
einhmadhaei:ei:neiba

သူ့ရဲ့သာစကားပြောနေတယ်။   그하고만 이야기하고 있다.
thune.dhazaga:pyo:neide

*မြန်မာလိုပြောသာပြောတတ်တယ်။ မရေးတတ်ဘူး။
myanmaloupyo:dhapyo:da?te mayei:da?hɛu:
미얀마어로 말하는 것만 말할 수 있다. 쓰는 것은 못한다.

(D) ပဲ (~ 만, ~ 밖에, 강조)

ရုပ်ရှင်ရုံဆိုရင်တစ်ရုံပဲရှိတယ်။   영화관이라면 한 곳밖에 없다.
you?shinyounhsouyintayounbe:shi.de

ကျွန်တော့်မှာအားကိုးစရာဆိုလို့ခင်ဗျားပဲရှိတယ်။
kyano.hmaa:kou:zayahsoulou.khamya:be:shi.de
나에게 의지할 만한 사람이라고는 당신밖에 없다.

သူလဲဒါပဲစိုးရိမ်နေတယ်။   그도 이것만 걱정하고 있다.
thule:dabe:sou:yeinneide

သူတို့ကဒါကိုပဲလိုချင်တယ်။   그들이 이것만을 원한다.
thudou.ga.dagoube:loujinde

အားလုံးကပဲငြင်းကြတယ်။   모두가 거절했다.
a:loun:ga.be:nyin:ja.de

ကျွန်တော်ဒီမှာပဲနေမယ်။   나는 여기에서 살겠다.
kyanodihmabe:neime

အခက်အခဲရှိရင်ကျွန်တော့်ကိုပဲပြောပါ။
akhe?akhe:shi.yinkyano.goube:pyo:ba
어려움이 있으면 (우선) 저에게 말하세요.

ရိုးရိုးပဲနားထောင်နေတယ်။   보통으로 듣고 있다.
you:you:be:na:htaunneide

274

*မြန်မာလိုပြောပဲပြောတတ်တယ်॥ မၐရေးတတ်ဘူး॥
myanmaloupyo:be:pyo:da?te m̲ayei:da?hpu:
미얀마어로 말하는 것만 말할 수 있다. 쓰는 것은 못한다.

(E) တော့ (~ 관해서는, 대비, 특정화, 강조)

ငါတော့နှင်းဆီပန်းကိုမကြိုက်ဘူး॥
ngado.hnin:ziban:goum̲akyai?hpu:
나의 경우는 장미꽃을 좋아하지 않는다.

ခြင်ထောင်တော့မရှိဘူး॥   모기장은 없다.
chindaundo.m̲ashi.bu:

ကျွန်မကတော့မသွားနိုင်ဘူး॥   나는 갈 수 없다.
ky̲ama.ga.do.m̲athwa:nainbu:

လေယာဉ်ပျံနဲ့တော့ရောက်ဖူးတယ်॥
leiyinbyanne.do.yau?hpu:de
비행기로는 간 적이 있다.

အသားကိုတော့မကြိုက်ဘူး॥   고기는 좋아하지 않는다.
atha:goudo.m̲akyai?hpu:

အောက်ထပ်မှာတော့တစ်ယောက်မှမရှိတော့ဘူး॥
au?hta?hmado.tayau?hma.m̲ashi.dɔ.bu:
아랫층에는 이제 한 사람도 없다.

275

အတိအကျတော့မမှတ်မိဘူး။ 확실하게는 기억하지 못한다.
ati.akya.do.mahma?mi.bu:

နည်းနည်းပါးပါးတော့နားလည်ပါတယ်။ 조금은 이해합니다.
ne:ne:pa:ba:do.na:lebade

*မြန်မာလိုပြောတော့ပြောတတ်တယ်။
ဒါပေမဲ့မရေးတတ်ဘူး။
myanmaloupyo:do.pyo:da?te dabeime.mayei:da?hpu:
미얀마어로 말하는 것은 말할 수 있다. 그러나 쓰는 것은 못한다.

(F) ချည်း (~ 뿐, ~ 만, 어느 특정의 하나에만 집중 · 치중)

သူတို့ကအညာသူအညာသားတွေချည်းပဲ။
thudou.ga.anyadhuanyadha:dweiji:be:
그들은 북부 미얀마인들뿐이다.

သင်တန်းသားတွေကတော့အမျိုးသမီးတွေချည်းပဲ။
thindan:dha:dweiga.do.amyou:dhami:dweiji:be:
수강생들은 여자들뿐이다.

သူကချည်းပြောနေတယ်။ 그녀만이 말하고 있다.
thuga.ji:pyo:neide

သင်္ဘောထဲမှာဘဲဥတွေချည်းစားနေရတယ်။
thin:bo:de:hmabe:u.dweiji:sa:neiya.de
배 안에서 오리알만 먹고 있어야만 했다.

ကလေးတွေကိုချည်းအပြစ်မဆိုပါနဲ့။

kha_lei:dweigouji:apyi?ma_hsoubane.

아이들만을 나무라지 마세요.

(G) တောင် (~ 조차)

အသက်ခြောက်နှစ်တောင်မပြည့်သေးဘူး။

a_the?chau?hni?taunma_pyei.dhei:bu:

나이가 아직 6살도 되지 않았다.

လူကိုက်ဖူးတဲ့ကျားကိုတိရစ္ဆာန်ရုံကတောင်လက်မခံဘူး။

lukai?hpu:de.kya:gouta_rei?hsanyounga.da_nle?ma_khanbu:

사람을 문 적이 있는 호랑이를 동물원에서조차 받아들이지 않는다.

မျက်နှာကိုတောင်မကြည့်ချင်ဘူး။

mye?hnagoudaunma_kyi.jinbu:

얼굴조차 보고 싶지 않다.

ကျွန်တော့်ကိုပြောဖို့တောင်မလိုပါဘူး။

kya_no.goupyo:bou.daunma_loubab_u:

저에게 말할 필요조차 없습니다.

*မြန်မာလိုပြောတတ်တယ်။ ရေးတောင်ရေးတတ်သေးတယ်။

myanmaloupyo:da?te yei:daunyei:da?thei de

미얀마어를 말할 수 있다. 쓰는 것조차 또한 쓸 수 있다.

(H) အနေနဲ့၊ ဖြင့် (~ 으로서, ~ 의 입장에서는, 자격)

သူ့အနေနဲ့သူ့ဝတ္တရားကိုဆောင်ရွက်လိုက်တာပဲ။
thu.aneine.thu.wu?taya:gouhsaunywe?lai?tabe:
그로서 그의 의무를 수행한 것이다.

သူတို့အနေနဲ့တော့တတ်နိုင်တဲ့အကူအညီပေးပါမယ်တဲ့။
thudou.aneine.do.ta?nainde.akuanyipei:bamede.
그들로서는 할 수 있는 협력을 해 준다고 합니다.

ခင်ဗျားတို့အနေနဲ့ဆွေးနွေးကြပါဦး။
khamya:dou.aneine.hswei:nwei:ja.baoun:
당신들 입장에서 의논하세요.

ကျွန်တော်ဖြင့်အိမ်ထောင်မပြုရဲပါဘူး။
kyanohpyin.eindaunmapyu.ye:babu:
저로서는 결혼할 자신이 없습니다.

(I) မှ (~ 도 ~ 아니다, 절대 부정)

ကျွန်တော်ဘာမှမစားရသေးဘူး။
kyanobahma.masa:ya.dhei:bu:
나는 아무것도 아직 먹지 않는다.

ဘယ်သူမှအပြင်မထွက်ကြနဲ့။   누구도 밖에 나가지 마.
bedhuhma.apyinmahtwe?kya.ne.

ဘယ်သူ့ကိုမှမပြောနဲ့။

be(ba)dhu.gouhma.mapyo:ne.

누구에게도 말하지 마.

ဘယ်မှာမှမတွေ့ဘူး။

behmahma.matwei.bu:

어디에서도 눈에 띄지 않는다.

တစ်ခုမှမမှတ်မိဘူး။

takhu.hma.mahma?mi.bu:

하나도 기억하지 않는다.

တစ်ခါမှမမြင်ဖူးပါဘူး။

takhahma.mamyinbu:babu:

한 번도 본 적이 없다.

တစ်ယောက်မှမရှိတော့ဘူး။

tayau?hma.mashi.do.bu:

한 사람도 이제 없다.

နည်းနည်းမှမရိပ်မိဘူး။

ne:ne:hma.mayei?mi.bu:

조금도 깨닫지 않는다.

အရင်ဘယ်တုန်းကမှမသောက်ဘူး။

ayinbedoun:ga.hma.mathau?hpu:

이전에는 절대로 마시지 않았다.

အဲဒီဘက်ကိုတော့ဘယ်တော့မှမသွားဘူး။

e:dibe?koudo.bedo.hma.mathwa:bu:

그쪽으로는 절대로 가지 않는다.

(J) ေကာ (~ 은 어때, ~ 에 관해서는 어때, 대비 의문.
   ေကာ대신에 ေရာ를 써도 상관 없다)

ကျွန်တော်ေဈး:သွား:မယ်။ ခင်ဗျား:ေကာ(သွား:မလား:)။
kyanozei:thwa:me khamya:go:(thwa:mala:)
나는 시장에 갑니다. 당신은 어때요, (갑니까)?

ကျွန်တော်ေနေကာင်း:ပါတယ်။ ဆရာေကာ။
kyanoneikaun:bade hsayago:
저는 건강합니다. 선생님은요?

စာေပေကာဝိသနာမပါဘူး:လား:။
sapeigo:wadhanamapabu:la:
문학은 어때, 취미가 없니?

သူ.ကိုေကာဘယ်လိုထင်သလဲ။
thu.gougo:belouhtindhale:
그에 관해서는 어떻게 생각하느냐?

သူ.အသံကိုေကာကျက်မိရဲလား:။
thu.athangougo:kye?mi.ye.la:
그의 음성에 관해서는 어때, 정말 들은 기억이 있니?

(K) များ: (도대체, 과연, 애매함이나 불확실)

ခင်ဗျား:ဘယ်သူ.များ:ပါလဲ။   당신은 도대체 누구십니까?
khamya:mya:bedhubale:

နက်ပြန်များအားမလား။ 내일은 과연 시간이 있니?
ne?hpyanmya:a:mala:

ဘာများကျန်ရစ်သေးသလဲ။ 무엇이 과연 아직도 남아 있느냐?
bamya:kyanyi?thei:dhale:

ခင်ဗျားတို့ဘဝမှာများဒုက္ခဆိုတာရှိပါသလား။
khamya:dou.bawa.hmamya:dou?kha.hsoudashi.badhala:
당신들의 인생에 과연 어려움이라는 것이 있습니까?

ရူးများနေသလားမသိဘူး။ 과연 미처 있는지 모른다.
yu:mya:neidhala:mathi.bu:

(L) ရယ် (~ 랑 ~ 랑, 열거)

ရယ် 단독으로는 쓰이지 않고, 보통 — ေယ် — ရယ် 형식으로 쓰
인다.

ထမင်းရယ်ဟင်းရယ်အားလုံးယူခဲ့ပါ။
htamin:yehin:yea:loun:yuge.ba
밥이랑 반찬이랑 모두 가져오세요.

ဆရာရယ်မောင်ဘရယ်မမြရယ်ဖိတ်တယ်။
hsayayemaunba.yema.mya.yehpei?te
선생님이랑 '마웅 바' 랑 '마 먀' 랑 초대했다.

(M) လောက် (~ 정도, ~ 쯤)

သူညနေလေးနာရီလောက်မှာပြန်လာမယ်။
thunya.neilei:nayilau?hmapyanlame
그는 오후 4시 쯤에 돌아올 것이다.

အသက်သုံးဆယ့်ငါးနှစ်လောက်ရှိပြီ။
athe?thoun:ze.nga:hni?lau?shi.byi
나이가 35세 정도이다.

ယောက်ျားရုပ်ကမိန်းမရုပ်လောက်မပြောင်းဘူး။
yau?kya:you?ka.mein:ma.you?lau?mapyaun:bu:
남성의 모양은 여성의 모양 정도 변하지 않는다.

တစ်ညလောက်အိပ်ပြီးမှပြန်တာပေါ့။
tanya.lau?ei?pyi:hma.pyandapo.
물론 하룻밤 정도 묵은 다음에 돌아온다.

(N) မို့ (=မို့လို့) (이기 때문에, 이유, 원인)

အရေးကြီးတဲ့ကိစ္စမို့မသွားလို့မဖြစ်ဘူး။
ayei:kyi:de.kei?sa.mou.mathwa:lou.mahpyi?hpu:
중요한 용건이기 때문에 가지 않을 수만은 없다.

တစ်ယောက်တည်းသမီးမို့အင်မတန်ချစ်ကြတယ်။
tayau?hte:dhami:mou.inmatanchi?kya.de
무남독녀이기 때문에 매우 사랑한다.

တာဝန်မကျေတာမို့စိတ်ပျက်တယ်။

tawunmakyeidamou.sei?pye?te

책임을 다하지 않았기 때문에 실망했다.

ရန်ကုန်ကိုပြောင်းရမှာမို့မိတ်ဆွေတွေလာနှုတ်ဆက်တာပါ။

yangoungoupyaun:ya.hmamou.mei?hsweidweilahnou?hse?taba

양공으로 전근하기 때문에 친구들이 인사하러 온 것이다.

ဆုံးဖြတ်ပြီးသားမို့ထပ်စဉ်းစားဖို့မလိုတော့ဘူး။

hsoun:hpya?pyi:dha:mou.hta?sin:za:bou.maloudo.bu:

결정이 이미 끝난 것이기 때문에 이제 다시 숙고할 필요는 없다.

(○) နဲ့ပတ်သက်ပြီး၊ နဲ့ပတ်သက်လို့၊ နဲ့ပတ်သက်ရင် (~ 에 관하여)

ဒီကိစ္စနဲ့ပတ်သက်ပြီးပြောချင်တာတွေအများကြီးရှိတယ်။

dikei?sa.ne.pa?the?pyi:pyo:jindadweiamya:ji:shi.de

이 용건에 관하여 말하고 싶은 것들이 많이 있다.

ဒီပြန်ကြားစာနဲ့ပတ်သက်ပြီးနောက်တစ်ခုရှင်းပြပါမယ်။

dipyankya:zane.pa?the?pyi:nau?takhu.shir:pya.bame

이 통지서에 관하여 하나 더 설명하겠습니다.

မနက်ဖန်လုပ်ငန်းစဉ်နဲ့ပတ်သက်လို့စီစဉ်ထားပါ့မယ်။

mane?hpanlou?ngan:zinne.pa?the?lou.sizinhta:ba.me

내일 사업 계획에 관하여 반드시 준비해 놓겠습니다.

ဒီငွေနဲ့ပတ်သက်လို့တော့နောက်ထပ်ဘာမှမမေးနဲ့။
dingweine.pa?the?lou.do.nau?hta?bahma.mamei:ne.
이 돈에 관해서는 더 이상(다시) 아무것도 묻지 마.

ပညာအရည်အချင်းနဲ့ပတ်သက်ရင်ပြောစရာမရှိဘူး။
pyinnyaayiachin:ne.pa?the?yinpyo:zayamashi.bu:
학력에 관해서 말할 것이 없다.

(P) ကလွဲပြီး၊ ကလွဲလို့၊ ကလွဲရင် (~ 을 제외하고, ~ 이외에)

ခင်ဗျားတစ်ယောက်ကလွဲပြီးဘယ်သူမှမကန့်ကွက်ဘူး။
khamya:tayau?ka.lwe:pyi:bedhuhma.makan.gwe?hpu:
당신 한 사람을 제외하고 누구도 반대하지 않는다.

ထွက်ပြေးသွားရုံကလွဲပြီးတခြားလမ်းမရှိတော့ဘူး။
htwe?pyei:thwa:younga.lwe:pyi:tacha:lan:mashi.do.bu:
오직 도망 가는 것 이외에 이제 다른 길은 없다.

ကော်ဖီကလွဲလို့တခြားသရေစာမစားရဘူး။
kohpiga.lwe:lou.tacha:thayeizamasa:ya.bu:
커피를 제외하고 다른 간식을 먹어서는 안 된다.

လေတိုက်တဲ့အသံကလွဲရင်ဘာသံမှမကြားရဘူး။
leitai?te.athanga.lwe:yinbathanhma.makya:ya.bu:
바람 부는 소리를 제외하고 무슨 소리도 들리지 않는다.

(4) 종조사

종조사는 문미에 나타나는 부속어로 동사나 구, 절에 붙는데, 문법적으로는 시제나 相, 法을 결정한다. 이것은 문장의 종류편에서 자세히 설명한 바 있다.

(A) တယ် (서술형, 시제는 과거 또는 현재)

ကျွန်တော်သိတယ်။   나는 안다.
kyanothi.de

မနေ့ကခေါင်းကိုက်တယ်။   어제 머리가 아팠다.
manei.ga.gaun:kai?te

ဒီကနည်းနည်းဝေးတယ်။   여기에서 조금 멀다.
diga.ne:ne:wei:de

(B) တာပဲ (단정형)

အားလုံးသိကြတာပဲ။   모두 아는 것이다.
a:loun:thi.ja.dabe:

သူတို့ပြောကြတာပဲ။   그들이 말한 것이다.
thudou.pyo:ja.dabe:

(C) မယ် (의지형, 추측형, 미래)

ငါပြောပြမယ်။   내가 설명하겠다.
ngapyo:pya.me

ကျွန်မအိမ်ရှေ့မှာစောင့်နေပါမယ်။
kyama.einshei.hmasaun.neiba.me
저는 집 앞에서 반드시 기다리고 있겠습니다.

ငါပြောရင်မင်းဝမ်းနည်းမယ်။
ngapyo:yinmin:wun:(wan:)ne:me
내가 말하면 너는 슬퍼할 것이다.

သူညကိုးနာရီလောက်မှာပြန်လာမယ်။
thunya.kou:nayilau?hmapyanlame
그는 밤 9시 경에 돌아올 것이다.

ဒါသုံးလက်မလောက်ရှိမယ်။
dathoun:le?ma.lau?shi.me
이것은 3인치 정도 될 것이다.

(D) လိမ့်မယ် (추측형)

တစ်ရက်နှစ်ရက်ရှိရင်ဆေးရုံကဆင်းရပါလိမ့်မယ်။
taye?hnaye?shi.yinhsei:younga.hsin:ya.balein.me
하루 이틀 있으면 병원에서 퇴원할 수 있을 것입니다.

တစ်မိုင်မကဘူး၊ နှစ်မိုင်းနီးပါးလောက်ရှိလိမ့်မယ်။
tamainmaka.bu: hnamainni:ba:lau?shi.lein.me
1마일은 커녕(1마일 이상) 거의 2마일 정도는 될 것이다.

(E) မှာပဲ (추측형, 확신형)

လာတော့အမှန်လာမှာပဲ။   오기는 확실히 올 것이다.
lado.ahmanlahmabe:

တော်တော်ဈေးသက်သာမှာပဲ၊   꽤나 값이 쌈에 틀림이 없다.
todozei:the?thahmabe:

တစ်နေ့တော့ပစ္စည်းဥစ္စာချမ်းသာလ-မှာပဲ။
tanei.do.pyi?si:ou?sachan:dhalahmabe:
언젠가는 유복하게 될 것임에 틀림이 없을 것이다.

(F) ပြီ (계속, 결과 등의 현재 완료형)

ထမင်းကျက်ပါပြီ။   밥이 되었습니다.
htamin:kye?pabyi

မိုးတွေရွာလာပြီ။   비가 내리고 있다.
mou:dweiywalabyi

အားလုံးနိုး-ပါပြီ။   모두 깨어 있습니다.
a:loun:nou:babyi

(G) ပြီး၊ပြီ (과거 완료형)

သူ့ဆီကိုစာရေးပြီး၊ပြီ။   그 있는 곳에 편지를 다 썼다.
thu.zigousayei:pyi:byi

ကျွန်တော်ဝယ်ပြီး၊ပြီ။   나는 다 샀다.
kya̱nowepyi:byi

နာမည်တော့ကြား၊ပြီးပါပြီ။   이름은 벌써 들었습니다.
namedo.kya:pyi:babyi

(5) 감탄 조사

감탄 조사는 구나 절에 붙는 그 자체 단독으로는 사용할 수 없는 부속
어로 감탄, 감동 등 화자의 감정을 나타낸다.

(A) ပေါ့ (물론 ~ 이다, ~ 이고 말고, 강한 단정 또는 긍정)

အနိုင်အရှုံးဆိုတာ၁ရှိတာ၁ပေါ့။   승패라는 것은 물론 있다.
a̱naina̱shoun:hsoudashi.dapo.

ဆေးထိုးလိုက်ရင်ပျောက်သွားမှာ၁ပေါ့။
hsei:htou:lai?yinpyau?thwa:hmapo.
주사를 놓으면 물론 나을 것이다.

ခုထက်ထိမနက်စာမစားရသေးဘူးပေ့။

khu.de?hti.m̲ane?sam̲asa:ya.dhei:bu:po.

지금까지도 물론 조반을 아직 먹고 있지 않다.

ဒီနေ့ညနေခြောက်နာရီလောက်မှာလာခဲ့ပေ့။

dinei.nya.neichau?nayilau?hmalage.po.

물론 오늘 오후 6시 경에 오너라.

(B) လေ (확신, 강조)

ကောင်းပါတယ်လေ။   좋고 말고요.

kaun:badelei

ကျွန်တော်တို့မှာအလုပ်ရှိပါသေးတယ်လေ။

kyan̲odou.hmaa̲lou?shi.badhei:del̲ei

우리들에게 아직 일이 있고 말고.

ဒါတော့ဟုတ်ပါပြီလေ။   그것은 확실히 그래요.

dado.hou?pabyilei

ကိစ္စမရှိဘူးလေ။   괜찮고 말고.

kei?sa.m̲ashi.bu:lei

အပြစ်မတင်ပါနဲ့ဦးလေ။   더 이상은 나무라지 마세요.

a̲pyi?m̲atinbane.oun:lei

(C) နော် (~ 하는군요, 상대방의 동의를 자연스럽게 요구하거나 다짐)

ခင်ဗျားသီချင်းကိုသိပ်ကြိုက်ပါတယ်နော်။

khamya:thachin:gouthei?kyai?padeno

당신은 노래를 매우 좋아하시는군요.

ကျွန်တော်ကစုံစမ်းကြည့်ရင်သိနိုင်ပါတယ်နော်။

kyanoga.sounzan:kyi.yinthi.nainbadeno

제가 조사해 보면 알 수 있겠지요.

ကျွန်မပြောလိုက်မယ်နော်။ 제가 말할께요.

kyama.pyo:lai?meno

ကိုယ်လုံးကိုယ်ပေါက်ကလဲမဆိုးဘူးနော်။

kouloun:koubau?ka.le:mahsou:bu:no

체격도 나쁘지 않겠지요.

ဘယ်ဆီများရောက်ကြသလဲမသိဘူးနော်။

bezimya:yau?kya.dhale:mathi.bu:no

도대체 어디에 갔는지 모르겠지요.

မနက်ဖြန်စောစောလာခဲ့နော်။

mane?hpyanso:zo:lage.no

내일 일찍 오너라.

(D) တဲ့ (~ 한다고 한다, 傳聞)

ဆန်တွေ့ဆီတွေ့ဈေးတက်တယ်တဲ့။

hsandweihsidweizei:te?tede.

쌀과 기름값이 올랐다고 한다.

ရှေး‌ရှေးတုန်းကရွာတစ်ရွာမှာလူအိုတစ်ယောက်တည်း‌နေထိုင်
ခဲ့တယ်တဲ့။

shei:shei:doun:ga.ywataywahmaluouta̲yau:hte:neihtainge.dede.

옛날 옛날 한 마을에 노인 혼자서 살았다고 한다.

သူတို့ဟာလေယာဉ်ပျံနဲ့သွားပါမယ်တဲ့၊

thudou.haleiyinbyanne.thwa:bamede.

그들은 비행기로 간다고 합니다.

မျက်ရည်ကတော့တစ်စက်တောင်မကျဘူးတဲ့။

mye?yeiga.do.da̲ze?taunmakya.bu:de.

눈물은 한 방울도 흘리지 않았다고 한다.

မေမေကတောင်ကြီးကိုလာခဲ့ပါတဲ့။

meimeiga.taunji:goulage.bade.

어머니가 '따웅 지'에 오라고 하십니다.

이 傳聞의 တဲ့가 의문 조사 လား나 လဲ 앞에 붙어 조동사적으로 쓰이
기도 한다. 이 경우 그 의미는 '~ 라고 말하다'로 해석된다.

ရှင်ကဟိုပန်းကိုခူး‌ပေးမယ်တဲ့လား။

shinga.houpan:goukhu:pei:mede.la:
당신이 저 꽃을 따 주겠다고 말합니까?

သူ့ဘယ်တော့လာ၁မတဲ့လဲ။   그는 언제 온다고 말합니까?
thubedo.lamade.le:

(E) ဆို (~ 한다면서요, 傳聞과 동시에 불확실한 것을 상대방에게 확인)

ရန်ကုန်မြို့မှ၁မီးလောင်သွ၁းတယ်ဆို။
yangounmyou.hmami:launthwa:dehsou
양공시에 화재가 났다면서요.

လင်မယ၁းကွဲနေကြတယ်ဆို။   부부가 헤어졌다면서요.
linmaya:kwe:neija.dehsou

အပင်တွေ၁ကအစုံရှိတယ်ဆို။
apindweiga.asounshi.dehsou
나무들이 여러 종류 갖추어져 있다면서요.

ခင်ဗျ၁းအိမ်ထောင်ပြုမယ်ဆို။   당신은 결혼한다면서요.
khamya:eindaunpyu.mehsou

ဆယ်ရက်လောက်နေမယ်ဆို။   10일 정도 머무른다면서요.
hseye?lau?neimehsou

မနက်ပြန်မအ၁းဘူးဆို။   내일 시간이 없다면서요.
mane?hpyanmaa:bu:hsou

(F) ကို့၊ ကို (확실히 ~ 하군요, 확신, 강조)

မင်းကအခုမှနားလည်တာကို့။
min:ga.akhu.hma.na:ledagou:
네가 지금에야 확실히 이해하는구나.

ခင်ဗျားအင်မတန်ဒေါသကြီးတာကို့။
khamya:inmatando:dha.kyi:dagou:
당신은 확실히 화를 잘 내는군요.

မင်းကမလာတာကြာပြီကို့။
min:ga.maladakyabyigou:
네가 안 온 지 확실히 오래 되었구나.

လုပ်သက်ကအင်မတန်နုသေးတာကို့။
lou?the?ka.inmatannu.dhei:dagou:
근무 경력(근속년수)이 아직 매우 짧군요.

(G) ကော (종조사 ပြီ 다음에 붙어 발생한 사실의 확인, ပြီ는 음절 약화
    현상이 일어나기도 함)

ညနက်လာပါပြီကော။   밤이 깊어졌군요.
nya.ne?lababyigo:

မတွေ့ရတာအတော်ကြာပါပကော။
matwei.ya.daatokyababago:
몹시 오랫 동안 못 만났군요.

293

(H) ပါလား၊ ပါကလား၊ လိုက်တာ (~ 가 아닌가!, ~ 하구나!, 감탄)

တယ်ရမ်းကားပါလား။ 매우 난폭하구나!

teyan:ga:bala:

တယ်ကောင်းတဲ့ကားကြီးပါလား။ 매우 좋은 차구나!

tekaun:de.ka:ji:bala:

ပိုက်ဆံတွေအင်မတန်အများကြီးပါလား။

pai?hsandweiinmatanamya:ji:bala:

돈이 아주 많구나!

ဒီနေ့တယ်ပြီးမျက်နှာမသာပါလား။

dinei.tepyi:mye?hnamathabala:

오늘 안색이 별로 좋지 않구나!

တယ်ပြီးကြီးကျယ်တဲ့စကားပါကလား။

tepyi:kyi:kyede.zaga:bagala:

매우 과장된 이야기가 아닌가!

ဆံပင်ပုံကဆန်းကြယ်လှပါကလား။

zabinbounga.hsan:kyehla.bagala:

머리 스타일이 매우 특이하구나!

ဆိုင်ထဲမှာဘယ်သူမှမရှိပါကလား။

hsainde:hmabedhuhma.mashi.bagala:

가게 안에 아무도 없구나!

ဆီးသွား(အပေါ့သွား)ချင်လိုက်တာ။   소변이 보고 싶구나!

hsi:thwa:(apo.thwa:)jinlai?ta

သူ့ကိုယ်သူ့အထင်ကြီးနေလိုက်တာ။

thu.koudhuahtinkyi:neilai?ta

자기 멋대로 우쭐거리고(잘난 체하고) 있구나!

ကြက်သီးထလိုက်တာ။   소름이 끼치는구나!

kye?thein:hta.lai?ta

(l) လား (명령문이나 권유문에서 독촉, 강한 명령)

သေသေချာချာကြည့်ပါလား။   확실히 보세요.

theidheichajakyi.bala:

မျက်နှာသစ်ပါတော့လား။

mye?hnathi?pado.la:

이제 슬슬 세수를 하면 어때?

မအိပ်သေးခင်ဒီမှာခဏထိုင်ပါဦးလား။

maei?thei:gindihmakhana.htainbaoun:la:

아직 주무시기 전에 여기에 잠깐 앉으실까요?

ဒီပြင်အခန်းတွေကိုလကြည့်ကြဦးစို့လား။

di.pyinakhan:dweigoule:kyi.ja.oun:zou.la:

그 밖의 방들도 볼까?

အတူတူသွားကြပါစို့လား။　　함께 갈까요?
atuduthwa:ja.bazou.la:

(J) ရော (이야기나 사건을 설명할 때의 놀람 또는 실망)

သေရှာပါရော။　　　　가엾게도 죽었답니다.
theishabayo:

အကုန်သေကြရော။　　　모두 죽었단다.
akountheija.yo:

တစ်ကောင်တည်းရှိတဲ့နွားကိုအသိမ်းခံရလိုက်ရရော။
dagaunde:shi.de.nwa:gouathein:khanya.lai?ya.yo:
한 마리밖에 없는 소를 몰수당해 버려야만 했단다.

ဆီဖိုးတွက်လိုက်တော့ငွေပေါင်းတစ်ရာ့ရှစ်ဆယ်ဖြစ်သွားရော။
hsibou:twe?lai?to.ngweibaun:taya.shi?hsehpyi?thwa:yo:
기름값을 계산한 즉, 총 180 '쫘' 이 되어 버렸단다.

(K) ရောပေါ့ (벌써 ~ 하지 않는가, 상대방을 힐문할 때도 쓰임)

ရှစ်နာရီလဲထိုးပြီးရောပေါ့။
shi?nayile:htou:pyi:yo:po.
벌써 8시나 되어 있지 않는가.

296

စောစောကနားလည်ရောပေ့။

so:zo:ga.na:leyo:po.

좀 전에(아까) 이해했었다면 어때? (지금에야 이해했단 말이야?)

တခြားအလုပ်တစ်ခုခုလုပ်ရောပေ့။

tacha:alou?takhu.gu.lou?yo:po.

다른 일을 무엇인가 하면 어떨까?

(L) သား၊ ပြီးသား၊ အ — သား (벌써 · 확실히 · 정말로 ~ 한)

ကျွန်မမှာသူငယ်ချင်းတွေရှိသားပဲ။

kyama.hmathangejin:dweishi.dha:be:

나에게 친구들이 확실히 있어요.

ဆယ်တန်းတုန်းကမင်းတို့လဲသင်ဖူးသားပဲ။

hsedan:doun:ga.min:dou.le:thinbu:dha:be:

고교 3학년 때에 너희들도 정말 배운 적이 있을 것이다.

ကျွန်တော့်မှာစေ့စပ်ထားတဲ့လူရှိပြီးသားပါ။

kyano.hmasei.za?hta:de.lushi.p(y)i:dha:ba

나에게는 벌써 결혼을 약속한 사람이 있습니다.

ပျက်စီးပြီးသားဟာတွေကပြန်မကောင်းတော့ဘူး။

pye?si:p(y)i:dha:hadweiga.pyanmakaun:dc.bu:

이미 깨진 것들은 이제 다시 좋아지지 않는다(원상태로 돌아오지 않는다).

ငါအစောကြီး(က)တည်းကအသိသား:ပဲ။

ngaaso:ji:(ga)de:ga.athi.dha:be:

나는 일찍부터 이미 알고 있었다.

နင့်မှာတော့ပိုက်ဆံတွေ့အရှိသား:ပဲ။

nin.hmado.pai?hsandweiashi.dha:be:

너에게는 돈이 확실히 있다.

8. 조동사

조동사는 동사(형용사) 뒤에 붙어서 부사적 기능을 갖게 함으로써 화자
의 판단을 더하는 것으로 그 자체 변화는 하지 않는다.

(1) ရ

(A) 가능(~ 할 수 있다, 부정문에서는 불가능)

ရန်ကုန်နဲ့မန္တလေးခရီးဟာစိတ်ချရပါတယ်॥
yangounne.man:dalei:khayi:hasei?cha.ya.bade
양공과 만달레간의 여행은 안심할 수 있습니다.

ဆန်မရှိလို့ထမင်းမချက်ရသေးဘူး॥
hsanmashi.lou.htamin:mache?ya.dhei:bu:
쌀이 없기 때문에 밥을 아직 지을 수 없다.

သူ့ခမျာရောက်ကတည်းကမနားရသေးဘူး॥
thu.khamyayau?kade:ga.mana:ya.dhei:bu:
그는 가엾게도 도착 이후 아직 쉴 수 없다

(B) 당위, 의무, 필연(~ 해야만 한다, 부정문에서는 제지 또는 불필요)

ဝမ်းရောဂါကာကွယ်ဆေးထိုးရမယ်။

wun:(wan:)yo:gakagwehsei:htou:ya.me

콜레라 예방 주사를 맞아야만 할 것이다.

ဘယ်သူလၢလၢမရှိဘူးလို့ပြောရမယ်။

bedhulalama.shi.bu:lou.pyo:ya.me

누가 오든 간에 없다고 말을 해야만 할 것이다.

ညနေဝါင်းနၢရီတိတိမှၢပြန်ရောက်ရမယ်။

nya.neinga:nayiti.di.hmapyanyau?ya.me

오후 5시 정각에 돌아오지 않으면 안 된다.

အထဲကိုအရမ်းမဝင်ရဘူး။   안에 마음대로 들어가서는 안 된다.

ahte:gouayan:mawinya.bu:

ဘုရၢးပရဝက်တွင်းဝင်ရင်ဖိနပ်မစီးရဘူး။

hpaya:parawundwin:winyinhpana?masi:ya.bu:

파고다 경내에 들어가면 신을 신어서는 안 된다.

ပန်းကန်ကိုမဆေးရပါဘူးတဲ့။

bagangouma.hsei:ya.babu:de.

접시를 닦지 않아도 좋다고 합니다.

အသက်ကိုတော့မစိုးရိမ်ရဘူး။   생명의 염려는 할 필요가 없다.

athe?koudo.ma.sou:yeinya.bu:

(C) 확신(~ 임에 틀림 없다, ~ 할 것이다)

ချမ်းသာသူဖြစ်ရမယ်။　　부자임에 틀림없다.
chan:dhadhuhpyi?ya.me

ဒါကိုသူကြည့်ဖူးရမယ်။　　이것을 그는 본 적이 있음에 틀림없다.
dagouthukyi.bu:ya.me

ရည်ရွယ်ချက်တစ်ခုရှိရမယ်။
yiyweje?takhu.shi.ya.me
목적 하나가 틀림없이 있을 것이다.

အိပ်ခန်းထဲမှာရှိရမယ်။　　침실 안에 당연히 있을 것이다.
ei?khan:de:hmashi.ya.me

(2) လို့ရ (~ 할 수 있다, 가능, 부정형은 လို့မရဘူး။ 형태로 불가능 의 표현)

ဘူတာရုံအထိခြေကျင်သွားလို့ရပါသလား။
budayounahti.chijinthwa:lou.ya.badhala:
정거장까지 걸어서 갈 수 있습니까?

ဆေးလိပ်တော့ကုန်ရင်ဝယ်ခိုင်းလို့ရတယ်။
hsei:lei?to.kounyinwekhain:lou.ya.de
담배가 떨어지면 사러 보내게(사게) 할 수 있습니다.

စာရေးခြင်းသက်သက်နဲ့အသက်မွေးလို့မရဘူး။
sayei:jin:the?the?ne.athe?mwei:lou.maya.bu:
단지 문필업만으로는 생계를 유지할 수 없다.

ဒီမှာကားရပ်ခိုင်းလို့လဲရမှာမဟုတ်ဘူး။
dihmaka:ya?khain:lou.le:ya.hmamahou?hpu:
여기에 주차하게 할 수도 없다.

(3) လို့ဖြစ်
(객관적 정세에 의한 실현의 가능, 부정형은 လို့မဖြစ်ဘူး။)

ရွာမှာကြာကြာနေလို့မဖြစ်ဘူး။
ywahmakyajaneilou.mahpyi?hpu:
마을에 오랫 동안 있을 수만은 없다(있을 일이 못 된다).

တစ်ကိုယ်ကောင်းစိတ်မွေးမြူလို့မဖြစ်တော့ဘူး။
dagougaun:zei?mwei:myulou.mahpyi?to.bu:
이제 이기주의를 내세울 수만은 없다.

ငယ်သေးတော့သူ့ကိုခေါ်သွားလို့မဖြစ်ဘူး။
ngedhei:do.thu.goukhothwa:lou.mahpyi?hpu:
아직 어리기 때문에 그를 데리고 갈 수만은 없다.

(4) ဖြစ် (가능, 실현, 성공, 부정문에서는 불가능, 실패 등)

လာပြစ်အောင်လာပါ့မယ်။
labyi?aunlaba.me
어떻게 하여서라도(전력을 기울여서, 만사를 제쳐 놓고) 꼭 오겠습니다.

သန်ဘက်ခါရုံးကိုမသွားဖြစ်ဘူး။   모려 관청에 갈 수 없다.
dhabe?khayoun:goumathwa:byi?hpu:

လက်မထပ်ဖြစ်ဘူး။   결혼에 실패했다.
le?mahta?hpyi?hpu:

(5) နိုင်

(A) 가능(체력, 능력, 발생의 가능성)

ကျွန်တော်ထမင်းသုံးရက်မစားဘဲနေနိုင်တယ်။
kyanohtamin:thoun:ye?masa:be:neinainde
나는 밥을 사흘 먹지 않고서 지낼 수 있다.

ခင်ဗျားအလုပ်လုပ်နိုင်မလား။   당신은 일을 할 수 있습니까?
khamya:alou?lou?nainmala:

သူ့ကိုအဖြေပေးနိုင်သလား။   그에게 대답을 할 수 있습니까?
thu.gouahpyeipei:naindhala:

ငွေမရှိလို့မဝယ်နိုင်ဘူး။ 돈이 없기 때문에 살 수 없다.

ngweimashi.lou.mawenainbu:

ချဉ်လွန်းလို့မစားနိုင်ဘူး။ 너무 시기 때문에 먹을 수 없다.

chinlun:lou.masa:nainbu:

တောကောင်တွေနဲ့တွေ့ရင်ဒုက္ခများနိုင်တယ်။

to:gaundweine.twei.yindou?kha.mya:nainde

맹수들과 만나면 커다란 곤란에 처할 수 있다.

ကိုယ်နဲ့လိုက်လို့တော့လမ်းမမှားနိုင်ဘူး။

koune.lai?lou.do.lan:mahma:nainbu:

내가 동행하기 때문에 길을 잃어 버리는 일은 있을 수 없다.

(B) 허가(~ 해도 좋다)

အိပ်ချင်ရင်အိပ်နိုင်တယ်။

ei?chinyinei?nainde

자고 싶으면 잘 수 있다(자도 좋다).

ဘယ်အခါမဆိုဝင်နိုင်ထွက်နိုင်တယ်။

beakhamahsouwinnainhtwe?nainde

언제든지 출입할 수 있다(해도 좋다).

(6) တတ်

(A) 능력(~ 할 수 있다, 기술적 능력이나 지식)

ကျွန်မသစ်ပင်မတက်တတ်ဘူး။

kyama.thi?pinmate?ta?hpu:

나는 나무에 오를 수 없다.

ကျွန်တော်အင်္ဂလိပ်လိုပြောတတ်ပါတယ်။

kyanoin:galei?loupyo:da?pade

저는 영어로 말할 수 있습니다.

ရေလဲကောင်းကောင်းကူးတတ်ပါတယ်။

yeile:kaun:gaun:ku:da?pade

수영도 잘할 수 있습니다.

ကျွန်တော်သေနတ်မပစ်တတ်ပါဘူး။

kyanothana?mapyi?ta?pabu:

저는 총을 쏠 수 없습니다.

(B) 습성, 본능(~ 하는 경향이 있다, ~ 하곤 한다, 잘 ~ 한다)

ကျွန်တော်ဆေးလိပ်မသောက်တတ်ဘူး။

kyanohsei:lei?mathau?ta?hpu:

나는 담배를 피우는 습관이 없다.

ဓာတ်ကြိုးကိုကိုင်ရင်သေတတ်တယ်။
da?kyou:goukainyintheida?te
전선에 닿으면 죽는 일이 있다.

သူဟာစိတ်ရှည်ပြီးသည်းခံတတ်တယ်။
thuhasei?sheipyi:thi:khanda?te
그는 성질이 느긋해서 잘 견딘다.

ကျွန်မငါးစိမ်းမစားတတ်ဘူး။
kyama.nga:zein:masa:da?hpu:
나는 생선회를 잘 먹지 않는다.

(7) ပါ (존경)

ကျွန်တော်ကတော့အားပါတယ်။
kyanoga.do.a:bade
저는 시간이 있습니다.

ဒီလက်စွပ်ကိုရောင်းချင်ပါတယ်။
dile?su?kouyaun:jinbade
이 반지를 팔고 싶습니다.

ငှက်ကလေးကိုရက်ရက်စက်စက်မလုပ်ပါနဲ့။
hnge?khalei:gouye?ye?se?se?malou?.pane.
작은 새(새끼새)에게 잔인한 짓은 하지 마세요.

(8) ကြ (동작, 행위의 주체가 복수임을 표현, 절대적이지는 않고, 생
략되기도 함)

ကျွန်တော်တို့အခုသွားနိုင်ကြပါတယ်။
kyanodou.akhu.thwa:nainja.bade
저희들은 지금 갈 수 있습니다.

ကျောင်းသားတွေသဘောကျနေကြတယ်။
kyaun:dha:dweidhabo:kya.neija.de
학생들이 마음에 들어하고 있다.

ငါတို့ထမင်းမစားကြရသေးဘူး။
ngadou.htamin:masa:ja.ya.dhei:bu:
우리들은 아직 밥을 먹고 있지 않다.

မိန်းမယောကျ်ားအကုန်ထွက်ကြ။
mein:ma.yau?kya:akounhtwe?kya.
남녀 모두 나가라.

သူတို့ဒီဘက်ကိုလာကြဦးမှာလား။
thudou.dibe?koulaja.oun:hmala:
그들이 이쪽으로 또 옵니까?

307

(9) ခဲ့

(A) 과거

အရင်ကခင်ဗျာ့ကိုမမြင်ခဲ့ဘူး။
ayinga.khamya.goumamyinge.bu:
이전에는 당신을 보지 못했다.

ကလေးဘဝတုန်းကသူမပျော်ခဲ့ပါဘူး။
khalei:bawa.doun:ga.thumapyoge.babu:
어린 시절 그는 행복하지 못했습니다.

မနေ့ကအကြိမ်ကြိမ်ညွှန့်ကြားခဲ့တယ်။
manei.ga.akyeinjeinhnyunkya:ge.de
어제 몇 번이나 지시했다.

(B) 이동(~ 하고 오다, ~ 하고 가다)

ကော်ဖီတစ်ခွက်ပျော်ခဲ့ပါ။   커피 한 잔 끓여 오세요.
kohpitakhwe?hpyoge.ba

အပြန်ကျရင်မုန့်ဝယ်ခဲ့။   돌아올 때 과자 사 와라.
apyankya.yinmoun.wege.

အိမ်မှာထားခဲ့တယ်။   집에 두고 왔다.
einhmahta:ge.de

ကျွန်တော်ချက်ချင်းပြန်လာခဲ့မယ်။

kyanoche?chin:pyanlage.me

나는 즉시 돌아오겠다.

(10) သေး (아직 ~ 하지 않다, 미숙성)

ငါလဲအလုပ်တွေ့ရှိသေးတယ်။   나도 아직 일이 있다.

ngale:alou?tweishi.dhei:de

အသက်ရှူနေသေးတယ်။   아직 숨을 쉬고 있다.

athe?shuneidhei:de

ငါးနာရီထိုးဖို့အချိန်လိုသေးတယ်။

nga:nayihtou:bou.acheinloudhei:de

5시가 되기에는 아직 좀 이르다.

ကျွန်တော်မျက်နှာမသစ်ရသေးဘူး။

kyanomye?hnamathi?ya.dhei:bu:

나는 아직 세수를 하고 있지 않다.

အိပ်ရာကမထသေးဘူး။

ei?yaga.mahta.dhei:bu:

잠자리에서 아직 일어나 있지 않다.

မလာသေးဘူးလား။   아직 오지 않았니?

maladhei:bu:la:

(11) တော့ (이제 곧, 이제 슬슬, 이제 ~ 하다, 근접 미래, 종국, 결말, 궁극성)

ရထားထွက်တော့မယ်။
yahta:htwe?to.me

기차가 이제 슬슬 출발한다.

နေဝင်တော့မယ်။
neiwindo.me

해가 이제 곧 저문다.

ထမင်းစားတော့မလား။
htamin:sa:do.mala:

이제 밥을 먹을래?

သေဆုံးနေတာကိုသိရတော့တယ်။
theihsoun:neidagouthi.ya.do.de

죽은 것을 이제 알았다.

သေဆုံးတော့တယ်။
theihsoun:do.de

이제 결국 죽었다.

လုပ်ချင်ရင်လုပ်ပါတော့။
lou?chinyinlou?pado.

하고 싶다면 이제 하세요.

ခင်ဗျားသူငယ်ချင်းတွေဆီပြန်ပါတော့။
khamya:thangejin:dweizipyanbado.
당신은 친구들 있는 곳에 이제 돌아가세요.

မင်းဟာအသက်မငယ်တော့ဘူး။
min:haathe?mangedo.bu:

너는 이제 나이가 어리지 않다.

သွား:ချင်ပေမဲ့အချိန်မရှိတော့ဘူး။ 가고 싶지만 이제 시간이 없다.
thwa:jinbeime.acheinmashi.do.bu:

မငိုပါနဲ့တော့။ 이제 울지 마세요.
mangoubane.do.

မစိုး:ရိမ်နဲ့တော့။ 이제 걱정하지 마.
masou:yeinne.do.

(12) ဦး (지금부터, 또한, 더욱 ~ 하다, 계속성, 희망)

နောက်မှအေး:အေး:ဆေး:ဆေး:လာပါဦး:မယ်။
nau?hma.ei:ei:hsei:zei:labaoun:me
나중에 천천히 또 오겠습니다.

ဆယ်နာရီတစ်ခေါက်သွား:ရဦး:မယ်။
hsenayitakhau?thwa:ya.oun:me
10시에 한 번 더 가야만 한다.

ကျွန်မအပေါ်တက်ပြီးအဝတ်လဲလိုက်ဦး:မယ်။
kyama.apote?pyi:awu?le:lai?oun:me
지금부터 윗층에 올라가서 옷을 갈아입겠다.

ဒီမှာဘယ်လောက်ကြာကြာနေဦး:မလဲ။
dihmabe(ba)lau?kyajaneioun:male:
여기에 얼마나 더 오래 있을 것입니까?

သူဒီနေ့အပြင်ထွက်ဦးမလား။   그는 오늘 또 외출합니까?
thudinei.apyinhtwe?oun:mala:

စမ်းကြည့်ကြဦးစို့။   더 시험해 보자.
san:kyi.ja.oun:zou.

နွားနို့ပူပူလေးသောက်ကြပါဦးစို့။
nwa:nou.pubulei:thau?kya.baoun:zou.
지금부터 뜨거운 우유를 좀 마시자.

စောစောကစကားကိုဆက်ပါဦး
so:zo:ga.zaga:gouhse?paoun:
조금 전의 이야기를 계속하세요.

ပြောတာဆုံးအောင်နားထောင်ပါဦး။
pyo:dahsoun:aunna:htaunbaoun:
말하는 것을 끝까지 들으세요.

ဝယ်လာတဲ့ချောကလက်တွေစားပါဦး။
welade.cho:kale?tweisa:baoun:
사 가지고 온 초콜렛을 드세요.

ကျွန်တော်မသိလို့မေးစမ်းပါရစေဦး။
kyanomathi.lou.mei:zan:baya.zeioun:
모르기 때문에 물어 보게 해 주세요.

အိမ်နီးနားချင်းနဲ့မိတ်ဆက်ပေးပါရစေဦး။
einni:na:jin:ne.mei?hse?pei:baya.zeioun:
이웃 사람들을 소개하게 해 주세요.

ဒီကိစ္စတွေ့မစဉ်းစားပါနဲ့ဦး။

dikei?sa.dweimasin:za:bane.oun:

이 건들에 관해서 생각하지 마세요.

(13) ဖူး (~ 한 적이 있다, 경험)

ဆရာ့သတင်းကိုကျွန်တော်တို့ကြားဖူးပါတယ်။

hsaya.dhadin:goukyanodou.kya:bu:bade

선생님의 소식을 저희들은 들은 적이 있습니다.

စာအုပ်တွေထဲမှာလဲဖတ်ဖူးပါတယ်။

saou?tweide:hmale:hpa?hpu:bade

책 속에서도 읽은 적이 있습니다.

တစ်ခါမှမသောက်ခဲ့ဖူးဘူး။

takhahma.mathau?khe.bu:bu:

한 번도 마신 적이 없다.

တစ်ခါမှုတို့မျှော်စင်ပေါ်မရောက်ဖူးသေးဘူး။

takhahma.houhmyozinbomayau?hpu:dhei:bu:

한 번도 아직 저 전망대 위에 오른 적이 없다.

ခင်ဗျားသူ့အိမ်ကိုရောက်ဖူးပါသလား။

khamya:thu.eingouyau?hpu:badhala:

당신은 그녀의 집에 간 적이 있습니까?

(14) ချင်

(A) 소원, 희망, 욕구(~ 하고 싶다)

နွေရာသီကျောင်းပိတ်ရက်မှာမြန်မာပြည်ကိုသွားချင်တယ်။
nweiyadhikyaun:pei?ye?hmamyanmapyigouthwa:jinde
여름 방학에 미얀마에 가고 싶다.

ကျွန်တော်အသက်ရှည်ချင်တယ်။   나는 장수하고 싶다.
kyanoathe?sheijinde

ဒီနေ့ဘာမှမစားချင်ပါဘူး။
dinei.bahma.masa:jinbabu:
오늘 아무것도 먹고 싶지 않습니다.

ဒီအကြောင်းကိုမသိချင်ပါနဲ့။
diakyaun:goumathi.jinbane.
이 상황을 알고 싶어하지 마세요.

လူမမာနဲ့ရန်မဖြစ်ချင်နဲ့။
lumamane.yanmahpyi?chinne.
환자와는 싸우려고 하지 마.

အခွင့်အရေးတော့သိပ်မယူချင်ပါနဲ့။
akhwin.ayei:do.thei?mayujinbane.
그다지 권리는 취하려고 하지 마세요.

(B) 추측, 경향, 예감(~ 할 것 같다)

ဒီနေ့မိုးရွာချင်တယ်။   오늘 비가 올 것 같다.
dinei.mou:ywajinde

မောချင်နေတယ်။   피곤한 것 같다.
mo:jinneide

လှုပ်ရှားရင်ဒက်ရာကနည်းနည်းနာချင်တယ်။
hlou?sha:yindanyaga.ne:ne:najinde
움직이면 상처가 조금 아플 것 같다.

(C) 추측, 가능(~ 할 지도 모른다)

နောင်နှစ်မြန်မာပြည်ကိုသွားချင်သွားမယ်။
naunhni?myanmapyigouthwa:jinthwa:me
내년에 미얀마에 갈 지도 모른다.

နောင်နှစ်တော့ဂျပန်နိုင်ငံကိုမသွားချင်မသွားဘူး။
naunhni?to.japannaingangoumathwa:jinmathwa:bu:
내년에는 일본에 가지 않을 지도 모른다.

နောင်နှစ်တော့ဂျပန်နိုင်ငံကိုသွားချင်မှသွားမယ်။
naunhni?to.japannaingangouthwa:jinhma.:hwa:me
내년에는 일본에 가지 않을 지도 모른다.

စစ်အတွင်းတုန်းကဒီလိုကိစ္စမျိုးဖြစ်ချင်ဖြစ်ခဲ့မယ်။

si?atwin:doun:ga.diloukei?sa.myou:hpyi?chinhpyi?khe.me

전쟁 중에 이러한 일이 일어났을 지도 모른다.

မနှစ်ကတော့ဒီလိုကိစ္စမျိုးမဖြစ်ချင်မဖြစ်ခဲ့ဘူး။

mahni?ka.do.diloukei?sa.myou:mahpyi?chinmahpyi?khe.bu:

작년에는 이러한 일이 일어나지 않았을 지도 모른다.

မနှစ်ကတော့ဒီလိုကိစ္စမျိုးဖြစ်ချင်မှဖြစ်ခဲ့မယ်။

mahni?ka.do.diloukei?sa.myou:hpyi?chinhma.hpyi?khe.me

작년에는 이러한 일이 일어나지 않았을 지도 모른다.

(15) လွန်း (너무 ~ 하다, 지나치게 ~ 하다, 과잉, 초과)

ဆာလွန်းလို့စားလိုက်မိတယ်။

hsalun:lou.sa:lai?mi.de

배가 너무 고파서 무심코 먹어 버렸다.

ပူလွန်းလို့ရေငတ်နေရှာလိမ့်မယ်။

pulun:lou.yeinga?neishalein.me

너무 더워서 가엾게도 목이 말라 있을 것이다.

စိတ်မချလွန်းလို့လိုက်လာရတာပဲ။

sei?macha.lun:lou.lai?laya.dabe:

너무 불안해서 따라온 것이다.

(16) လှ

(A) 과도한 상태(매우 ~ 하다, 긍정문)

မနေ့ညကကျွန်တော်ခေါင်းကိုက်လှပါတယ်॥

manei.nya.ga.kyanogaun:kai?hla.bade

어젯밤 저는 머리가 매우 아팠습니다.

လက်ဖမိုးတစ်ဖက်ယားလှတယ်॥

le?hpamou:tahpe?ya:hla.de

한쪽 손등이 가려워 견딜 수 없다.

ကျွန်မလဲထမင်းဆာလှပြီ॥

kyama.le:htamin:hsahla.byi

나도 배가 무척이나 고프다.

(B) '그다지(별로) ~ 하지 않다'(부정둔)

ကိုယ့်လက်ရာကိုယ်မကြိုက်လှဘူး॥

kou.le?yakoumakyai?hla.bu:

자신의 작품을 자신은 별로 좋아하지 않는다.

ဘယ်လောက်ဈေးရရမရောင်းချင်လှဘူး॥

be(ba)lau?zei:ya.ya.mayaun:jinhla.bu:

아무리 돈이 된다 할지라도 그다지 팔고 싶지 않다.

သူတို့ကတော့သိပ်(ပြီး)မရင်းနှီးလှဘူး။
thudou.ga.do.thei?(pyi:)ma̱yin:hni:hla.bu:
그들은 별로 친하지 않다.

ဒါဟာတယ်(ပြီး)အရေးမကြီးလှဘူး။
dahate(pyi:)a̱yei:ma̱kyi:hla.bu:
이것은 그다지 중요하지 않다.

(17) ရှာ (가엾게도 ~ 하다, 연민, 동정)

အမေကြီးကမျက်ရည်သုတ်နေရှာတယ်။
a̱meiji:ga.mye?yeithou?neishade
가엾게도 할머니가 눈물을 닦고 계신다.

သူ့ခမျာငိုနေရှာတယ်။   그녀는 가엾게도 울고 있다.
thu.kha̱myangouneishade

သူတို့ခမျာသီးနှံဆိုလို့ဘာမှမရရှာဘူး။
thudou.kha̱myathi:hnanhsoulou.bahma.ma̱ya.shabu:
그들은 가엾게도 곡물이라고는 아무것도 얻지 못했다.

(18) နှင့် (먼저 ~ 하다, 미리 ~ 하다, 선행 행위)

ခင်ဗျားတို့ဆာရင်စားနှင့်ကြပါ။
kha̱mya:dou.hsayinsa:hnin.ja.ba
당신들 배고프면 먼저 식사하세요.

သူ့အရင်ရောက်နှင့်နေပြီ။　그는 이미 먼저 도착해 있다.
thu<u>a</u>yinyau?hnin.neibyi

အိမ်ပြန်ပြီးထမင်းချက်ထားနှင့်မယ်။
einpyanpyi:ht<u>a</u>min:che?ht<u>a</u>:hnin.m<u>e</u>
집에 돌아가서 미리 밥을 지어 놓겠다.

ကျွန်တော်မရောက်ခင်ပြောင်းဖူးပြုတ်ထားနှင့်ပါ။
ky<u>a</u>nom<u>a</u>yau?khinpyaun:bu:pyou?ht<u>a</u>:hnin.ba
내가 도착하기 전에 옥수수를 미리 삶아 두세요.

(19) လိုက်

(A) 단호한 동작, 확실성, 완전성, 충분성(확실히 ~ 하다, 철저히 ~ 하다, 긍정문)

အောင်စာရင်းထွက်ရင်သံ⊡ကြိုးရိုက်လိုဘ်မယ်။
auns<u>a</u>yin:htwe?yinthanjou:yai?lai?me
합격 발표가 있으면 꼭 전보를 치겠습니다.

နယ်နိမိတ်သတ်မှတ်လိုက်တယ်၊　경계선을 철저히 정했다.
nen<u>a</u>mei?tha?hma?lai?te

ဒီအ⊡ကြံကိုသဘောတူလိုက်တယ်။　이 계획에 확실히 동의했다.
di<u>a</u>kyangoudh<u>a</u>bo:tulai?te

(B) 명령, 독촉(명령문)

လက်ညှိုး‌နဲ့ထိုးလိုက်॥   손가락으로 가리켜라.
le?hnyou:ne.htou:lai?

အခုမီးကိုချက်ချင်းငြိမ်းလိုက်॥   지금 즉시 불을 꺼라.
akhu.mi:gouche?chin:hnyein:lai?

တစ်ကျပ်လောက်တော့လျှော့ပေးလိုက်ပါဦး॥
daja?lau?to.sho.pei:lai?paoun:
1 '짯' 정도는 깎아 주세요.

ကျွန်မအ‌ကြောင်းတော့မ‌ပြောလိုက်ပါနဲ့॥
kyama.akyaun:do.mapyo:lai?pane.
저에 관해서는 말하지 마세요.

(C) 우연성(우연히 ~ 하지 않는다, 뜻하지 않게 ~ 하지 않는다, 부정문)

ရုတ်တရက်ကြည့်ရင်မသိလိုက်ဘူး॥
you?taye?kyi.yinmathi.lai?hpu:
불시에 보게 되면 뜻하지 않게 모르는 경우도 있다.

ဘာတွေဆက်‌ပြောနေတယ်ဆိုတာမကြားလိုက်မိဘူး॥
badweihse?pyo:neidehsoudamakya:lai?mi.bu:
무엇을 계속 말하고 있는지 뜻하지 않게 못 듣고 말았다.

ရွာဘက်ကိုသွားတဲ့လူတစ်ယောက်မမြင်လိုက်ဘူးလား။

ywabe?kouthwa:de.lutayau?mamyinlai?hpu:la:

마을 쪽으로 간 사람을 뜻밖에 발견 못했느냐?

(20) မိ (무심코, 아무 생각 없이, 문득, 자신도 모르게 ~ 하다, 부주의성)

လူတစ်ယောက်ကိုတိုက်မိတယ်။

lutayau?koutai?mi.de

아무 생각 없이 사람과 부딪혔다.

ထမင်းစားနေတုန်းအမှတ်တမဲ့လေလည်လိုက်မိတယ်။

htamin:sa:neidoun:ahma?tame.leilelai?mi.de

식사 도중 무심코 방귀를 뀌어 버렸다.

အဆိပ်ပါတဲ့အစာကိုစားမိတယ်။

ahsei?pade.asagousa:mi.de

독이 들어 있는 음식을 자신도 모르게 먹어 버렸다.

(21) ခိုင်း (~ 하게 하다, 사역)

အဝတ်တွေဖွပ်ခိုင်းတယ်။   옷들을 세탁하게 했다.

awu?tweihpu?khain:de

သူ့ကိုမောင်းခိုင်းချင်တယ်။   그에게 운전을 하게 하고 싶다.

thu.goumaun:khain:jinde

ပြတင်းပေါက်တံခါးကိုပိတ်ခိုင်းပါ။ 창문을 닫게 하세요.
badin:bau?daga:goupei?khain:ba

ကြိုးနဲ့အချည်ခိုင်းတယ်။ 줄로 묶게 했다.
kyou:ne.achikhain:de

လူလွှတ်ပြီးအခေါ်ခိုင်းတယ်။ 사람을 보내어 부르게 했다.
luhlu?pyi:akhokhain:de

(22) စေ

(A) 사역(~ 하게 하다)

ဓမ္မသီချင်းတွေကိုဆိုစေတယ်။ 찬송가를 부르게 했다.
dama.thachin:dweigouhsouzeide

သီးသန့်(သီးခြား)နေရာမှာအန်ထုတ်စေတယ်။
thi:dhan.(thi:ja:)neiyahmaanhtou?seide
분리된 다른 곳에 토하게 했다.

ရေထဲဆင်းငုပ်စေတယ်။ 물 속에 가라앉게 했다.
yeide:hsin:ngou?seide

နောက်ကိုဒီလိုမနှောင့်ယှက်စေရဘူး။
nau?koudiloumahnaun.she?seiya.bu:
다음에 이렇게 방해를 하게 해서는 안 된다.

ဒီဘက်ကိုမလာ၁စေနဲ့။   이쪽으로 오게 하지 마.

dibe?koumalazeine.

(B) 명령

ဖမ်းပါစေ။   체포하세요.

hpan:bazei

ခြေသံမမြည်စေနဲ့။   발소리를 내지 마.

chidhanmamyizeine.

သိပ်နောက်မကျစေနဲ့။   그다지 늦지 마.

thei?nau?makya.zeine.

(23) စေ့ (반드시 ~ 하다, 꼭 ~ 하다, 화자의 강한 희망, 의지)

ခင်များလိုချင်တာ၁ရပါစေ့မယ်။

khamya:loujindaya.bazei.me

당신이 원하는 것을 반드시 손에 넣어 두겠습니다.

ကျွန်တော့်ဘက်ကသေချ၁ပါစေ့မယ်။

kyano.be?ka.theijabazei.me

제 쪽에서 꼭 확실히 해 두겠습니다.

နေရာကောင်းတွေ့ရပါစေ့မယ်။

neiyagaun:dweiya.bazei.me

좋은 장소를 꼭 확보해 두겠습니다.

တစ်နေ့တော့သိစေ့မယ်။   언젠가는 꼭 알게 해 주겠다.

ta_nei.do.thi.zei.me

(24) စေချင် (~ 하기 바란다, ~ 해 주면 좋겠다, 청원, 부정문에서는 ~ 하게 하고 싶지 않다, ~ 해 주기 바라지 않는다)

အခြေအနေကိုတော့ပြောပြစေချင်တယ်။

a_chei_a_neigoudo.pyo:pya.zeijinde

상황을 설명해 주기 바란다.

ချက်ချင်းဒီနေရာကိုပြန်ရောက်လာစေချင်တယ်။

che?chin:dineiyagoupyanyau?lazeijinde

즉시 이곳으로 돌아와 주었으면 좋겠다.

စိတ်ကိုငြိမ်ငြိမ်ထား:ပြီးနား:ထောင်စေချင်တယ်။

sei?kounyeinnyeinhta:pyi:na:htaunzeijinde

마음을 가라앉히고 듣기 바란다.

မသွာ:စေချင်ဘူ:။   가게 하고 싶지 않다.

ma_thwa:zeijinbu:

မတွေ့စေချင်ဘူ:။   만나게 하고 싶지 않다.

ma_twei.zeijinbu:

ခြင်:ချက်မရှိမှန်တယ်လို့တော့မယူဆစေချင်ဘူ:။

chwin:je?ma_shi.hmandelou.do.ma_yuhsa.zeijinbu:

절대로 정당하다고는 생각해 주기 바라지 않는다.

(25) ရဲ့ (~ 할 용기가 있다, 감히 ~ 하다, 용기, 용감성)

မင်းတစ်ယောက်တည်းသွားရဲမလား။

min:tayau?hte:thwa:ye:mala:

너 혼자서 갈 용기가 있느냐?

ရေထဲအကြာကြီးမနေရဲဘူး။

yeide:akyaji:maneiye:bu:

물 속에 오랫 동안 있을 용기가 없다

ညဆိုရင်အပြင်ကိုမထွက်ရဲဘူး။

nya.hsouyinapyingoumahtwe?ye:bu:

야간이라면 외출할 용기가 없다.

(26) ဝံ့ (~ 할 용기가 있다, 감히 ~ 하다, 용기, 용감성)

ကျွန်တော်ကတိပေးဝံ့တယ်။   나는 감히 약속할 수 있다.

kyanogadi.pei:wun.de

ကျွန်တော်သေဝံ့ပါတယ်။   저는 죽을 용기가 있습니다.

kyanotheiwun.bade

အစ်ကိုနဲ့မျက်နှာချင်းမဆိုင်ဝံ့တော့ဘူး။

akoune.mye?hnajin:mahsainwun.do.bu:

형과 이제 얼굴을 맞댈 자신이 없다.

(27) ရက် (감히 ~ 하다, 예사로 ~ 하다, 냉혹성, 감행성)

ရှင်မို့ပြောရက်တယ်။ 당신이기 때문에 예사로 말할 수 있다.

shinmou.pyo:ye?te

မျက်နှာကိုမကြည့်ရက်ဘူး။ 얼굴을 차마 볼 수 없다.

mye?hnagoumakyi.ye?hpu:

မင်းငိုတာကိုကျွန်တော်မကြည့်ရက်ဘူး။

min:ngoudagoukyanomakyi.ye?hpu:

네가 우는 것을 나는 차마 볼 수 없다.

(28) သင့် (응당 ~ 해야만 하다, ~ 할 만하다, 당위, 적절)

ခင်ဗျားသွားသင့်ပါတယ်။

khamya:thwa:dhin.bade

당신은 응당 가야만 합니다.

ဘယ်မှာနေတယ်ဆိုတာလဲပြောသင့်ပါတယ်။

behmaneidehsoudale:pyo:dhin.bade

어디에 살고 있는 지도 응당 말을 해야만 합니다.

ဒီကြောင်မျိုးကိုအိမ်မှာမထားသင့်ဘူး။

dikyaunmyou:goueinhmamahta:dhin.bu:

이러한 고양이는 집에 두기에 적합하지 않다.

(29) အပ် (응당 ~ 해야만 하다, ~ 할 만하다, 당위, 적절)

ဒါလူတိုင်းကြိုးစားအပ်ပါတယ်။

daludain:kyou:za:a?pade

이러한 것은 응당 모든 사람이 노력해야만 한다.

ဆွေမျိုးနီးစပ်ချင်းလက်မထပ်အပ်ဘူး၊

hsweimyou:ni:sa?chin:le?mahta?a?hpu:

근친간의 결혼은 해서는 안 된다.

မြွေနဲ့ဖားအတူမထားအပ်ဘူး။

mweine.hpa:atumahta:a?hpu:

뱀과 개구리는 함께 두어서는 안 된다.

(30) ထိုက် (~ 할 만하다, ~할 가치가 있다, 당위, 적절)

သူဟာပူဇော်ထိုက်တဲ့လူပြစ်တယ်။

thuhapuzohtai?te.luhpyi?te

그는 경배할 만한 사람이다.

ဒါဟာမချီးမွမ်းထိုက်ပါဘူး။

dahamachi:mun:htai?pabu:

이것은 칭찬할 만한 가치가 없다.

သူဟာသူရသင့်ရထိုက်တဲ့အမွေကိုခွဲမယူဘူး။

thuhathuya.dhin.ya.htai?te.amweigoukhwe:mayubu:

그녀는 자신이 받을 만한 유산을 나누어 갖지 않는다.

(31) တန့် (~ 할 만하다, ~할 가치가 있다, 당위, 적절)

မှတ်မိတန့်သလောက်မှတ်မိနေတယ်။

hma?mi.dandhalau?hma?mi.neide

기억할 만한 것 정도는 기억하고 있다.

မပူတန့်ရာပူနေတယ်။

mapudanyapuneide

걱정할 만한 것이 아닌데도 걱정하고 있다.

အပမ်းမခံရအောင်ချော့တန့်တာချော့ရတယ်။

ahpan:makhanya.auncho.dandacho.ya.de

체포되지 않도록 비위를 맞출 만한 것은 맞추어야 한다.

(32) လေ့ (잘 ~ 하다, ~ 하는 습관이 있다, ~ 하곤 하다, 습관)

သူကတိုက်ပုံအက်ျိုကိုဝတ်လေ့ရှိတယ်။

thuga.tai?pounin:jigouwu?lei.shi.de

그는 미얀마 상의를 잘 입는다.

နှင်းဆီလှလှကိုကျွန်မဝယ်လေ့ရှိတယ်။

hnin:zihla.hla.goukyama.welei.shi.de

아름다운 장미를 나는 사곤 한다.

ငါဟာမူးအောင်သောက်လေ့မရှိပါဘူး။

ngahamu:aunthau?lei.mashi.babu:

나는 취하도록 마시는 습관은 없다.

328

(33) လောက် (충분히 ~ 하다, 정도, 수준)

သားအမိနှစ်ယောက်စားလောက်ပါတယ်။

tha:ami.hnayau?sa:lau?pade

모자(모녀) 두 사람이 먹기에는 충분하다.

ရတဲ့လခနဲ့ငါတို့စားလောက်ပါတယ်။

ya.de.la.ga.ne.ngadou.sa:lau?pade

받는 월급으로 우리들은 충분히 꾸려 나갈 수 있다.

ရတဲ့ငွေနဲ့ထမင်းမစားလောက်ဘူး။

ya.de.ngweine.htamin:masa:lau?hpu:

받는 돈으로는 밥은 굶지 않을 정도다.

(34) ရော့

(A) 추측의 강조, 근접 미래(미래형)

အဖေတော့စိတ်ပူလှရော့မယ်။

ahpeido.sei?puhla.yo.me

아버지는 추측컨대 매우 걱정하고 있을 것이다.

ခင်ဗျာ့ကိုလည်တဆန့်ဆန့်နဲ့မျှော်လှရော့မယ်။

khamya.gouletahsan.zan.ne.hmyohla.yo.me

추측컨대 당신을 목을 쭉 빼고 기대하고 있을 것이다.

အမေဆုံးတာၣနှစ်နှစ်တောၣင်ကျော်ရော့မယ်။
a̱meihsoun:dahna̱hni?taunkyoyo.me
어머니가 돌아가신 지 이제 슬슬 2년이 넘어 간다.

(B) 강한 의혹(의문형)

အခုတၣင်ကပြၣပါရော့လၣး။
a̱khu.dinga.pyo:bayo.la:
바로 지금에야 말한단 말이야?(왜 빨리 말하지 않았어?)

တစ်ခါတည်းနဲ့ကိစ္စခ ျျၣရော့လၣး။
ta̱khade:ne.kei?sa.cho:yo.la:
단 한 번에 일이 끝난단 말이야?

သူတို့ထွက်ပြေ;ကြရော့လၣး။   그들이 도망쳤단 말이야?
thudou.htwe?pyei:ja.yo.la:

ခုချိန်မှပဲပြန်လၣရော့လၣး။   지금에야 돌아왔단 말이야?
khu.jeinhma.be:pyanlayo.la:

(35) ရိုး (반어적인 수사 의문문 성격)

မတွေ့ဘဲနေနိၣင်ရိုး;လၣး။
ma̱twei.be:neinainyou:la:
눈에 띄지 않고 있을 수 있단 말인가?(눈에 띄지 않고 있을 수 없다.)

မင်းတို့ကငါ့ကိုဒီလိုလုပ်လို့ရရိုးလား။

min:dou.ga.nga.goudiloulou?lou.ya.you:lɛ:

너희들이 나를 이렇게 할 수 있느냐?

မပြုံးမိဘဲနေနိုင်ပါရိုးလား။

mapyoun:mi.be:neinainbayou:la:

미소 짓지 않고서 있을 수 있습니까?

သူကျိန်ဆဲတိုင်းဖြစ်နိုင်ရိုးလား။

thukyeinze:dain:hpyi?nainyou:la:

그가 저주하는 대로 될 수 있나요?

(36) ပုံရ (~ 한 것 같다, 추측, 부정형은 ပုံမရဘူး။)

သူကသဘောကောင်းပုံရပါတယ်။

thuga.dhabo:kaun:bounya.bade

그는 성격이 좋은 것 같습니다.

သူ့ညီကိုသူတော်တော်ချစ်နေပုံရတယ်။

thu.nyigouthutododochi?neibounya.de

그는 그의 남동생을 매우 사랑하고 있는 것 같다.

သူကြည့်ရတာကျန်းမာပုံမရဘူး။

thu.kyi.ya.dakyan:mabounmaya.bu:

그는 건강한 것처럼 보이지 않는다. (그는 보기에 건강하지 않은 것 같다.)

ဘယ်သူကမှသတိထားမိပုံမရဘူး။

be(ba)dhuga.hma.dhadi.hta:mi.bounmaya.bu:

어느 누구도 주의하지 않았던 것 같다.

(37) ပုံပေါ် (~ 한 것 같다, 추측, 부정형은 ပုံမပေါ်ဘူး။)

ဒီနယ်ကိုခင်ဗျားရောက်ဖူးပုံမပေါ်ဘူး။

dinegoukhamya:yau?hpu:bounmapobu:

이 지방에 당신은 온 적이 없는 것 같다.

အိမ်ထောင်ရှိနေမှန်းသူသိပုံမပေါ်ဘူး။

eindaunshi.neihman:thuthi.bounmapobu:

결혼한 사실을 그녀는 확실히 모르고 있는 것 같다.

သူ့ကြည့်ရတာလေးလေးနက်နက်ရှိပုံမပေါ်ဘူး။

thu.kyi.ya.dalei:lei:ne?ne?shi.bounmapobu:

그는 심각한 것처럼 보이지 않는다. (그는 보기에 심각하지 않은 것 같다.)

(38) ဟန်တူ (~ 한 것 같다, 추측)

အင်အားကြီးဟန်တူတယ်။ 세력이 큰 것 같다.

ina:kyi:hantude

အဖေဟာစိတ်ပျက်ဟန်တူတယ်။ 아버지는 실망하신 것 같다.

ahpeihasei?pye?hantude

သားသမီးမရလို့သိပ်လိုချင်နေဟန်တူဗယ်။
tha:dhami:maya.lou.thei?loujinneihantude
자녀들이 없기 때문에 매우 원하고 있는 것 같다.

(39) လှည့် (명령, 독촉, 설득)

ဝယ်ပြီးပို့လှည့်။   사서 보내라.
wepyi:pou.hle.

ဝေစုကိုလာယူလှည့်ပါ။   자신의 몫을 가지러 오세요.
weizu.goulayuhle.ba

မင်းအားတဲ့အချိန်မှာလာပြီးသင်လှည့်ခပါ။
min:a:de.acheinhmalapyi:thinhle.pɔ.
시간 있을 때에 와서 배워라.

(40) လု (이제 막 ~ 하려고 하다, 직전의 상황)

နေဝင်လုပြီ။   이제 막 해가 지려고 한다.
neiwinlu.byi

ပြန်လာလုနီးပါပြီ။   막 돌아오는 순간입니다.
pyanlalu.ni:babyi

ညအမှောင်တွေဟာကုန်လုနီးပါပြီ။   날이 막 새려고 합니다.
nya.ahmaundweihakounlu.ni:babyi

(41) ရုံ (단지 ~ 하는 것만, 단지 ~ 할 뿐, 피상성)

ဖတ်ရုံပဲ ဖတ်ကြည့်။

hpa?younbe:hpa?kyi.

단지 읽을 수 있는 것만 읽어 봐.(읽을 수 있는 데까지 읽어 봐.)

ဒက်ရာ ရရုံ ရခဲ့တာ ပါ။   단지 상처를 입었을 뿐입니다.

danyaya.younya.ge.daba

ကျွန်တော့် ဝတ္တရား အတိုင်း ဆောင်ရွက်ပေး ရုံ ပဲ။

kyano.wu?taya:atain:hsaunywe?pei:younbe:

단지 나의 의무대로 수행해 줄 뿐이다.

(42) လိမ့် (~ 할까?, ~ 일까?, 화자의 불신, 의혹, 항상 의문사가 선행)

ဘာ ကိစ္စများ ပါ လိမ့်။   도대체 무슨 용건일까?

bakei?sa.mya:balein.

ဒီ အသံ ဟာ ဘာ အသံ ပါ လိမ့်။   이 소리는 무슨 소리일까?

diathanhabaathanbalein.

ဘယ်သူ များ ပါ လိမ့်။   도대체 누구일까?

be(ba)dhumya:balein.

ဒီ လ ဘာ လ ပါ လိမ့်။   이 달은 몇 월일까?

dila.bala.balein.

ဘာပြုလို့များ ပြန်မလာပါလိမ့်။
bapyu.lou.mya:pyanmalabalein.
도대체 왜 돌아오지 않을까?

(43) လေစ (과연 ~ 할까?, 과연 ~ 일까?, 화자의 의혹)

ရေမှာစီးဆင်းနေပါလေစ။   과연 물은 흐르고 있는 것일까?
yeihma.si:hsin:neibaleiza.

စိတ်မှာကောင်းပါလေစ။   과연 마음씨가 좋을까?
sei?hma.kaun:baleiza.

အသက်မှာရှိပါလေစ။   과연 생명이 있는 것일까?
athe?hma.shi.baleiza.

(44) လေ — လေ(လေလေ — လေလေ) (~ 하면 할수록 ~ 하다, 두 동작의 동시 진행, 상호 관련)

အချိန်ရလေအစီအစဉ်ကောင်းလေပေါ့။
acheinya.leiasiasinkaun:leipo.
시간이 있으면 있을수록 준비가 만전을 기하게 된다.

ကြာလေဆိုးလေပေါ့။
kyaleihsou:leipo.
시간이 흐르면 흐를수록 나쁘게 된다.

စဉ်းစားလေလေပြဿနာကျယ်လေလေပဲ။

sin:za:leileipya?thanakyeleileibe:

생각하면 할수록 문제가 커진다.

ညနက်လာလေလေအိမ်ကိုသတိရလေလေပဲ။

nya.ne?laleileieingoudhadi.ya.leileibe:

밤이 깊어지면 질수록 집이 그리워진다.

(45) ရစ် (뒤에 남아 ~ 하다, 잔재성)

ငြင်းချင်ရင်လဲငြင်းရစ်ကြဦး။

nyin:jinyinle:nyin:yi?kya.oun:

거절하고 싶으면 언제까지나 거절해라.

(46) သာ (편하게 ~ 하다, 쉽게 ~ 하다, 여유성)

ကျွန်တော်ကလဲမပြောသာဘူး။   나도 쉽게 입에는 담지 않는다.

kyanoga.le:mapyo:dhabu:

နင့်အလုပ်ကတစ်သက်လုံးစားသာမယ်။

nin.alou?ka.tathe?loun:sa:dhame

너의 일은 일평생 편하게 살아 갈 수 있다.

ကျွန်မကမနေသာလို့လာခဲ့တာပဲ။

kyama.ga.maneidhalou.lage.dabe:

나는 더 이상 배길 수 없어서 온 것이다.

(47) ကောင်း

(A) 힐책, 제지, 금지

သူများဒုက္ခရောက်နေတာကိုရယ်ရကောင်းလား။
thumya:dou?kha.yau?neidagouyiya.gaun:la:
다른 사람이 곤경에 처하고 있는 것을 웃거나 하면 좋은 일인가?

အလုပ်မလုပ်ဘဲစာပတ်နေရကောင်းလား။
alou?malou?hpe:sahpa?neiya.gaun:la:
일도 하지 않고 독서만 하고 있으면 잘한 일인가?

ထမင်းချက်မထားကောင်းလား။
htamin:che?mahta:gaun:la:
밥을 지어 놓지 않고 잘한 일인가?

မဟုတ်တာတွေမပြောကောင်းဘူး။
mahou?tadweimapyo:gaun:bu:
부당한 것을 말해서는 안 된다.

မိန်းမတစ်ယောက်တည်းလင်နှစ်ယောက်မယူကောင်းဘူး။
mein:ma.tayau?hte:linhnayau?mayugaun:bu:
한 여자가 두 남편을 섬겨서는 안 된다.

(B) 추측, 가능(~ 할 지도 모른다)

ခပ်ဝဲဝဲပြစ်နေလို့ရှမ်းလို့ထင်ကောင်းထင်မယ်။

kha?we:we:hpyi?neilou.shan:lou.htingaun:htinme

다소 사투리가 있기 때문에 '샨' 족으로 생각할 지도 모른다.

ပူပန်တဲ့လူတွေလဲရှိကောင်းရှိလိမ့်မယ်။

pubande.ludweile:shi.gaun:shi.lein.me

걱정하는 사람들도 있을 지도 모른다.

ခုခံရင်ပြေးကောင်းပြေးလိမ့်မယ်။   저항하면 도망칠 지도 모른다.

khu.ganyinpyei:gaun:pyei:lein.me

(48) ခဲ (거의 ~ 하지 않는다, 좀처럼 ~ 하지 않는다, ~ 하기 어렵다, 희소성, 긍정문에서만 사용)

ကျွန်တော်တို့ဒီရွာကိုရောက်ခဲတယ်။

kyanodou.diywagouyau?khe:de

우리들은 이 마을에 거의 오지 않는다.

မြောက်ကိုရီးယားဆိုရင်သွားခဲတာပဲ။

myau?kouri:ya:hsouyinthwa:ge:dabe:

북한이라면 가기 어렵다.

ဒီလိုပွဲကောင်းမျိုးဆိုတာအင်မတန်ကြည့်ရခဲတယ်။

diloupwe:gaun:myou:hsoudainmatankyi.ya.ge:de

이렇게 재미있는 축제라면 좀처럼 보기 어렵다.

အရိုးကင်ဆာက ဖြစ်လဲဖြစ်ခဲ ပါတယ်။
ayou:kinhsaga.hpyi?le:hpyi?khe:bade
골수암은 여간해서는 걸리지 않습니다.

(49) စပြု (~ 하기 시작하다, 기동)

မိုးချုပ်စပြုလာပြီ။   날이 저물기 시작했다.
mou:chou?sa.pyu.labyi

စိတ်ညစ်စပြုလာပြီ။   괴로워하기 시작했다.
sei?nyi?sa.pyu.labyi

(50) စမ်း (~ 해 보다, 시행, 독촉)

စားကြစမ်းပါ။   먹어 보세요.
sa:ja.zan:ba

ဒီချောင်းကလေးကိုကြည့်စမ်းပါ။   기 작은 개울을 보세요.
dichaun:galei:goukyi.zan:ba

ငါ့ကိုပြောစမ်း။   나에게 말해 보렴.
nga.goupyo:zan:

ပတ္တလားတီးစမ်းပါ။   실로폰을 연주해 보세요.
pa?tala:ti:zan:ba

မငိုစမ်းပါနဲ့။   울지 마세요.

m̲angouzan:bane.

မဟုတ်တာတွေလျှောက်မပြောစမ်းနဲ့။

m̲ahou?tadweishau?m̲apyo:zan:ne.
부당한 것을 함부로 말하지 말아라.

(51) ပေၚ်ရ (함께 ~ 하다, 공동성)

ဒီတပည့်ဟာဆရာကိုကူညီပေၚ်ရတယ်။

did̲ab̲e.hahs̲ayagoukunyiboya.de
이 제자는 스승의 협력 동반자가 된다.

ကျွန်တော်နေမကောင်းလို့လာကြည့်ပေၚ်မရဘူး။

kyan̲oneim̲akaun:lou.lakyi.bom̲aya.bu:
나는 건강이 좋지 않아서 함께 보러 오지 못했다.

(52) အၚး (~ 할 시간이 있다, ~ 할 여유가 있다, 여유성)

မုတ်ဆိတ်မရိတ်အၚးသေးဘူး။   아직 면도할 시간이 없다.

mou?hsei?m̲ayei?a:dhei:bu:

မလိုက်အၚးတော့ဘူး။   이제 따라갈 시간이 없다.

m̲alai?a:do.bu:

ဒီကနေ့မသွားအားဘူး။   오늘 갈 여유가 없다.

diganei.mathwa:a:bu:

ကျွန်တော်မသွားအားလို့သူ့ကိုလွှတ်နေတာပဲ။

kyanomathwa:a:lou.thu.gouhlu?neidabe:

나는 갈 시간이 없어서 그를 파견하고 있는 것이다.

(53) (နေ)တုန်း (~ 하고 있는 중, 진행, 지속)

အခုအထိအိပ်တုန်းရှိပါတယ်။

akhu.ahti.ei?toun:shi.bade

지금까지 수면중입니다.

အခုအထိရေဒီယိုနားထောင်နေတုန်းပဲ။

akhu.ahti.reidiyouna:htaunneidoun:be:

지금까지 라디오를 듣고 있는 중이다.

(54) ဆဲ (~ 하고 있는 중, 진행, 지속)

မိုးရွာဆဲပဲ။   비가 내리고 있는 중이다.

mou:ywaze:be:

9. 보조 동사

보조 동사는 본래는 동사이지만 조동사처럼 동사 뒤에 붙어서 그 동사의 의미에 변화를 주는 역할을 하는 것으로, 본래 동사에서 파생된 것이기 때문에 의미에 있어서 본래의 동사와 비슷한 의미를 갖는 경우가 많다. 보조 동사는 조동사보다는 독립적 성격이 강하고, 부정문에서는 부정사 မ가 동사 앞에 오는 일이 없이(조동사가 있는 부정문은 부정사 မ가 동사 앞에 옴. 즉, မ + 동사 + 조동사 + ဘူး॥) 보조 동사 앞에 온다(동사와 보조 동사 사이, 즉, 동사 + မ + 보조 동사 + ဘူး॥).

(1) သွား (~ 해 버리다, ~ 하게 되다)

ဧည့်သည်လပါးသွားပြီ॥
e.dhele:pa:thwa:byi

손님도 적어져 버렸다.

ပြတင်းပေါက်ပွင့်သွားပြီ॥
ba̲din:bau?pwin.thwa:byi

창문이 열려져 버렸다.

မင်းအတော်ပိန်သွားတယ်॥
min:a̲topeinthwa:de

너는 매우 여위어 버렸다.

နည်းနည်းတော့နောက်ကျသွားတယ်॥
ne:ne:do.nau?kya.thwa:de

조금 늦어 버렸다.

နည်းနည်းစိတ်ပူသွားမိတယ်။

ne:ne:sei?puthwa:mi.de

무심코 조금 걱정하게 되었다.

မောင်ခိုက တော့ပျောက်မသွားပါဘူး၊

hmaungouga.do.pyau?mathwa:babu:

암상인이 자취를 감추어 버리지 않습니다.

(2) လာ (~ 해 오다, ~ 하게 되다)

ကျွန်တော်အိပ်ချင်လာပြီ။　　나는 졸려 왔다.

kyanoei?chinlabyi

သူပြောတော့သဘောပေါက်လာတယ်။

thupyo:do.dhabo:pau?lade

그가 말해 주어서 이해하게 되었다.

ငါခုမှနားလည်လာတယ်။　　나는 지금에야 이해하게 되었다.

ngakhu.hma.na:lelade

အခုအများကြီးလှလာတယ်။　지금 매우 아름다워졌다.

akhu.amya:ji:hla.lade

ခြေထောက်ကသက်သာမလာပါဘူး။

chidau?ka.the?thamalababu:

발이 나아지지 않는다.

343

(3) ေန (~ 하고 있다, ~ 한 상태에 있다, 계속 ~ 하다, 진행)

ဟိုနား:ကမှန်တစ်ချပ်ကွဲေနတယ်။

houna:ga.hmantacha?kwe:neide

저쪽의 유리가 한 장 깨져 있다.

မေမေတို့ေတာ့ထမင်း:စား:ေနကြတယ်။

meimeidou.do.htamin:sa:neija.de

어머니들이 식사를 하고 계신다.

ေစာေစာကေတာ့အခန်း:ထဲမှာစာေရး:ေနတယ်။

so:zo:ga.do.akhan:de:hmasayei:neide

조금 전에 방 안에서 편지를 쓰고 있었다.

အခုဘာစာအုပ်ဖတ်ေနသလဲ:။

akhu.basaou?hpa?neidhale:

지금 무슨 책을 읽고 있습니까?

နက်နက်နဲနဲေတွး:မေနပါနဲ့။   깊게 생각하지 마세요.

ne?ne?ne:ne:twei:maneibane.

သူကိုကြည့်မေနအား:ဘူး:။   그를 보고 있을 여유가 없다.

thu.goukyi.maneia:bu:

အပြစ်လဲ:တင်မေနချင်ေတာ့ဘူး:။

apyi?le:tinmaneijindo.bu:

이제 비난도 하고 싶지 않다.

344

ရန်လဲတွေ့မနေချင်တော့ဘူး။

yanle:twei.m̥aneijindo.bu:

이제 다투는 것도 하고 싶지 않다.

(4) ကုန် (끝까지 ~ 하다, 다 ~ 해 버리다, ~ 해치우다)

ကော်ဖီတွေအေးကုန်ပြီ။   커피가 다 식어 버렸다.

kohpidweiei:kounbyi

ဆံပင်တွေကျွတ်ကုန်တယ်။   머리카락이 다 빠져 버렸다.

z̥abindweikyu?kounde

ရေတွေလဲခန်းခြောက်ကုန်ပြီ။   물도 다 말라 버렸다.

yeidweile:khan:chau?kounbyi

နှစ်ယောက်စလုံးသေကုန်ပြီ။   두 사람 모두 죽어 버렸다.

hn̥ayau?s̥aloun:theikounbyi

(5) ထား (~ 해 두다, ~ 해 놓다, ~ 해 있다)

လက်ဖက်ရည်ကြမ်းဖျော်ထားတယ်။   녹차를 달여 놓았다.

l̥ahpe?yeijan:hpyohta:de

အိပ်ဆေးကိုတိုက်ထားတယ်။   수면제를 먹여 두었다.

ei?hsei:goutai?hta:de

အိမ်မှာလက်ခံမထားနိုင်ဘူး။

einhmale?khanmahta:nainbu:

집에 받아들여 놓을 수 없다.

မှတ်စုစာအုပ်ထဲမှာအဲဒီလိုရေးထားတယ်။

hma?su.saou?de:hmae:dilouyei:hta:de

공책 속에 그렇게 써 있었다.

(6) ပေး (~ 해 주다)

ကျွန်တော်အဖို့လုံချည်တစ်ထည်ဝယ်ပေးတယ်။

kyanoahpou.lounjitahtewepei:de

나를 위하여 미얀마 하의를 한 벌 사 주었다.

လိုချင်တာရှိရင်ကျွန်တော်လုပ်ပေးမယ်။

loujindashi.yinkyanolou?pei:me

원하는 것이 있으면 내가 해 주겠다.

ဓာတ်ပုံရိုက်ပေးပါ။

da?pounyai?pei:ba

사진 찍어 주세요.

ဘယ်သူမှရှာမပေးနိုင်ဘူး။

be(ba)dhuhma.shamapei:nainbu:

어느 누구도 찾아 줄 수 없었다.

(7) ကြည့် (~ 해 보다)

နည်းနည်းစဉ်းစားကြည့်တယ်။   조금 생각해 보았다.
ne:ne:sin:za:kyi.de

မနေ့ညကကျွန်မတယ်လီဖုန်းဆက်ကြည့်တယ်။
ma̲nei.nya.ga.kya̲ma.telihpoun:hse?kyi.de
어젯밤에 나는 전화를 걸어 보았다.

သူတို့ကဓာတ်မှန်ရိုက်ကြည့်တယ်။
thudou.ga.da?hmanyai?kyi.de
그들은 엑스 레이를 찍어 보았다.

ခင်ဗျားကမေးမကြည့်ဘူးလား။
kha̲mya:ga.mei:ma̲kyi.bu:la:
당신은 물어 보지 않았습니까?

(8) ပြန် (다시 ~ 하다, 거듭 ~ 하다, 반복)

ဆေးပြင်းလိပ်မီးညှိပြန်ပြီ။   잎담배에 다시 불을 붙였다.
hsei:byin:lei?mi:hnyi.pyanbyi

အပြင်မှာလေတိုက်လာပြန်ပြီ။   밖에 바람이 다시 불어 왔다.
a̲pyinhmaleitai?lapyanbyi

ထပ်ပြီးကြည့်ပြန်တယ်။   다시 한 번 보았다.
hta?pyi:kyi.pyande

(9) ပစ် (다 ~ 해 버리다, 완전히 ~ 하다, 단행)

ကျွန်တော်လဲမြွေကိုသတ်ပစ်လိုက်တယ်။

kyanole:mweigoutha?pyi?lai?te

나도 뱀을 완전히 죽여 버렸다.

ပေါင်းပင်မြက်ပင်တွေကိုသုတ်သင်ပစ်ရမယ်။

paun:binmye?pindweigouthou?thinpyi?ya.me

잡초들을 전부 제거해야만 할 것이다.

ဟိုတုန်းကရေးသမျှစာတွေကိုဖတ်ပစ်လိုက်တယ်။

houdoun:ga.yei:dhahmya.zadwe:gouhpa?pyi?lai?te

이전에 썼던 모든 편지들을 깡그리 다 읽어 버렸다.

ဒီကိစ္စကိုမေ့ပစ်ပါ။   이 일을 깡그리 다 잊으세요.

dikei?sa.goumei.pyi?pa

သုံးလခကြို့ပေးပြီးအလုပ်ကထုတ်ပစ်လိုက်ပါ။

thoun:la.ga.kyoupei:pyi:alou?ka.htou?pyi?lai?pa

3개월분의 월급을 미리 주어서 해고해 버리세요.

မင်းပျောက်မပစ်နဲ့။   분실하지 말아라.

min:hpyau?mapyi?ne.

조동사도 보조 동사도 공히 동사 뒤에 붙지만, 동사 앞에 붙어서 일종의 복합 동사 형식으로 부사적 기능을 담당하는 동사들이 있다. 이것은 접속 조사 ပြီး가 생략된 형태로도 볼 수 있는데, 이것을 삽입 동사라고 부르기도 한다.

သွား (가다)

အဲဒီစားသောက်ဆိုင်မှာထမင်းသွားစားမယ်။

e:disa:thau?hsainhmahtamin:thwa:sa:me

그 식당에 밥 먹으러 갈 것이다.

လာ (오다)

ပွဲကိုအဝေးကလာကြည့်တယ်။

pwe:gouawei:ga.lakyi.de

축제를 보러 멀리에서 왔다.

ကြို (미리)

လက်မှတ်ကိုကြိုဝယ်ထားတယ်။

le?hma?koukyouwehta:de

표를 미리 사 두었다.

ကြည့် (판단하여)

သူများမေးရင်နှင်ကြည့်ပြောလိုက်နော်။

thumya:mei:yinninkyi.pyo:lai?no

다른 사람이 물으면 판단하여 적당히 말해 줘.

စ (먼저)

ကြိုက်တာကစပြေပါ။   좋아하는 것부터 먼저 대답하세요.

kyai?taga.sa.hpyeiba

ခင်ဗျားတို့ကစပြောတာပဲ။   당신들이 먼저 말한 것이다.

khamya:dou.ga.sa.pyo:dabe:

349

ဆက် (계속하여)

အလုပ်ကိုဆက်လုပ်ပါဦး။ 일을 계속하여 하세요.

alou?kouhse?lou?paoun:

ထပ် (다시, 거듭)

ကိုရီးယားလိုထပ်ပြောပါဦး။

kouri:ya:louhta?pyo:baoun:

한국어로 다시 한 번 말씀해 주세요.

ရေခဲနဲ့ဆော်ဒါထပ်ယူခဲ့ပါဦး။

yeige:ne.hsodahta?yuge.baoun:

얼음과 소다를 또 가져오세요.

ပို (더, 더욱)

တရုတ်ပြည်ဟာမြန်မာပြည်ထက်ပိုကြီးတယ်။

tayou?pyihamyanmapyide?poukyi:de

중국은 미얀마보다 더 크다.

ပိုက်ဆံပိုပေးပါ့မယ်။ 돈을 꼭 더 드리겠습니다.

pai?hsanpoupei:ba.me

သိပ် (매우)

ကျွန်တော်သူ့ကိုသိပ်ပြီးသဘောကျတယ်။

kyanothu.gouthei?pyi:dhabo:kya.de

나는 그녀가 매우 마음에 든다.

ဒီဖရဲသီးသိပ်ကြီးတယ်။ 이 수박은 매우 크다.

dihpaye:dhi:thei?kyi:de

ပြန် (다시, 또)

သူကနှုတ်ဆက်လို့ပြန်သတိရတော့တယ်။
thuga.hnou?hse?lou.pyandha̲di.ya.do̲.de
그가 인사했기 때문에 이제 다시 상기하였다.

အတိတ်ကိုပြန်တွေးကြည့်စမ်း။
a̲tei?koupyantwei:kyi.zan:
과거를 다시 생각해 보렴.

ၐိ (오로지, 한결 같이)

အရက်ကိုသာၐိသောက်နေတယ်။
a̲ye?koudhahpi.thau?neide
술만을 한결 같이 마시고 있다.

လျှောက် (함부로, 마음대로, 마구)

ရှင်ဘာတွေလျှောက်ပြောနေသလဲ။
shinbadweishau?pyo:neidha̲le:
당신은 무엇을 멋대로 말하고 있습니까?

နံရံပေါ်မှာအလကား:လျှောက်ခြေး:နေတာပဲ။
nanyanbohmaa̲laga:shau?yei:neidabe:
벽 위에 쓸데 없이 마구 낙서하고 있는 것이다.

လှမ်း (사이를 두고, 떨어져서)

ရန်ကုန်ကအစ်ကိုဆီကိုစာလှမ်းရေး:လိုက်တယ်။
yangounga.a̲kouzigousahlan:yei:lai?te
양공의 형 있는 곳에 편지를 썼다.

အပေါ်ကလှမ်းမြင်လို့မေးကြည့်တယ်။

apoga.hlan:myinlou:mei:kyi.de

위에서 보였기 때문에 소리를 내어 물어 보았다.

ချောင်းဟိုဘက်ကမ်းကလှမ်းခေါ်လိုက်တယ်။

chaun:hoube?kan:ga.hlan:kholai?te

개울 건너편에서 소리를 내어 불렀다.

လွတ် (몹시, 지독히, 매우)

ဒီမိန်းမလွတ်သောင်းကျန်းလိုက်တဲ့မိန်းမပါလား။

dimein:ma.hlu?thaun:jan:lai?te.mein:ma.bala:

이 여자는 몹시 난폭하게 날뛰는 여자로구나.

သာ (오히려, 도리어)

အုန်းသီးထွက်တဲ့နေရာကသာရှား:နေသေးတယ်။

oun:dhi:htwe?te.neiyaga.thasha:neidhei:de

야자 열매 생산지 쪽이 오히려 아직 드물다.

IO. 감탄사

(1) အော် (무엇인가를 깨달았을 때)

အော်၊ ဟုတ်လား။   오, 그래?
ohou?la:

အော်၊ ဒီလိုလား။   오, 이렇게?
odiloula:

(2) အို (부정을 나타낼 때)

အို၊ မဟုတ်တာရှင်။   아, 그렇지 않아요.
oumahou?tashin

အို၊ မဟုတ်ရပါဘူး။   아, 그럴 수 없습니다.
oumahou?ya.babu:

အို၊ မဟုတ်တာတွေမပြောပါနဲ့၊
oumahou?tadweimapyo:bane.
아, 부당한 것을 말하지 마세요.

(3) အလို (고통이나 놀람을 나타낼 때)

အလို၊ ဘယ်လိုဖြစ်ကြတာလဲ။   어머, 어떻게 된 거야?
aloubelouhpyi?kya.dale:

(4) ကဲ (그럼, 자아)

ကဲ၊ သွားကြရအောင်။   자, 갑시다.
ke:thwa:ja.ya.aun

ကဲ၊ ထိုင်ပါဦး။   자, 앉으세요.
ke:htainbaoun:

ကဲ၊ ကော်ဖီအေးကုန်လိမ့်မယ်။   자, 커피가 식어요.
ke:kohpiei:kounlein.me

ကဲ၊ မိုးလဲချုပ်ပြီ။   자, 날도 저물었다.
ke:mou:le:chou?pyi

(5) ကိုင်း (그럼, 자아)

ကိုင်း၊ စာချုပ်ကြရအောင်။   그럼, 계약합시다.
kain:sachou?kya.ya.aun

ကိုင်း၊ ပြောစမ်းပါဦး။   자, 말해 보세요.
kain:pyo:zan:baoun:

(6) ‌ရော့ (이봐, 얘)

ရော့၊ ဒါယူသွား။   이봐, 이것 가지고 가.
yo.dayuthwa:

ရော့၊ ငါးကျပ်။   이봐, 5 '짯' 이야.
yo.nga:ja?

(7) ဟေ့ကောင်၊ ဟေ့ (여봐, 이봐)

ဟေ့ကောင်၊ မင်းဘယ်သွားမလို့လဲ။
hei.gaunmin:bethwa:malou.le:
이봐, 너 어디 가려고 하고 있니?

ဟေ့၊ မဟုတ်တာတွေမလုပ်နဲ့နော်။
hei.mahou?tadweimalou?ne.no
이봐, 부당한 짓을 하지 마.

ဟေ့၊ ငါလဲလိုက်မယ်။   이봐, 나도 따라갈래.
hei.ngale:lai?me

(8) ဟဲ့ (여봐, 이봐)

ဟဲ့၊ ကောင်လေးဘာလုပ်နေတာလဲ။
he.kaunlei:balou?neidale:
이봐, 얘야, 너 무엇 하고 있니?

(9) အေး၊ အေးအေး (응, 그래, 긍정, 찬성을 나타낼 때)

အေး၊ ဒါပြင့်ရင်သွားတော့ပေါ့။ 응, 그렇다면, 가라.
ei:dahpyin.yinthwa:do.po.

အေးအေး၊ ငါလဲသွားမယ်။ 그래, 나도 간다.
ei:ei:ngale:thwa:me

(10) အင်း၊ အင်းအင်း (응, 그래)

အင်း၊ သွားဖူးတယ်။ 응, 간 적이 있어.
in:thwa:bu:de

အင်းအင်း၊ သိတယ်လေ။ 그래, 알고 있어.
in:in:thi.delei

(11) ဟင့်အင်း (아니야, 아니오, 부정, 거부를 나타낼 때)

ဟင့်အင်း၊ တစ်ခါမှမရောက်ဖူးဘူး။
hin.in:takhahma.mayau?hpu:bu:
아니야, 한 번도 온 적이 없어.

ဟင့်အင်း၊ ငါမသွားဘူး။ 아니야, 나는 가지 않아.
hin.in:ngamathwa:bu:

(12) အမယ်လေး၊ အောင်မယ်လေး (고통, 아픔, 공포, 경악을
나타낼 때)

အမယ်လေး၊ ကယ်ကြပါဦး။

amelei:keja.baoun:

아! 구해 주세요!

အောင်မယ်လေး၊ ကြောက်စရာကြီး။

aunmelei:kyau?sayaji:

앗! 무서워!

제 3장 ─────────────────────────────

강 독 편

1. 다음 문장을 성조에 맞추어 읽어 보시오.

၁။ ခဏလာပါ။

၂။ များများမှာပါ။

၃။ ခါးနာသလား။

၄။ ပါးယားသလား။

၅။ စပါးရမလား။

၆။ စားစရာများသလား။

၇။ သကြားမရပါကလား။

၈။ ဒါဆရာမကားလား။

၉။ ဒါမြန်မာစာပါ။

၁၀။ ညစာစားမလား။

၁၁။ အခုဒီမှာမရှိဘူးလား။

၁၂။ ကျွန်တော်အာလူးမစားဘူး။

၁၃။ ဂီတဝါသနာမပါဘူးလား။

၁၄။ ငါးပါးနီစားဖူးသလား။

၁၅။ ဒီမှာမကစားရဘူး။

၁၆။ ဘူးသီးနုနုမခူးရဘူး။

နာ   ယား

စပါး   ဆရာမ

မြန်မာ   ညစာ

အခု   အာလူး

ဂီတဝါသနာ   ငါးပါးနီ

ကစား   ခုခု

၁။ ကျွန့်မပေးပါရစေ။

၂။ ကျွန်တော်သိပါရစေ။

၃။ ဒါရှာကယူလာတာပါ။

၄။ အခုအထိအကြေးမရသေးပါဘူး။

၅။ အခုအထိမစားရသေးပါဘူး။

၆။ ဒီနေ့စနေ့နေ့လား။

၇။ မနေ့ကသူပေးသလား။

၈။ ဒီနေ့ကျွန့်မမသွားပါဘူး။

၉။ သူ့အမေကလုပ်ပါတယ်။

၁၀။ ဒါကကျွန့်မညီမပါ။

၁၁။ မကြာမကြာဝယ်ရမှာပဲ။

၁၂။ ပြောပေမဲ့မပေးဘူး။

၁၃။ ဒီမှာစာမရေးပါနဲ့။

၁၄။ တစ်ခါမှသူ့နဲ့မတွေ့ရသေးဘူး။

၁၅။ အဖေဘာရှာနေသလဲ။

၁၆။ သူဘယ်ကလာသလဲ။

၁၇။ ကျွန်တော်ကြားဖူးပါတယ်။

၁၈။ ဒီညနေကျွန်မမလာတော့ဘူး။
၁၉။ သူဘယ်တော့သွားမလဲ။
၂၀။ အကြာကြီးနေရတာငြီးငွေ့လာပြီ၊
၂၁။ အဖေနဲ့အမေကစကားပြောနေတယ်။
၂၂။ ဒီအသီးတော်တော်မာတယ်။

ရွှာ	စနေနေ
မနေ့က	ညီမ
မကြာမကြာ	တစ်ခါမှ
ရှာ	ဘယ်ခေတာ့
အကြာကြီး	ငြီးငွေ့
စကား	တော်တော်

၁။ သူတို့ဘယ်လိုပြောသလဲ။
၂။ ရေနွေးအိုးဘာဖြစ်လို့ဒီမှာထားသလဲ။
၃။ သူတို့နဲ့ဘာပြုလို့မတွေ့ရသလဲ။
၄။ ဘယ်တော့သွားမလဲလို့မေးတယ်။
၅။ သူ့ကိုသိတဲ့လူများတယ်။
၆။ ဒါကိုကျွန်တော်တို့သဘောတူတယ်။
၇။ အသက်ကတော့ကျွန်မထက်ကြီးပါတယ်။
၈။ ညနေခြောက်နာရီမီးရထားထွက်မယ်။

၉။ ကျွန်တော်မနက်စာမစားရသေးဘူး။

၁၀။ သန့်ဘက်ခါမနက်လာခဲ့ပါတဲ့။

၁၁။ ထားဝယ်မြို့ကိုတစ်ခါိက်မှမရောက်ဖူးသေးဘူး။

၁၂။ အရက်လဲတစ်ခါမှမသောက်ဖူးပါဘူး။

၁၃။ ဒီမျောက်ဉတွေစားပွဲပေါ်မှာထားခဲ့ပါ။

၁၄။ ငှက်ပျောသီးကိုကလေးတွေတော်တော်ကြိုက်တယ်။

၁၅။ ဒါဟာကျွန်တော့်ကိုသွယ်ဝိုက်ပြောသလား။

၁၆။ ဒီခွေးကလူမကိုက်ဖူးဘူး။

၁၇။ သူ့အသက်အရွယ်နဲ့မလိုက်ဘူး။

ရေနွေးအိုး	ခြောက်နာရီ
မီးရထား	မနက်စာ
သန့်ဘက်ခါ	ထားဝယ်မြို့
တစ်ခါိက်မှ	သောက်
မျောက်ဉ	စားပွဲ
ငှက်ပျောသီး	သွယ်ဝိုက်
အသက်အရွယ်	လိုက်

၁။ ကျွန်မဘာမှမပြောချင်ဘူး။

၂။ ကျွန်မတို့စားပြီးရင်ရှင်တို့စားကြ။

၃။ ကျေးဇူးအများကြီးတင်ပါတယ်။

၄။ ခင်ဗျားနေကောင်းရဲ့လား။

၅။ အခြေအနေမကောင်းဘူးထင်တယ်။

၆။ အဲဒီရွာမှာကျောင်းတစ်ကျောင်းမှခရှိဘူး။

၇။ သိရက်သားနဲ့မသိချင်ယောင်ဆောင်နေတယ်။

၈။ လာကြို့တဲ့ကားတောင်ရောက်နေပြီ။

၉။ စက္ကူတစ်ရွက်တောင်မယူခဲ့ပါဘူး။

၁၀။ မှောင်နေလို့ဘာမှမမြင်ရဘူး။

၁၁။ တောင်ဘက်ကသွားကြရအောင်။

၁၂။ ဖယောင်းတိုင်သွားဝယ်ရအောင်။

၁၃။ ဒါကျွန်မနဲ့မဆိုင်ပါဘူး။

၁၄။ အဲဒီကုလားထိုင်ပေါ်မှာထိုင်ပါလား။

၁၅။ ဘယ်ကိုမှမသွားနိုင်တော့ဘူး။

အများကြီး	နေကောင်း
အခြေအနေ	ယောင်ဆောင်
တောင်	စက္ကူ
ယူခဲ့	မှောင်
မြင်	ဖယောင်းတိုင်
ဆိုင်	ကုလားထိုင်

၁။ ရှာမှာကြာကြာနေလို့မဖြစ်ပါဘူး။

၂။ ခင်ဗျားဘာလို့မပြချင်သလဲ။

၃။ ဆယ့်နှစ်နာရီထိုးဖို့ခုနှစ်မိနစ်လိုသေးတယ်။

၄။ ကျွန်မနာရီငါးမိနစ်နောက်ကျတယ်။

၅။ ကျွန်မအသက်ဆယ့်ရှစ်နှစ်ရှိပါပြီ။

၆။ ထမင်းဆိုင်ဘယ်နှနာရီဖွင့်မလဲ။

၇။ စက္ကူဘယ်နှရွက်ရှိသလဲ။

၈။ လူဘယ်နှယောက်လောက်တွေ့ခဲ့သလဲ။

၉။ နွားဘယ်နှကောင်ပိုင်သလဲ။

၁၀။ ဒီနှစ်စပါးတော်တော်ထွက်မှာပဲ။

၁၁။ ဒီနေ့နှစ်ဆယ့်ခုနှစ်ရက်နေ့ပါ။

၁၂။ ရောဂါမဖြစ်ဖို့သတိထားရမယ်။

ဆယ့်နှစ်နာရီ	ခုနှစ်မိနစ်
နောက်ကျ	ဆယ့်ရှစ်နှစ်
ထမင်းဆိုင်	ဘယ်နှနာရီ
ဘယ်နှရွက်	ဘယ်နှယောက်
ဘယ်နှကောင်	နှစ်ဆယ့်ခုနှစ်ရက်နေ့
ရောဂါ	သတိထား

၁။ လက်ဖက်ရည်အိုးတည်ထားပါ။
၂။ ကျွန်မတို့မှာရည်ရွယ်ချက်တစ်ခုရှိပါတယ်။
၃။ ဘာပြုလို့ကြိုးနဲ့ချည်ထားသလဲ။
၄။ မျက်စိဖွင့်ကြည့်ပါ။
၅။ မှားလို့ရှိရင်ကျွန်မကိုသည်းခံပါ။
၆။ ဝမ်းနည်းစရာဆိုရင်မကြားပါရစေနဲ့။
၇။ လက်သည်းကိုအရှည်မထားပါနဲ့။
၈။ ကျွန်မပြောတာနားလည်သလား။
၉။ မြန်မာပြည်မှာဒုက်ပျောသီးပေါ်တယ်။
၁၀။ မနေ့ညကဧည့်သည်ဘယ်နှယောက်လာသလဲ။
၁၁။ နည်းနည်းမှမကြားမိဘူးလား။

လက်ဖက်ရည်အိုး	တည်
ရည်ရွယ်ချက်	ကြိုး
မျက်စိ	သည်းခံ
ဝမ်းနည်းစရာ	လက်သည်း
အရှည်	နားလည်
ပေါ်	မနေ့ည
ဧည့်သည်	နည်းနည်းမှ

၁။ ကျွန်တော်ရေငတ်နေပါတယ်။

၂။ ကျွန်မသတင်းစာဖတ်ချင်တယ်။

၃။ လက်မှတ်မဝယ်ရသေးပါဘူး။

၄။ ကျွန်တော့်ကိုမှတ်မိသေးသလား။

၅။ အခုမှခုနစ်နာရီမတ်တင်းရှိသေးတယ်။

၆။ ရှင်ဟာအိတ်ထဲမှာဘာထည့်ထားသလဲ။

၇။ ကျွန်မနဲ့မိတ်ဆက်ပေးပါ။

၈။ အသေးစိတ်သိချင်လို့မေးတာပါ။

၉။ မျက်စိခကာမိတ်ထားပါ။

၁၀။ ဘာကိစ္စများရှိပါသလဲ။

၁၁။ ဒီမျှော့တွေဟာသွေးကိုစုတ်တတ်တယ်။

၁၂။ သူကနှုတ်ဆက်လို့သတိရတော့တယ်။

၁၃။ ဗုဒ္ဓဟူးနေ့မှာအစည်းအဝေးရှိတယ်တဲ့။

၁၄။ ကျွန်မရုတ်တရက်တော့စဉ်းစားလို့မရဘူး။

၁၅။ ဒါကကျွန်တော့်မျက်နှာကိုသုတ်တဲ့ပဝါပါ။

ရေငတ်	သတင်းစာ
လက်မှတ်	မှတ်မိ
မတ်တင်း	အိတ်
ထည့်	မိတ်ဆက်ပေး
အသေးစိတ်	မှိတ်
ကိစ္စ	မျှော့

သွေး	စုတ်
နှုတ်ဆက်	သတိရ
ဗုဒ္ဓဟူးနေ့	အစည်းအဝေး
ရုတ်တရက်	စဉ်းစား
သုတ်	ပဝါ

၁။ နက်ပြန်အင်္ဂါနေ့လား။

၂။ အဖိုးတန်တဲ့ပစ္စည်းဆိုလို့ဘာမှမကျန်တော့ဘူး။

၃။ သူတို့ပြင်းပြင်းထန်ထန်ကန့်ကွက်ကြတယ်။

၄။ နွေရာသီမှာဘာပန်းတွေပွင့်သလဲ၊

၅။ မေးချင်တာရှိရင်အခန်းထဲလာမေးပါ။

၆။ တယ်လီဖုန်းနဲ့ချိန်းထားတယ်။

၇။ အဲဒီမိန်းကလေးကကျွန်မထက်မြန်မာစာတော်တယ်။

၈။ ကျွန်တော်တို့ကအချိန်မရွေးဝင်လို့ရတယ်။

၉။ ထမင်းစားလို့မိန့်ရဲ့လား။

၁၀။ ရှင်အတော်ပိန်သွားတယ်။

၁၁။ ကိစ္စရှိလို့ရန်ကုန်ခဏလာတာပါ၊

၁၂။ မန္တလေးမှာဘုန်းကြီးတွေများတယ်။

၁၃။ အဲဒီစားဆေးတွေကုန်သွားးပြီ။

၁၄။ အချိန်ကိုအလဟဿမဖြုန်းချင်ဘူး။

၁၅။ ရှက်လို့အခန်းထဲမှာပုန်းနေတာပဲ။

နက်ပြန်	အင်္ဂါေ
အဖိုးတန်	ပစ္စည်း
ကျန်	ပြင်းပြင်းထန်ထန်
ကန့်ကွက်	နွေရာသီ
ပွင့်	အခန်း
တယ်လီဖုန်း	ချိန်း
မိန်းကလေး	အချိန်မရွေး
မြိန့်	ဝိန်
မန္တလေး	ဘုန်းကြီး
အလဟဿ	ပြုန်း
ရှက်	ပုန်း

၁။ ဒီစက္ကူကိုကတ်ကြေးနဲ့ညှပ်ပါ။

၂။ ဒီဟင်းနည်းနည်းစပ်တယ်ထင်တယ်။

၃။ သူအကြွေးဆပ်ပြီးပြီလား။

၄။ ကျွန်မအနားမကပ်ခဲ့။

၅။ ကျွန်တော်အဓိပ္ပါယ်နားမလည်ပါဘူး။

၆။ အခုထက်ထိဘယ်သူမှမအိပ်ကြသေးဘူး။

၇။ မိုးတွေကသိပ်ရွှာနေတယ်။

၈။ သိပ်တော့အရေးမကြီးပါဘူး။

၉။ ကျွန်တော်အင်မတန်အလုပ်များတယ်။

၁၀။ အလုပ်အကြောင်းကိုမပြောကြနဲ့တော့။
၁၁။ ဒီကနေ့ညရုပ်ရှင်သွားကြည့်ကြစို့။
၁၂။ ၃၁နခ္ချုပ်ကိုသတင်းမြန်မြန်ပို့ပါ။
၁၃။ စောစောကလဲ့နေမိတာခွင့်လွှတ်ပါ။
၁၄။ ဒါပွတ်ဉလား၊ မြွေဉလား။
၁၅။ အစ်မကမီးဖိုချောင်ထဲမှာပန်ခွက်ပွတ်နေတယ်။
၁၆။ ဒီလက်စွပ်ကိုရောင်းချင်ပါတယ်။
၁၇။ ဒီစွပ်ကျယ်တစ်ထည်ဘယ်လောက်ကျသလဲ။

ကတ်ကြေး	စပ်
အကြွေးဆပ်	ကပ်
အဓိပ္ပာယ်	အခုထက်ထိ
အရေးကြီး	အင်မတန်
အလုပ်များ	ရုပ်ရှင်
၃၁နခ္ချုပ်	မြန်မြန်
စောစောက	လဲ့
ခွင့်လွှတ်	ပွတ်ဉ
မြွေဉ	မီးဖိုချောင်
ပန်ခွက်	လက်စွပ်
ရောင်း	စွပ်ကျယ်

၁။ တွေ့ရတာဝမ်းသာလှပါတယ်။

၂။ အခန်းတံခါးကိုသော့ခတ်ပိတ်ထားပါ။

၃။ ဒီခရမ်းချဉ်သီးဟာမမှည့်သေးဘူး။

၄။ ဒီကားမျိုးကိုလမ်းပေါ်မှာတွေ့ဖူးတယ်။

၅။ ငရုတ်သီးမှုန့်တွေအရမ်းမထည့်နဲ့။

၆။ ကျွန်မအကြိမ်ကြိမ်ပြောဖူးပါတယ်။

၇။ ဝမ်းရောဂါကာကွယ်ဆေးထိုးရမယ်။

၈။ စိုးရိမ်စရာတော့ဘာမှမရှိဘူး။

၉။ ပိုးစိမ်းပြူကဘာဖြစ်လို့အလင်းရောင်ထွက်သလဲ။

၁၀။ အင်မတန်ချမ်းလို့တုန်နေတာပါ။

၁၁။ ဒဏ်ရာရတဲ့လူကိုဆေးရုံခေါ်သွားပါ။

၁၂။ အနည်းဆုံးငွေသုံးရာလောက်တော့ကုန်တယ်။

၁၃။ လုံချည်လဲဖို့ယူလာခဲ့တာပဲ။

၁၄။ အသက်ခုနစ်ဆယ့်သုံးနှစ်မှာကွယ်လွန်တယ်တဲ့။

၁၅။ မျက်လုံးအစုံကိုဖွင့်ကြည့်ပါဦး။

ဝမ်းသာ	တံခါး
သော့ခတ်	ခရမ်းချဉ်သီး
မှည့်	ငရုတ်သီး
အရမ်း	အကြိမ်ကြိမ်
ဝမ်းရောဂါ	ကာကွယ်
ဆေးထိုး	စိုးရိမ်

ပိုးစိမ်းပြူ	အလင်းရောင်
ချမ်း	တုန်
ဒက်ရာရ	ဆေးရုံ
ခေါ်သွား	အနည်းဆုံး
လုံချည်	ကွယ်လွန်
မျက်လုံး	အစုံ

2. 다음 문장을 독해하시오.

၁။ အစားအသောက်

ဦးတင်လှ

ဉရောပယဉ်ကျေးမှုကိုတစေ့တစောင်းလေ့လာကြည့်တဲ့ အခါအစားအသောက်နဲ့ပတ်သက်ပြီးစည်းကမ်းကလေးများထား တာကိုတွေ့ရပါတယ်။ ဟင်းချိုကိုဘယ်လိုခပ်သောက်ရမယ်၊ ပေါင် မုန့်ကိုထောပတ်သုတ်ရင်ဘယ်လိုသုတ်ရမယ်၊ ခားကိုင်ရင်ဘယ်လို ကိုင်ရမယ်၊ အဲဒီလိုစည်းကမ်းကလေးတွေ၊ စနစ်ကလေးတွေ့ထား တာကိုတွေ့ရပါတယ်။ အဲဒီလိုပဲကျွန်တော်တို့မြန်မာလူမျိုးများမှာ လဲအစားအသောက်နဲ့ပတ်သက်တဲ့စည်းကမ်းကလေးတွေ၊ စနစ် ကလေးတွေ့ရှိပါတယ်။

မိသားစုထမင်းဝိုင်းတစ်ဝိုင်းကိုကြည့်မယ်ဆိုရင်မိသားစုရဲ့ အကြီးအကဲဖြစ်တဲ့ဖခင်ကြီးဟာထမင်းဝိုင်းရဲ့ထိပ်ဘက်မှာထိုင်နေ တာကိုတွေ့ရပါမယ်။ အဖိုးတို့၊ အဖွားတို့၊ ကလေးသူငယ်တို့ရှိ မယ်ဆိုရင်တော့ဒီအရွယ်တွေဟာစောစောထမင်းဆာတတ်ကြ တဲ့အရွယ်တွေဖြစ်လို့သူတို့ကိုသာမန်ထမင်းစားချိန်မတိုင်ခင်နာရီ ဝက်၊ တစ်နာရီလောက်စောပြီးကျွေးထားလေ့ရှိပါတယ်။

မိသားစုထမင်းဝိုင်းအနီးမှာလက်ဆေးဖို့ရေလုံ၊ ဆပ်ပြာ ခွက်၊ လက်သုတ်ပဝါ၊ သောက်ရေအသင့်ထားရပါတယ်။ ထမင်း ဝိုင်းအသင့်ပြင်ဆင်ပြီးပြီဆိုရင်တစ်ဦးဦးကဖခင်ကြီးကိုရိုရိုသေသေ သွားခေါ်ရတယ်။ တကယ်လို့ဖခင်ကြီးကအလုပ်လက်စမသတ်သေး ဘူးဆိုရင် "စားနှင့်ကြ" လို့ခွင့်ပေးလိုက်ပါတယ်။ အဲဒီအခါမျိုးမှာ စားဦးစားဖျားဟင်းတွေကိုခပ်ယူပြီးဖခင်ကြီးရဲ့ပန်းကန်ထဲကိုထည့် ရပါတယ်။ ဒါကို ဦးချတယ် လို့ခေါ်ပါတယ်။ ဒါကတစ်ခါတစ်ရံ ဖြစ်တတ်တာပါ။ များသောအားဖြင့်ကတော့အတူတူမျက်နှာစုံ ညီစားကြတာကများပါတယ်။

အဲဒီလိုဝိုင်းပြီးထမင်းစားကြတဲ့အခါမှာဟင်းခွက်တိုင်း၊ ဟင်း ခွက်တိုင်းကိုဖခင်ကြီးနှိုက်စားပြီးမှကျွန်တဲ့သူတွေကနှိုက်ရပါတယ်။ နောက်ပြီးထမင်းစားတဲ့အခါမှာလဲထမင်းလုံးအောက်ကိုမကျ အောင်ပန်းကန်အနားကိုမကြာမကြာသပ်သပ်ပြီးစားရပါတယ်။ ကျွန်တော်တို့ငယ်ငယ်တုန်းကဆိုရင်ပန်းကန်ထဲကထွက်ကျသွားတဲ့ ထမင်းလုံးကိုပြန်ကောက်ပြီးစားခဲ့ကြရပါတယ်။ တောင်သူလယ် သမားကြီးတွေဟာစပါးစေ့တစ်စေ့ဖြစ်အောင်၊ ထမင်းလုံးတစ်လုံး

ဖြစ်အောင်ဘယ်လောက်ဆင်းရဲပင်ပန်းခံပြီးလုပ်ယူရတယ်ဆိုတာ
ကိုသိစေချင်လို့လုပ်တာပါ။

ဟင်းကိုခပ်ယူတဲ့အခါမှာဘယ်ဘက်လက်နဲ့ဇွန်းကိုကိုင်ပြီး
ခပ်ယူရပါတယ်။ မြန်မာတွေ့ထမင်းစားတဲ့အခါကိုရိုးယားလူမျိုး၊
တရုတ်လူမျိုး၊ ဂျပန်လူမျိုးတွေ့လိုတူမသုံးပါဘူး။ ဥရောပတိုက်
သားတွေ့လိုဇွန်း၊ ခက်ရင်းတို့ကိုလဲမသုံးပါဘူး။ လက်နဲ့ပဲစားပါ
တယ်။ ဒီတော့ထမင်းတွေ၊ ဟင်းတွေ့ပေကျနေတဲ့ညာဘက်လက်
နဲ့ဇွန်းကိုကိုင်ရင်ဇွန်းတွေ့ပေကျသွားပြီးညစ်ပတ်နေပါလိမ့်မယ်။

ကြက်သား၊ ဘဲသား၊ ငါးဆိုတာတွေလိုအရိုးနဲ့အသား
ရောချက်တဲ့ဟင်းမျိုးကိုခပ်ယူတဲ့အခါမှာကျရာကိုသာခပ်ယူရပါ
တယ်။ အရိုးတွေ့ကိုဘေးဖယ်ပြီးကောင်းတဲ့အသားတွေ့ကိုသာ
ခပ်ယူတာမျိုးမလုပ်ရပါဘူး။ ကြက်သား၊ ဘဲသားချက်တဲ့အခါ
မျိုးမှာအသည်းတို့၊ အမြစ်တို့၊ဆီဘူးတို့၊ ခေါင်းတို့ကိုအကောင်းဆုံး
အစိတ်အပိုင်းလို့သတ်မှတ်ပြီးဒီအပိုင်းတွေ့ကိုဖခင်နဲ့မိခင်တို့အတွက်
ချန်ထားလေ့ရှိပါတယ်။ ဒါပေမဲ့မိဘဆိုတာကသားသမီးတွေ
အပေါ်မှာအမြဲတမ်းမေတ္တာကြီးမားကြလေတော့အကောင်းဆုံး
အစိတ်အပိုင်းများကိုဘယ်တော့မှသူတို့ချည်းစားလေ့မရှိပါဘူး။
သား၊ သမီးတွေ့နဲ့ဝေမျှစားသောက်လေ့ရှိပါတယ်။

ထမင်းစားတဲ့အခါမှာလဲပျပ်ပျပ်၊ ပျပ်ပျပ်မြည်အောင်
မစားရပါဘူး။ ဟင်းရည်သောက်တဲ့အခါမှာလဲရှူးရှူးရဲ့ရဲ့မြည်
လောက်အောင်မသောက်ရပါဘူး။ ထမင်းဆာလှပါတယ်၊ ထမင်း
စားလို့မြိန်လှပါတယ်ဆိုပြီးပလှတ်ပလောင်းမစားရပါဘူး။ ထမင်း

စားတုန်းမှာချေဆတ်ချင်ရင်၊ ဒါမှမဟုတ်ချောင်းဆိုးချင်ရင်မျက်နှာကိုဘေးဘက်ကိုလှည့်ပြီးဖြစ်ဖြစ်၊ ထမင်းဝိုင်းအပြင်ဘက်ကိုခဏထွက်ပြီးဖြစ်ဖြစ်၊ ချေဆတ်ရ၊ ချောင်းဆိုးရပါတယ်။ နောက်ပြီးတော့ထမင်းထပ်လိုချင်သေးရင်ပန်းကန်ထဲကထမင်းမကုန်ခင်ထပ်ထည့်ရပါတယ်။ အကုန်အစင်စားပြီးမှထပ်ထည့်လေ့မရှိပါဘူး။ ဒီစည်းကမ်းကလေးတွေ၊ ဒီစနစ်ကလေးတွေကိုဘုန်းကြီးကျောင်းမှာကိုရင်ဝတ်တုန်းကရလာခဲ့ကြတာဖြစ်ပါတယ်။

၂။ အနေအထိုင်

မြန်မာလူမျိုးတွေဟာဘယ်တိုင်းရင်းသားပဲဖြစ်ဖြစ်၊ ဘယ်ဘာသာတရားကိုပဲကိုးကွယ်ကိုးကွယ်၊ အသက်ကြီးတဲ့လူ၊ ဂုဏ်ကြီးတဲ့လူကိုရိုသေရမယ်ဆိုတဲ့ဂါရဝတရားကိုလိုက်နာကျင့်သုံးသူတွေချည်းသာဖြစ်ပါတယ်။ တခြားလူမျိုးတွေမှာဂါရဝတရားမရှိဘူးလို့တော့မဆိုလိုပါဘူး။ ဒါပေမဲ့မြန်မာတွေဂါရဝတရားထားတတ်တယ်ဆိုတဲ့အချက်ကတော့အလွန်ထင်ရှားလှပါတယ်။ သိသာလှပါတယ်။

လူကြီးနဲ့လူငယ်အတူပူးတွဲပြီးအလုပ်လုပ်ရတဲ့အခါမျိုးမှာလူကြီးကိုနေရာပေးတဲ့သဘော၊ ဦးစားပေးတဲ့သဘောမျိုးလုပ်လေ့ရှိပါတယ်။ လူကြီးရှေ့ကလူငယ်ကဖြတ်လျှောက်သွားတဲ့အခါမှာကိုယ်ကိုယို့ပြီး၊ ခါးကိုကိုင်းပြီးလျှောက်သွားရပါတယ်။ တကယ်လို့လူကြီးရဲ့ခေါင်းပေါ်မှာ၊ ပခုံးပေါ်မှာပိုးကောင်မွှားကောင်ကလေး

များတက်နေတာကိုပုတ်ချပစ်ချင်ရင်၊ ပယ်ရှားပစ်ချင်ရင်ရှေ့ဦးစွာ "ကန်တော့နော်" လို့ခွင့်တောင်းပြီးမှပုတ်ချပစ်လေ့ရှိပါတယ်။

လူငယ်တို့ဟာလူကြီးသူမများရှေ့မှာဒူးပေါ်ပေါင်ပေါ်ထိုင် လေ့မရှိပါဘူး။ ဒူးထောင်ပေါင်ကားထိုင်လေ့မရှိပါဘူး။ တကယ်လို့ သားငယ်၊ သမီးငယ်ကလေးတွေဒီလိုထိုင်နေကြတာကိုမိဘများ မြင်ရင်ပြောဆိုဆုံးမလေ့ရှိပါတယ်။ ဒါကြောင့်ယောက်ျားကလေး တွေဟာလူကြီးများရှေ့မှာဒူးတုပ်ပြီးကျူးကျူးကလေးထိုင်ကြရပါ တယ်။ တင်ပလ္လင်ခွေထိုင်ချင်ရင်လဲထိုင်နိုင်ပါတယ်။ ဒါပေမဲ့ ရဟန်းတော်များရှေ့မှာတော့တင်ပလ္လင်ခွေထိုင်လေ့မရှိပါဘူး။ ရဟန်းတော်များရှေ့မှာဒူးတုပ်ပြီးကျူးကျူးကလေးထိုင်တယ်။ ဒါမှမဟုတ်ဆောင့်ကြောင့်ထိုင်ရပါတယ်။ မိန်းကလေးများကျ တော့ရဟန်းတော်ရှေ့မှာပဲဖြစ်ဖြစ်၊ လူကြီးများရှေ့မှာပဲဖြစ်ဖြစ်၊ ပုဆစ်ဒူးချကျူးကျူးကလေးထိုင်ရပါတယ်။ ဂျပန်လူမျိုးတွေပုံပေါ် မှာဘားခြေချိုးထိုင်ကြသလိုပါပဲ။

တစ်ခါတစ်ရံမိဘများညောင်းညးတတ်ပါတယ်။ ညောင်း ညာလို့သားသမီးများကိုအနှိပ်အနင်းခိုင်းရင်ဝမ်းပန်းတသာနှိပ်နင်း ပေးတတ်ကြပါတယ်။ မိဘများရဲ့ကိုယ်ပေါ်ကိုမတက်ခင်ခြေရင်း မှာထိုင်ပြီးဦးသုံးကြိမ်ချကန်တော့ပါတယ်။ နှိပ်နင်းပေးတဲ့နေရာ မှာလဲပြီးစလွယ်ပြစ်ကတတ်ဆန်းမဟုတ်ပါဘူး။ အပူလည်တဲ့အထိ နှိပ်နင်းပေးတတ်ကြပါတယ်။ မိဘများက "တော်ပါတော့" လို့ ပြောမှကိုယ်ပေါ်ကဆင်းပြီးဦးသုံးကြိမ်ချရှိရှိသေသေကန်တော့ပါ သေးတယ်။

၃။ အပြောအဆို

ဘာသာစကားတိုင်းမှာအယဉ်သုံးစကား၊ အရိုင်းသုံးစကား ဆိုပြီးရှိတတ်ပါတယ်။ ဒီစကားတွေကိုသူနေရာနဲ့သူပြောဆိုသုံးစွဲရပါတယ်။ မြန်မာလူမျိုးတွေဟာအယဉ်သုံးစကားကိုသာကြိုးစားသုံးစွဲပြောဆိုလေ့ရှိပါတယ်။ အထူးသဖြင့်မျက်နှာစိမ်းနဲ့စကားပြောတဲ့အခါမှာအယဉ်သုံးစကားကိုသာသုံးစွဲပါတယ်။

ကျွန်တော်တို့တစ်တွေမီးရထားနဲ့သင်္ဘောနဲ့ခရီးသွားလာတဲ့အခါလူပေါင်းစုံနဲ့တွေ့ကြုံရပါတယ်။ ခရီးရှည်သွားရမယ့်အခါကိုယ့်ရှေ့၊ ကိုယ့်နောက်၊ ကိုယ့်ဘယ်ဘက်၊ ကိုယ့်ညာဘက်ကခရီးသွားဖော်တို့နဲ့သိကျွမ်းခင်မင်ရင်းနှီးဖို့လိုအပ်ပါတယ်။ သူတို့နဲ့ခင်ခင်မင်မင်ရှိမှစိတ်အေးချမ်းသာခရီးသွားနိုင်ပါမယ်။ ဒါကြောင့်သူတို့ကိုကိုယ်ကစပြီးမိတ်ဆွေဖွဲ့ရပါတယ်။

အဲဒီလိုမိတ်ဖွဲ့တဲ့အခါမှာညီမအရွယ်ကို "ညီမ"၊ အဖွားအရွယ်ကို "အဖွား"၊ ဦးလေးအရွယ်ကို "ဦးလေး"၊ အစ်ကိုအရွယ်ကို "အစ်ကို" လို့ခေါ်ပြီးမိတ်ဖွဲ့ရပါတယ်။ "ဒီဘက်ကညီမလေးကဘယ်ကိုသွားမှာလဲ၊ ဟိုဘက်ကဖွားဖွားကကျန်းမာလိုက်တာနော်" ဆိုပြီးမိတ်ဖွဲ့လေ့ရှိပါတယ်။ ဒါဟာမြန်မာလူမျိုးတို့ရဲ့ရိုးရာယဉ်ကျေးမှုကလေးတစ်ရပ်ပါ။ နိုင်ငံခြားသားတွေကဘာပြောကြသလဲ။ မြန်မာတွေဟာသိပ်စကားများတာပဲ။ သိပ်စပ်စုတာပဲတဲ့။ အနောက်တိုင်းမှာတော့ဆွေမျိုးမတော်စပ်ဘဲနဲ့အဒေါ်၊ ဦးလေး၊ ညီ၊ ညီမခေါ်လေ့မရှိပါဘူး။ ခရီးသွားတဲ့အခါ

မှာလဲအသိမိတ်ဆွေမဟုတ်ဘဲစကားပြောလေ့မရှိပါဘူး။ မျက်နှာ
ကိုခပ်တည်တည်ထားသတင်းစာ၊ မဂ္ဂဇင်းတစ်ခုခုဖတ်ပြီးနေတတ်
ပါတယ်။ ဒါမှမဟုတ်ရင်အိပ်ငိုက်ပြီးလိုက်လာတတ်ပါတယ်။

အသိအကျွမ်းမဟုတ်တဲ့သူနဲ့စကားပြောဆိုတဲ့အခါမှာအသက်
အရွယ်ကိုအမှတ်မထားဘဲနဲ့ "ကျွန်တော်၊ ခင်ဗျား၊ ကျွန်မ၊ ရှင်"
စသဖြင့်ယဉ်ကျေးဖွယ်ရာပြောဆိုလေ့ရှိပါတယ်။ ပုံစံပြောရရင်
"မီးကလေးတစ်တို့လောက်မစပါခင်ဗျာ"၊ "ရေကလေးတစ်ပေါက်
လောက်သောက်ပါရစေရှင်"၊ "မရှိမသေ၊ ဟိုအထုပ်ကလေးလှမ်း
လိုက်ပါခင်ဗျာ" ဆိုတာမျိုးတွေ့ပြစ်ပါတယ်။

တစ်ခါတလေစကားရိုင်းကိုဖြစ်ဖြစ်၊ မပြောသင့်မပြောအပ်
တဲ့စကားမျိုးကိုဖြစ်ဖြစ်၊ မလွဲမရှောင်သာပဲပြောရတတ်ပါတယ်။
အဲဒီအခါမျိုးမှာ "မရှိသေစကားပြောပါရစ"၊ "နားရဲ့မနာ၊ ဖဝါး
နဲ့နာပါ"၊ "ရွှေမျက်နှာနောက်ထားပြီးကြောက်အားနဲ့ပြောပါရစ"၊
"ကန်တော့ပါခင်ဗျာ"၊ "ကန်တော့ပါရှင်" လို့စကားပလ္လင်ခံပြီးမှ
ပြောလေ့ရှိပါတယ်။

저자약력

한국외국어대학교 태국어과 졸업
일본 大阪외국어대학 대학원 버마어과 졸업
미얀마 양공외국어대학 미얀마어과 수학
현재 부산외국어대학교 미얀마어과 교수

기초 미얀마어

발　행　2013년 8월 10일
저　자　최재현
발행처　삼지사
발행인　이재명

등록번호　제406-2011-000021호
주　소　경기도 파주시 산남동 316번지
Tel　　031)948-4502, 070-4273-4562 Fax 031)948-4508
홈페이지　www.samjisa.com